中公新書 2742

森部　豊著

唐——東ユーラシアの大帝国

中央公論新社刊

まえがき

日本人で「唐《とう》」という名を聞いたことがない人は、まず、いないだろう。西暦六一八年から九〇七年までユーラシア大陸の東部に存在した唐は、日本が「国家」というものを建設しはじめた初期段階に、大きな影響をあたえた王朝だからである。

といっても、唐に対するイメージはさまざまなようだ。今の日本で唐をどのような王朝と見ているのか気になって、私がはたらく大学の学生にそのイメージを聞いてみた。まっさきに学生たちの頭にうかぶのは、「遣唐使《けんとうし》」らしい。日本は文化的にすすんでいた唐をモデルとし、律令《りつれい》や仏教などをとりいれた、と。あるいは、シルクロードによる東西交流というものや、唐は多民族の国で、女性も活躍した自由な雰囲気のある王朝、というのもあった。

これらの見方は、多くの日本人が唐に対して漠然ともつイメージなのかもしれない。さらにつけ加えると、日本は唐から漢字を介して文化をうけいれてきた。唐詩のイメージともかさなり、唐は中国大陸に興亡した「漢字文明」の王朝の一つとみなされているようだ。

しかし、それは唐の一つの面にすぎない。唐は、文化的にも人種的にも言語的にも複雑で、多民族からなるハイブリッドな王朝だった。唐の皇室そのものが、鮮卑《せんぴ》族の血、あるいはその文化を色濃くひくばかりか、唐の歴史をひもとくと、いたるところでテュルク系の騎馬遊牧民やイラン系のソグド人、あるいは朝鮮半島出身の人など、さまざまな出自の人たちが活躍する姿を見ることができる。

こうした唐の歴史を描くための基本史料には、紀伝体で書かれた『旧唐書《くとうじょ》』『新唐書《しんとうじょ》』という正史がある。紀伝体というのは、冒頭に歴代皇帝の事績を記録した「本紀《ほんぎ》」があり、そのあとに重要な人物の記録、すなわち「列伝《れつでん》」を配列したスタイルをいう。また正史には制度・地理・文物などを記した「志《し》」も組みこまれている。ちなみに『旧唐書』は唐朝滅亡後の五代十国《ごだいじっこく》時代の後晋《こうしん》で編纂《へんさん》され、『新唐書』は北宋《ほくそう》になって、あらたに見つかった史書を参照して編纂しなおされた歴史書である。これとは別に北宋の司馬光《しばこう》が、戦国時代から北宋成立直前までの歴史を編年体で編纂した『資治通鑑《しじつがん》』という歴史書もある。

ほかにもさまざまな典籍《てんせき》史料があるが、唐代のすべてのことが書かれているわけではなく、復元できる唐の歴史像には限界がある。また、これらの歴史書は、唐がほろんでから編纂されたものであるため、後世の中国人の価値観などが投影されていることにも注意しなければならない。たとえば、唐朝の有名な制度で、高校の世界史教科書にも登場する「均田《きんでん》制」や「租庸調《そようちょう》（租調庸）制」「府兵《ふへい》制」「羈縻《きび》支配」には、後世の中国人の想像と創造が入りまじっている。そのため現在、その理解が大きく改められ、唐の歴史像もアップデートされようとしている。

そうした典籍史料をおぎなうものに、二〇世紀以降に発見された史料群がある。たとえば、中国の甘粛《かんしゅく》省の西端にある敦煌《とんこう》や新疆《しんきょう》ウイグル自治区のトゥルファンなどから発見された文書史料や、中国全土で見つかっている石刻史料などである。石刻史料のうち、死者とともに埋葬した墓誌《ぼし》というものがある。墓誌には、被葬者の生前の事績が刻まれており、そこには、正史など典籍史料に書かれていない情報が記されているばかりか、墓誌の発見によって、はじめて知りうる唐代の人びとや史実もあるのだ。

墓誌は、唐代史の研究を大きく進展させる研究史料の一つといえる。一九八〇年代以降、中国でこの墓誌を中心とした石刻史料集がつぎつぎと出版されはじめた。二〇一五年末までに刊行された資料集におさめられている唐の時代の墓誌の数は、一万二〇〇〇点をこえるという。本書も墓誌を利用し、書きすすめている。

本書は、唐一代の歴史を概説するものである。日本では、すでに唐の歴史を叙述したすぐれた概説書が数多く出版されている（巻末文献案内）。しかし、唐の歴史だけをあつかったものは、どうもなさそうである。なぜなら、「唐」の歴史を、その前後の時間軸から切りとって語ることは、歴史学という学問からすると、ナンセンスと思われているからである。

世界の各地で展開してきた人類の歴史を見るとき、私たちは、「王朝」や「国家」が存在した時空間を超越し、別のタイムスパンをもって時代の変化を観察し、そこに人類史の意義をみいだそうとする。そのようなスタンスをもとうとするとき、ある一つの王朝や国家の歴史で切りとって歴史を見ることは、人類が織りなす、より長いスパンの歴史像を見失わせることになってしまう。

だから、今まで、日本で出版されたこの時代を描いた概説書は、短くても隋《ずい》と唐をあわせて描き、ときに魏晋南北朝《ぎしんなんぼくちょう》から隋唐、あるいは唐の半ばから五代・宋の時代をあわせて概説することが普通だった。それは、「唐」がいきなり生まれてきた王朝ではなく、後漢《ごかん》がほろんだあと、「分裂」した中国がふたたび「統一」されていく中で生まれてくるという、一つの連続した時代として考えられるからだ。また、約二九〇年におよぶ唐の歴史のうち、その後半期に生みだされたさまざまなシステムが、次代の宋や契丹国《きったんこく》などにうけつがれていったからである。

しかし、本書は、あえてそういった既成の史観から離れ、純粋に二九〇年つづき、その間、東ユーラシアに大きな影響をあたえた唐という王朝の興亡の歴史をたどってみたい。それは、ある一人の人物の伝記に似ているかもしれない。ちょうど、大きな歴史の転換期に生きた人物の、数奇な生き様を語るように。

目次

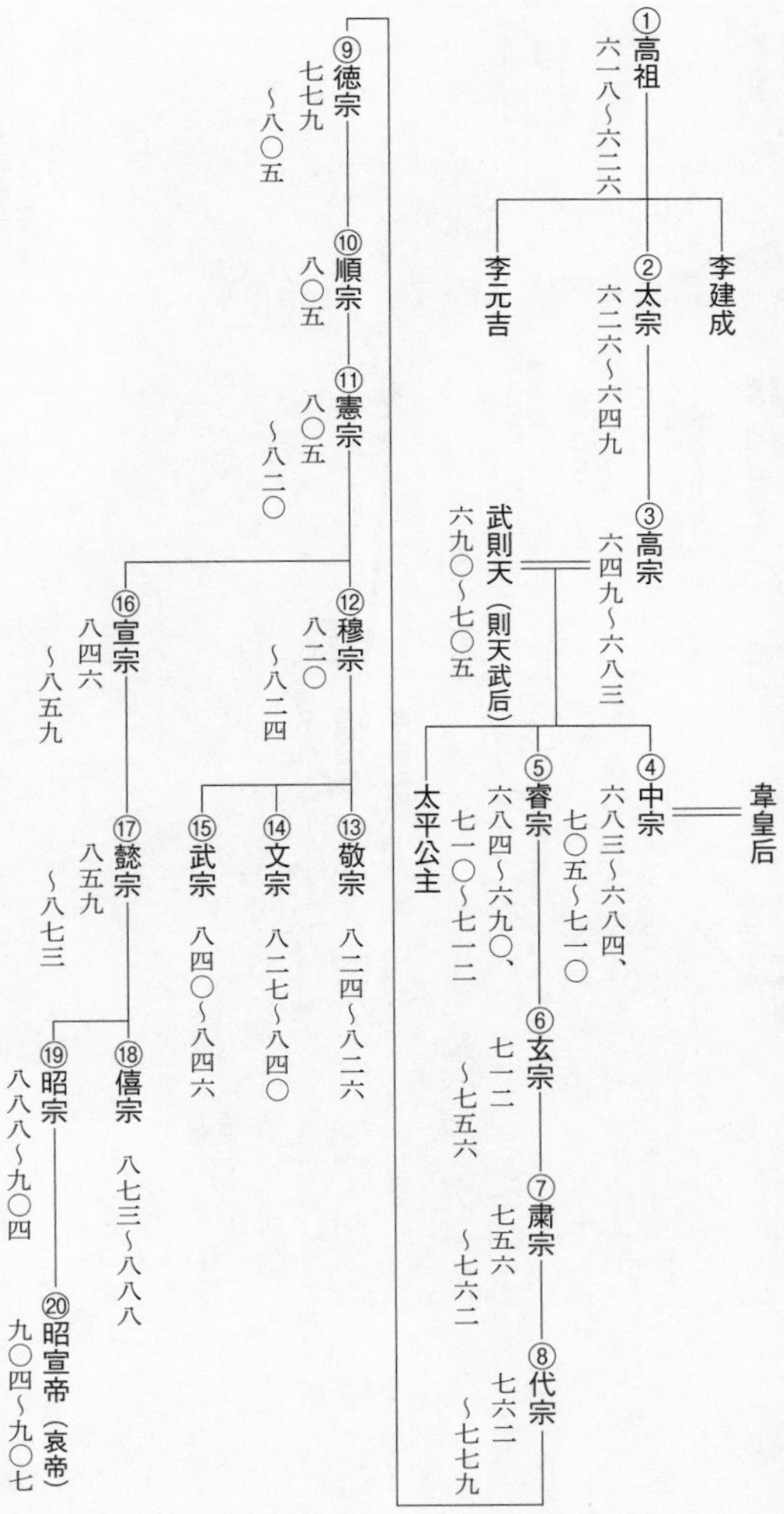

唐歴代皇帝系図　数字は在位期間

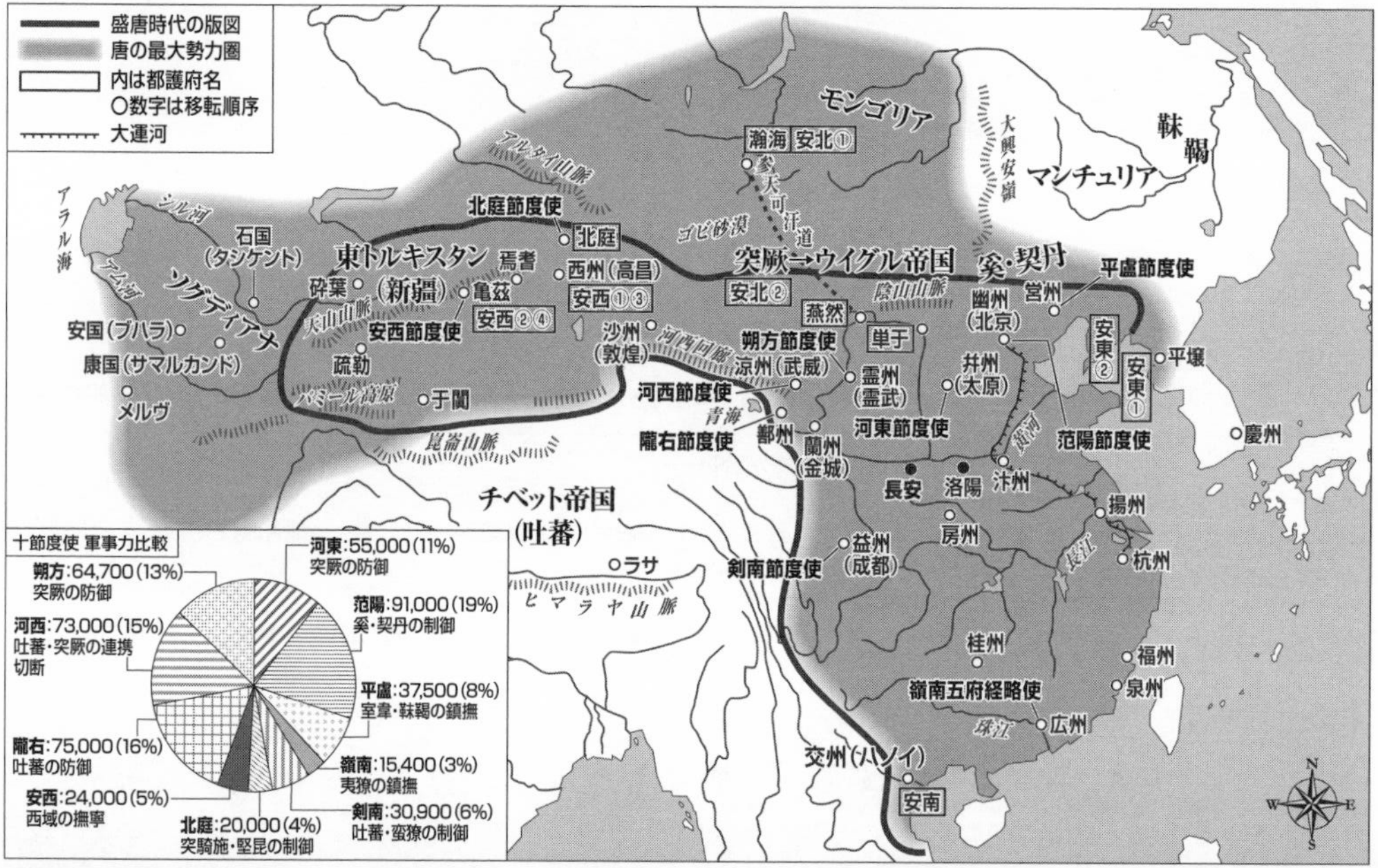

盛唐時代の版図
唐の最大勢力圏
内は都護府名
○数字は移転順序
大運河
モンゴリア
瀚海
安北①
参天可汗道
大興安嶺
マンチュリア
靺鞨
アルタイ山脈
アラル海
シル河
アム河
石国（タシケント）
ソグディアナ
安国（ブハラ）
康国（サマルカンド）
メルヴ
北庭節度使
北庭
ゴビ砂漠
東トルキスタン（新疆）
焉耆
西州（高昌）
安西①③
砕葉
亀茲
安西②④
天山山脈
安西節度使
疏勒
パミール高原
于闐
崑崙山脈
突厥→ウイグル帝国
安北②
陰山山脈
奚・契丹
平盧節度使
幽州（北京）
営州
安東②
安東①
平壌
慶州
燕然
単于
沙州（敦煌）
河西回廊
朔方節度使
涼州（武威）
霊州（霊武）
并州（太原）
河西節度使
青海
鄯州
蘭州（金城）
隴右節度使
河東節度使
黄河
范陽節度使
長安
洛陽
汴州
揚州
房州
チベット帝国（吐蕃）
ラサ
ヒマラヤ山脈
益州（成都）
剣南節度使
長江
杭州
桂州
福州
泉州
嶺南五府経略使
珠江
広州
交州（ハノイ）
安南
十節度使 軍事力比較
河東:55,000(11%) 突厥の防御
朔方:64,700(13%) 突厥の防御
范陽:91,000(19%) 奚・契丹の制御
河西:73,000(15%) 吐蕃・突厥の連携切断
平盧:37,500(8%) 室韋・靺鞨の鎮撫
隴右:75,000(16%) 吐蕃の防御
嶺南:15,400(3%) 夷獠の鎮撫
安西:24,000(5%) 西域の撫寧
剣南:30,900(6%) 吐蕃・蛮獠の制御
北庭:20,000(4%) 突騎施・堅昆の制御

唐全図　盛唐時代の版図

唐——東ユーラシアの大帝国

凡例

- 本書では読みやすさを考慮して、引用文中の漢字は原則として新字体を使用し、歴史的仮名遣いは現代のものに、また一部の漢字を平仮名に改めた。読点やルビも追加した。
- 新書という性格から、引用箇所の出典表記は最小限にとどめ、本文中で明らかな場合には省略した。
- 本書で掲載する人物の図像は、『集古像賛』（明・嘉靖一五〔一五三六〕年刊本。国立公文書館所蔵）、『残唐五代史演義伝』（明末刊本。関西大学図書館所蔵）など、後世に描かれたものを使用した。
- 人物の年齢は、数え年で表記した。
- 人名・地名のルビは、原則、初出の箇所にふった。ただし、難読と思われるものは、各章の初出にもふった。
- 引用漢文は、現代語訳にしたもののほか、書き下し文に現代語訳のルビをふすものもある。また同一語句（「節度」）に、あえて異なる訳ルビをふったものもある。
- 本書では、唐の周囲にあった諸国のうち、突厥とウイグル（類書では「～カガン国」）、そして吐蕃について、それぞれ突厥帝国、ウイグル帝国、チベット帝国の呼称を便宜的に使用した。
- 唐暦から西暦への換算は、王双懐（編者）『中華通暦 隋唐五代』（陝西師範大学出版総社、二〇一八年）を利用した。

序章　唐の歴史をどう見るか

1　空間——「中国」とは何だろうか？

「中国」の範囲

唐は中国史の一部である、と多くの人は思っているかもしれない。では、その「中国」とはどこをさすのだろう。そのような問いかけをすれば、ただちに「中国とは、となりの国、中華人民共和国である」という答えがかえってきそうだ。しかし、日本人が「中国」と聞いてイメージするのは、本当に「中華人民共和国」なのだろうか。

たとえば中国と聞いて、見わたすかぎり広がる草原に、白いゲル（遊牧民の移動テント）とヒツジの群れがいる風景を連想するだろうか。また、砂丘のふもとに緑なすオアシスがあり、ラクダをつらねた隊商が歩く風景を見たとき、そこをすぐさま中国だと思うだろうか。中国の国土は非常に広いから、たしかにそのような風景の場所もあるにちがいない。しかし、一般に日本人がイメージする「中国」とは中華人民共和国の一部、「中国本土《China Proper》」とよばれる空間なのではないだろうか。

「中国本土」とは、黄河《こうが》と長江《ちょうこう》の流域に、東南海岸部(福建《ふっけん》)、嶺南《れいなん》(広東《カントン》・広西《こうせい》)、雲貴《うんき》(雲南《うんなん》・貴州《きしゅう》)を加えた空間であり、古くから漢人が住んでいた、あるいは漢人が支配していた場所といえる。漢人たちは「漢語」を母語としている。この「漢語」のことを、日本人は「中国語」とよんでいる。中華人民共和国には、モンゴル語、ウイグル語、チベット語などさまざまな言語を話す人びともいるが、日本人はそれらを「中国語(中華人民共和国の言葉)」とはいわないし、思ってもいないだろう。このことからも、日本人にとっての「中国」が、限定された地域をさしていることが想像できる。

さて今、例にあげたように、現在の「中国」には、多様な言語を話し、それぞれ独自の生活文化・習慣をもつ人びともいる。それらの人びとが暮らすのは、おもに中国東北部(以下、マンチュリア)、モンゴリア(北半分はモンゴル国)、新疆(以下、東トルキスタン)、チベットである。冒頭であげた風景も、この空間にふくまれる。「中国本土(内中国)」に対して、この四つの空間を「外中国」とよぶこともある。歴代の中華王朝は、「中国本土」だけを統治する王朝（秦《しん》、宋、明《みん》など）もあれば、両方の空間を支配した王朝（元《げん》や清《しん》）もあった。

唐の支配空間

では、唐の支配した空間は、どれくらいのものだったのだろうか。

それは、現在の中華人民共和国より、ある意味狭い。というのは、唐のはじめのころの支配領域は、黄河流域を中心にした、雲南をのぞく「中国本土」にすぎなかったからである。七世紀はじめから前半にかけて、マンチュリアからモンゴリアには高句麗《こうくり》、靺鞨《まっかつ》、契丹《きったん》、奚《けい》、東突厥《ひがしとっくつ》という騎馬遊牧民や騎馬狩猟民の国あるいは部族集団が、また東トルキスタン北部の草原地帯には西突厥などテュルク系騎馬遊牧民の勢力、南部のタリム盆地周縁にはイラン系やトカラ系、漢人系のオアシス王国があり、いずれも独自の勢力圏を築いていた。そして、唐の建国後に生まれたチベット帝国（吐蕃《とばん》）と雲南の南詔《なんしょう》は、ついに唐が直接支配する領域にはならなかったのである。

その一方、唐は今の中国よりある意味広い。それは唐が、七世紀前半から半ばにかけて、外にむかってその勢力範囲を広げていくからである。その結果、モンゴリア、マンチュリア、東トルキスタン、さらには西トルキスタンまで支配圏に組みこんでいく。しかし、七世紀後半、モンゴリアで突厥がふたたび独立すると、同世紀の末にはモンゴリア東部で契丹が離反し、つづいてマンチュリアで渤海《ぼっかい》が建国するなど、唐の勢いには、陰《かげ》りが見えはじめる。そして、八世紀半ばの「安史《あんし》の乱」を境にして、唐はふたたび黄河流域と長江流域以南を統治するだけの王朝となってしまう。

このように、唐の歴史を空間からながめると、「安史の乱」をはさんで、前半と後半の歴史では大きなちがいがあることに気づかされる。安史の乱までは、「中国本土」の北部（黄河流域）とモンゴリア、マンチュリア、そして東トルキスタンをふくめた空間が唐の歴史の主要舞台といっても過言ではない。これをふまえ、本書ではこの空間（「中国本土」全域もふくむ）を一つとみなし、東ユーラシアとよぶことにする。

一方、安史の乱よりあとの唐の歴史には、長江流域が大きくかかわってくる。この時期の唐朝は、黄河流域と長江流域以南の空間のみを統治する王朝へと変化している。本書で「中国」とよぶのは、この空間のことである。この「中国」は、清朝史研究者などが「漢地」とよぶ空間であり、先に見た「中国本土」ともよばれる空間に、ほぼ相当する（雲南には南詔があったのでふくまない）。

本書では、唐の歴史を、同時代のユーラシアの動きを視野にいれながら語るという目的から、「東アジア」という言葉はつかわず、「東ユーラシア」をつかいたい。というのは、「東アジア」という言葉は、異論はあるだろうが、日本と中国、朝鮮をふくめた地域をイメージさせるからである（とくに日本を強調するところがミソである）。また、東ユーラシアと中国という二つの空間の見方をつかうことによって、唐の歴史を描きだしていきたいと思う。それによって、唐を「中国史」ではなく、東ユーラシアに展開した歴史としてとらえなおすきっかけになるからだ。

2　時間——時代区分と時期区分

唐宋変革という画期

「唐宋八大家《とうそうはちたいか》」という言葉がある。唐代に活躍した柳宗元《りゅうそうげん》や韓愈《かんゆ》、宋代の欧陽脩《おうようしゅう》、蘇軾《そしょく》ら八人の文章家をさす。しかし、この唐と宋をひとくくりにする江戸時代以来のいいかたは、歴史の実態から、かけ離れるものだ。かつて京都帝国大学教授だった内藤湖南《ないとうこなん》（一八六六～一九三四年）は、唐と宋の間には、大きな断絶があることを主張した。それは、政治面では唐代までの貴族政治が崩れて宋代には君主独裁政治が生まれ、あわせて庶民が台頭したこと、経済面では貨幣経済が進展したこと、文化面では古文復興運動がおこって貴族文化をうちやぶったことにまとめられる。この歴史観は「唐宋変革」とよばれ、現在にいたるまで、中国史研究者に大きな影響をおよぼしている。

また、内藤は、唐と宋の間に社会変化があったことを指摘しただけでなく、その変化を「中古（中世）」から「近世」への移行ととらえた。内藤によれば、中国の歴史には段階があり、それは中国文明の誕生から後漢の中ごろまでが「上古」、五胡十六国《ごこじゅうろっこく》から唐の中ごろまでが「中古（中世）」であり、宋から「近世」がはじまるというものだった。

しかし、第二次大戦前の日本では、内藤のように、中国の歴史に変化があったことをみとめる者は、一部の専門家をのぞいては多くはなかった。ほとんどの日本人が、中国は停滞した社会だ、と考えていたのではないだろうか。また、東洋史の学界でも、日本の大陸進出と呼応するように、マンチュリア（満洲《まんしゅう》）やモンゴリア（蒙古《もうこ》）の騎馬遊牧・狩猟民の歴史を研究する「満蒙学《まんもうがく》」がさかんになった。これは、中国の社会内部から歴史をつき動かすパワーがあることを軽視、あるいは無視し、中国社会は外部からの力によって「変化」「発展」するのだ、という視点とかさなるものだったのではないだろうか。

そのため、一九四五年の日本の敗戦と一九四九年の中華人民共和国の誕生は、戦前の一般の日本人がもっていた中国の歴史に対するイメージをうちくだく大きな衝撃だった。なぜなら、中国社会は、その内にみずから発展する力をそなえていることが証明されたからだ。さらに、社会主義国中国の誕生は、中国にも奴隷制、封建的農奴制、資本主義社会をへて共産主義社会にいたるという「世界史の基本法則」が存在したことを、中国自身が証明したように見えたのだ。こうして戦後の日本では、俄然《がぜん》、マルクスの唯物史観によるこの「基本法則」を中国史にあてはめて研究しようという機運が高まっていく。

時代区分論争の始末

ところで、日本では、中華人民共和国が誕生する前年の一九四八年、東京帝国大学出身の前田直典《まえだなおのり》（一九一五〜四九年）が、内藤の「唐宋変革」説では不十分だった社会経済史の問題点をつき、唐までが「古代」であり、宋から「中世」がはじまるという新しい時代区分論を発表した。これによって、唐は「古代」なのか、あるいは「中世」なのかという時代区分論争がはじまり、日本の東洋史の学界は、中国の歴史を、その内在的発展力に着目して研究する方向にむかっていく。

唐の歴史についても、政治史、社会経済史などのさまざまなテーマが研究対象となり、唐は「古代」なのか、はたまた「中世」なのか、活発に議論がかわされた。しかし、中国の社会は、西ヨーロッパ社会とは根本的に異なった構造をもつ社会だった。たとえば、中国には狭いながらも自分の土地をもって耕作する自営の小農民が広く存在した。彼らを奴隷とか、農奴といった概念ではとらえきれない。つまり、生産様式から唐の社会を「世界史の基本法則」に無条件にあてはめることには無理があるといわざるをえない。また、研究がすすんで精緻《せいち》になると研究テーマも細分化し、時代区分論争も下火になっていった。

このような学界の傾向と並行し、一九八〇年代以降の中国では「改革・開放」政策による経済成長が顕著になっていく。このことは、中国がみずから発展する力をもっていたことを、世界に知らしめる一方、第二次大戦後に生まれた日本の若手の中国史研究者にも多かれ少なかれ影響をあたえたことは十分に考えられる。つまり、中国が内在的発展力をもっていることがあたりまえとなり、中国史研究のアプローチとして、「基本法則」的な関心がうすれていったのである。

いずれにせよ、二一世紀の今日の日本では、唐をふくむ中国の歴史を共通の時代区分で見る基準は、まだできあがっていない。それどころか、グローバル化がすすむ現在、国境が意味をなさないボーダーレスの時代をむかえている。その結果、ヨーロッパで生まれた、一つの国や共同体を体系的に描きだすのに便利な時代区分という歴史の見方そのものに対する疑問すら、生まれている。

時代区分で世界史を描きだそうとすると、同じ時期に存在する地球上の地域の間で異なった時間が進行するという状態がおこってしまう。たとえば、唐が「中世」であるとき、そのとなりの日本は「古代」である。なぜこうなるのかを説明しようとすれば、価値判断をせざるをえない。つまり、唐の文化（文明）が奈良・平安時代の日本より先進的ですぐれていたからだ、という文化の優劣論になってしまう（空間的価値差別）。

また、時代区分の立場にたつと、自分が今いる時点から見て、過去の時代は否定されるべきものととらえがちになる（時間的価値差別）。中世を「暗黒時代」などとする見方は、現在では西欧においても修正が加えられつつあるが、すこし前までは、それが普通の見方であった。それによれば、「中世」の唐は、「暗黒時代」ということになってしまう。しかし、すくなくとも唐の歴史に「暗黒」のイメージはないし（本書には「暗黒」っぽい叙述もあるのだが）、実際の唐の様子ともかけ離れてしまう。

時期区分とは

そこで、二一世紀になるころから、時代区分に見られる優劣の価値観をなくして世界史の形成を見ようという新しい時期区分が提唱されてきた。たとえば、日本では妹尾《せお》達彦《たつひこ》が、世界の歴史をシンプルな三つの時期にわけている。

それによれば、第一期は、古典国家の形成期（紀元前四〇〇〇年～紀元後三世紀前後）であるという。まず、ユーラシア各地の大河流域で初期国家が成立する。このとき、現代につうじる制度・文化がつくられていく。つづいて、その地域と接する遊牧地帯において騎馬遊牧国家が生まれ、それに対応して農耕文化圏でも統一王朝ができあがり、古典国家が完成していく。ただ、この時期は、ユーラシア各地の古典文化圏のつながりが弱く、分散的であるという特徴がある。

第二期は、ユーラシア史の形成期(四世紀頃〜一五世紀頃)である。この時期は、騎馬遊牧民の動きが活発化するのが大きな特徴である。騎馬遊牧民の移動は、農耕文化圏に生まれた各地の古典国家に打撃をあたえ、その結果、両文化が衝突し、やがて共存し融合していくこととなる。と同時に、騎馬遊牧民の移動はユーラシア各地の都市をむすび、ユーラシアの陸域ネットワークの形成に大きくかかわっていく。そして、この時期の最終ランナーとしてモンゴルが登場し、ユーラシアの統一につながっていくのである。

第三期は、地球の一体化がすすむ時期(一六世紀頃〜現在)である。ヨーロッパ勢力が海路によって地球全域に進出したのをきっかけに、ユーラシアと他の諸大陸とが人間の移動・定住によってむすびつき、政治的・経済的に一体化がすすんでいき、現代にいたるという。

第二期の東ユーラシア世界

唐の時代を、この世界史の時期区分にあてはめると、第二期にあたる。この時期の東ユーラシアでは、三世紀頃から気候が寒冷化し、これをうけてモンゴリアにいた鮮卑や羯《けつ》などの騎馬遊牧民がつぎつぎと黄河流域（北中国）の農耕社会に移動しはじめる。

およそ四〇〇年間つづいた漢王朝がほろびると（二二〇年）、三国鼎立《ていりつ》の時代をへて晋《しん》王朝（西晋《せいしん》）が生まれ、ふたたび中国を統一した（二八〇年）。しかし、四世紀のはじめ、西晋が宗室《そうしつ》の内紛で混乱すると、後漢のときに北中国へうつりすんでいた南匈奴《きょうど》の末裔《まつえい》が自立する。これをきっかけとして諸遊牧勢力が黄河流域各地に政権をうちたてる時代（いわゆる「五胡十六国」）がはじまる。晋の宗室は長江流域（南中国）にうつって政権をたてなおし（東《とう》晋《しん》。三一八年）、その後、この地には宋《そう》、斉《せい》、梁《りょう》、陳《ちん》という漢人王朝（南朝）が興亡していく。南朝では、後漢以来の漢字文化と儒教によって形成された中国古典文化を再生し、「六朝《りくちょう》文化」として円熟させていく。

一方、鮮卑種族の中の一部族である拓跋《たくばつ》部族（首領を輩出する拓跋氏を中心に、いくつかの氏族が連合した集団）が北魏《ほくぎ》をたて、五世紀前半までに北中国に割拠していた諸遊牧政権をまとめ統一した（四三九年）。このとき、南中国には漢人王朝があったため、これ以降を中国史の枠組みでは「南北朝時代」という。実際にはモンゴリアに遊牧国家の柔然《じゅうぜん》があり、東ユーラシア全域で見た場合、三勢力が並立する、いわば「三国時代」というべき形勢であった。北魏は、孝文帝《こうぶんてい》のときに「漢化政策」という一連の改革をおこなうが、これに不満をもった北魏の軍人たちが反乱をおこし（六鎮《りくちん》の乱）、これをきっかけにして北魏は分裂してしまう（五三四年）。

この混乱の中から、北斉《ほくせい》と北周《ほくしゅう》が生まれ、北中国はこの二つの勢力が争う形勢となる。やがて、北周が北斉をほろぼすが、北周は隋《ずい》に禅譲《ぜんじょう》し（五八一年）、その隋は南朝の陳をほろぼし、中国を一つにまとめあげた（五八九年）。こうして、隋は南中国に温存されていた中国古典文化を吸収し、遊牧文化と融合した新しい世界をつくりあげていく。

そして、その遺産を継承したのが、唐なのである。つまり、唐は、気候の寒冷化によってモンゴリアから北中国へ移動した騎馬遊牧民の鮮卑人が、漢人勢力や他の騎馬遊牧民とときには争い、またときには共存していくプロセスから誕生した王朝ということができる。

時期区分の特徴

ところでこの時期区分の特徴は、同時期の世界におこった事象を、価値の優劣を排してながめることができるという点にある。従来の時代区分では、同時期の地球上に、あい異なる「発展段階」にある社会が存在したことになるが、時期区分によればそうはならない。また、異なった地域で成立した文化圏・共同体・国家群の交流や、たがいの影響を可視化でき、比較研究が可能になる。

時期区分によってながめるとき、唐が「古代」なのか「中世」なのかということは問題にならない。また、この時代の中国史を理解するうえで重視されてきた「唐宋変革」は、ユーラシアの東部にある「中国」という空間内部における「小さな」社会変動にすぎないということになる。このような見方は、今までの中国王朝中心史観を相対化するきっかけになるだろう。さらに、世界史が形成されていく第二期の前半に唐の歴史を位置づけるとき、この時期に見られた、活発な騎馬遊牧民の動きとそれによるユーラシアの諸都市間ネットワークの形成とが、唐の興亡とどのような関係をもっていたのか、というユーラシア規模の視点から見なおすことができるのである。

3　視　角――唐朝のとらえかた

唐は貴族制の時代

内藤湖南以来、魏晋南北朝時代から隋唐までを「貴族」制の時代としてとらえるのが、日本の中国史家の見方である。この「貴族」という言葉は、研究のための便宜的呼び方である。中国の「貴族」は、もともとは彼らの住んでいた地域社会で名望をえてリーダーとなり、また中国古典文化の教養を身につけ、九品官人法《きゅうひんかんじんほう》によって中央政府の官僚になった者たちをいう。

九品官人法とは、三国の魏を建国した曹丕《そうひ》が、即位直前に陳群《ちんぐん》の献策によってはじめた官僚登用法である。それは、地方行政単位の郡に中正《ちゅうせい》という官をおき、彼が責任をもって、その地方の官僚候補者を評定し、これを九つの等級に分けた（郷品《きょうひん》）。中央政府の官僚も九つの等級（官品）に分け、両者をむすびつけた。はじめの目的は、地方の優秀な人材（有力者）をみいだし、それを中央政府にむすびつけることにあったのだが、中正の官に任じられる者も貴族だったがゆえに、貴族の子弟に高い評価（二品以上）をあたえ、やがてそれが、その家の既得権になっていった。そして、しだいにその家の格づけが固まっていき、門閥《もんばつ》となっていった。

南朝には、中国古典文化の継承者を自認する江南《こうなん》門閥が、また北朝では、西晋がほろんだときに南へ行かなかった漢人の有力者（山東《さんとう》門閥）がいた。彼らの地位は、皇帝からあたえられたものではなく、またその家柄は皇帝家をしのぎ、政治的に独立していた。魏晋南北朝の時代、王朝がつぎつぎと交代しても、門閥たちは王朝の興亡をこえて、存続しつづけたのである。唐朝を、こうした貴族制社会の最終段階としてとらえる見方がある。

「関隴集団」と拓跋国家

ところで北周・隋・唐の創業者は、いずれも北魏が柔然との境界においた国防の前線基地である武川鎮《ぶせんちん》の出身である。この点に着目した中国の碩学陳寅恪《せきがくちんいんかく》（一八九〇～一九六九年）は、北周・隋・唐は、鮮卑系の軍人集団と関中《かんちゅう》（陝西省《せんせい》）・隴西《ろうせい》（甘粛省東部《かんしゅく》）の漢人有力者との連合政権であると考えた。彼らは、北魏末におきた六鎮の乱をきっかけに関中へ移動し、そこで武川鎮の軍人を中核として、遊牧系の諸氏族やこの地域の漢人有力者たちを支配下に組みこんだ新しい集団をつくったのだ、と。陳寅恪の考えをもとに、中国史家はこの集団を「関隴《かんろう》集団」とよび、これが北周・隋・唐の支配集団として歴史を織りなしていったとした。

唐朝の遊牧的色彩を、より強くうち出したのが、中央ユーラシア史家の杉山正明《すぎやままさあき》（一九五二～二〇二〇年）である。杉山は、北魏から唐を、北魏皇帝を輩出する拓跋氏を中心とした部族連合体が建てた一連の王朝としてとらえ、これを「拓跋国家」とよんだ。これに対し、そもそも北斉や北周・隋・唐は拓跋氏の建てたものではないし、また遊牧的要素を強調するのは実態に即していないという反論がある。

しかし、八世紀のテュルク人がのこした記録（突厥碑文）によれば、古テュルク語では、唐を「タブガチ」とよんでいる。これは拓跋、すなわち「タクバツ」が訛《なま》ったものである。唐の外側の世界にいた八世紀の人びとは、唐を「拓跋」が統治する国と見ていたことがはっきりする。

ただし、たとえば唐の初期政権のメンバーを見ても、「関隴集団」のほかに、山東門閥や江南門閥など、旧北斉系や南朝系の者たちの姿を見ることができ、単純に「唐の支配集団は関隴集団だった」「唐は拓跋国家だ」とはいえないことは事実であり、これをふまえた新しい唐の歴史の叙述がもとめられている。

唐を遊牧的視点から見ると

その課題はいったん保留とし、「関隴集団」にしろ「拓跋国家」にしろ、これらの見方は、研究者の姿勢と大きくかかわってくる。中国という空間で展開された歴史を、中国＝漢字文化でくくって見るのか、あるいはもっと大きな視野で遊牧世界と農耕世界のせめぎあいの中に位置づけようとするのか。ただ、すくなくとも、唐の初期の歴史にかぎっていえば、遊牧的色彩を過小評価しないほうがよい。あまりにも唐の「漢字文化」の側面を重視し、唐を中国王朝の一つとみなしてしまうと、見えているものが、見えなくなることも事実である。一つだけ例をあげてみたい。

唐が建国して間もないころ、王府に「庫直《こちょく》」と「駆咥直《くちちょく》」という武官の職があったことが正史などの記録にのこっている。唐代史家の池田温《いけだおん》は、これらは鮮卑語を音写したもので、唐初の軍制に鮮卑の制がのこっていたと指摘した。この語句は、一九七二年に発見されたソグド人の安元寿《あんげんじゅ》の墓誌には「右庫真《ゆうこしん》」として見える。安元寿は、唐の太宗《たいそう》が秦王《しんおう》だったときに仕えており、そのときの官職名がそれであった。ちなみに現行の正史などに見える「庫直」は、書写する際に「庫真」を書き誤ったものである。そして、この「庫真（庫直もふくむ）」をしらべていくと、唐に先立つ隋や、さらに東魏《とうぎ》・北斉でも確認できる。その役割は、親王の側近で、侍衛《じえい》や宿衛《しゅくえい》の任にあった。その淵源《えんげん》は、おそらく北魏にまでさかのぼるだろう。

中国史研究の場合、ここで「庫真は鮮卑遺制の軍職名だ」と思考はストップしてしまう。しかし、東ユーラシア世界まで視野を広げたとき、この「庫真」は別の意味をもってうかびあがってくる。それは、「庫真」の役割が、のちのモンゴル帝国時代の「ケシクテン（モンゴル語で「当直をもつ人びと」「輪番をおこなう人びと」の意）」に類似するというのである。「ケシクテン」とは、遊牧君主に直属する精鋭な親衛隊である。彼らは、君主の護衛にあたるとともに、日常生活にかかわるさまざまな職務もおこない、あるいは国事にあたることもあった。そのメンバーは、もとから遊牧君主にしたがっていた部族首領の子弟から構成されるが、その後の勢力拡大にともない、君主のもとへ新しく服属してきた部族集団の首領の子弟もとりこみ、拡大していく性質をもっている。そういった子弟を親王の近くで教育し、将来の国務をになう人材を養成するという、遊牧社会のシステムの一つであったのだ。

実際、北魏には「～真」という官名があり、それは北魏皇帝（つまり遊牧君主）に側近として仕える者の職名である。つまり、北魏、東魏・北斉、隋そして唐の初期には、遊牧社会のシステムが保持されていたこととなり、唐朝が創業したばかりの段階では、まだ遊牧的色彩が色濃くのこっていたことを、物語っているのだ。

唐朝の見方

ただし、唐朝は三〇〇年近い歴史をもち、その間、ずっと色濃く遊牧色をおびていたわけではない。遊牧の記憶は、しだいにうすれ、唐朝や唐皇室の性格もゆるやかに変質していったことは容易に想像できよう。しかし、それを「漢化」という、中国人（漢人）中心主義のような、ありきたりな言葉でくくるのはどうかと思う。どうもわれわれには、漢字をつかい、漢字文化を身につけた人は、みな中国人（漢人）だと、おもいこむ癖があるかもしれない。

唐の場合、たしかに漢字文化をとりこみ、また秦漢時代から発達してきた「中国的」政治制度や経済のシステムの上に成りたっていた王朝という側面はある。しかし、それはすでに、古典中国の復活ではなく、かなり変容したものだったにちがいない。その変容をもたらしたのは、騎馬遊牧民の存在であり、遊牧文化と中国的古典文化の融合した帰着点が唐だったといえる。

また、それとは別に、約二九〇年つづいた唐という時代には、かなり大規模な人的移動がおこっていることも無視してはならない。唐は一見すると、騎馬遊牧民の活動によって「分裂」した中国を「統一」した王朝で、その結果、「民族」の移動もおさまったかのようにみえる。

しかし、実際には、七世紀前半に東突厥がほろんだ結果、モンゴリアから北中国へすくなくとも一〇万、最大で一〇〇万規模の遊牧民が移動している。それに八世紀半ばの「安史の乱」では、東ユーラシアのみならず、中央アジアや西アジアからも人間の移動を見ることができる。さらに八世紀後半から九世紀はじめにかけて、チベット帝国とウイグル帝国の衝突にともない、テュルク系の沙陀《さだ》やそのほかの部族が東トルキスタンや河西《かせい》（甘粛省）から中国へ移動してくる。これらの人的移動は、唐の歴史に大きな影響をあたえることとなる。こうした人びとの広範囲な移動を見ずして唐の歴史は描けないだろう。

そしてもう一つ、忘れてはならないのが、中央アジア出身のイラン系ソグド人の活動と、彼らが唐にあたえた影響である。従来、ソグド人といえば、商人として「シルクロード貿易」にかかわり、絹の交易に従事したとか、中央アジアから唐へ仏教、キリスト教、マニ教、ゾロアスター教などの宗教を伝える媒介をはたしたなど、経済上、文化上の視点から語られることが多かった。しかし、この二〇年ほどの間でソグド人の研究が飛躍的にすすみ、彼らが、中国王朝の中ではたした、政治・外交・軍事上の役割が明らかになってきた。

本書では、このような視点をふまえながら、通史的に唐の歴史をながめていくこととしよう。

第1章　東ユーラシア帝国への飛翔——七世紀

1　唐の建国

隋末の反乱

隋の二代目にして、事実上、最後の皇帝となった煬帝《ようだい》（在位六〇四～六一八年）は、後世、しばしば「暴君」といわれる。彼が新都洛陽《らくよう》の造営や中国の南北をむすぶ大運河の開削《かいさく》、長城の修築といった大規模な土木工事をおこない、さらに高句麗《こうくり》へ三回にわたって軍事遠征（六一一～六一四年）をおしすすめ、民衆を疲弊《ひへい》させたからだ。

当時はまだ、「暴君」というイメージは定着していなかったかもしれないが、こうした土木工事や国外遠征の結果、煬帝ひいては隋朝への不満が蓄積されていったことは間違いない。

隋が「征服」した旧南朝の領域における反隋感情もあいかわらずくすぶっていた。そういった要素がからみあって、ついに王朝末期に見られる反乱の火の手があがりはじめた。

隋末の反乱は、略奪を目的とした小さなものからはじまった。それが大きなものになっていくのは、楊玄感《ようげんかん》の乱（六一三年）からである。この反乱は二か月で鎮圧されたが、煬帝にあたえた衝撃は大きかったにちがいない。というのは、楊玄感の父楊素《ようそ》は隋建国の元勲《げんくん》であると同時に、煬帝を擁立《ようりつ》した功績者でもあったからだ。

この後、各地で反乱がおき、しだいに規模が大きくなっていく。楊玄感の乱から三年ほどのちになると、反乱のリーダーたちの中に「皇帝」を名のる者が出はじめ、群雄割拠の時代に突入する。隋に対し反乱をおこした群雄は四〇以上あったが、その中には北周や隋の建国にかかわった中心勢力のメンバーもいた。たとえば、群雄の一人、李密《りみつ》は西魏以来の名門出身で、「八柱国家《はちちゅうこくか》（八人の柱国大将軍の家）」（後述六六頁）とされている李弼《りひつ》の曽孫だった。本章の主人公で、唐を建国することになる李淵《りえん》（五六五／五六六～六三五年）もやはり「八柱国家」とされる李虎《りこ》の孫で、群雄の一人だった。彼の家系は武川鎮《ぶせんちん》以来のもので、李淵は隋の政権中枢にいた者である。これはいったい、どういうことだったのだろうか。

そもそも、北魏がほろんだきっかけは、六鎮《りくちん》の乱である。この乱は、北魏の孝文帝《こうぶんてい》が平城《へいじょう》（山西《さんせい》省大同《だいどう》）から洛陽へ都をうつし、鮮卑語の使用や鮮卑服の着用を禁止するなど、いわゆる「漢化政策」を急激におこない、そこに格差が生まれたため、騎馬遊牧民本来のライフスタイルを保持する六鎮の兵士たちが反発しておこしたものだった。六鎮の乱がこのような性格だったので、その中から生まれた北斉や北周は、ともに鮮卑色がきわめて濃い王朝だった。このことは、両王朝の宮廷や軍中で、鮮卑語がつかわれていたことからも、はっきりとわかる。

北周から禅譲《ぜんじょう》をうけた隋の文帝《ぶんてい》（在位五八一〜六〇四年）は、やがて長江流域の南朝をあわせて中国という空間を一つにしていく。文帝は、北朝系の遊牧文化や南朝系の古典中国文化など、さまざまな価値観が入りまじるこの新しい帝国をおさめるためのシステムをつくりだす。それは、多様な出自の人びとに対し明確な基準をしめす律令をさだめ、整然とした形式美にまとめられた官僚制度をつくりだし、理念的かつ理想の王都大興城《だいこうじょう》を地上に出現させ、そして外来宗教である仏教を国家統治のイデオロギーとするものだった。彼の政策は、遊牧社会と農耕世界という相異なる文化や価値観をもつ二つの世界を、普遍的原理によっておさめていこうというものであった。

ところが息子の煬帝は、父の政策をことごとく変えていった。彼は、北魏の洛陽城の西側に、あらたな洛陽城を建設し、大運河を完成させて、洛陽と江南をつなげた。このような政策をとったのは、煬帝の関心が遊牧文化になく、漢人固有の中国古典文化にそそがれていたからだという。これは、北魏の孝文帝が「漢化政策」をおしすすめたときの状況と似かよっており、隋という世界の中で疎外感や差別をひしひしと感じる人びともいたことだろう。そのため、煬帝に対して反乱をおこした人びとの中に、西魏・北周・隋という政権の中核をになった者もいたのである。いいかえれば、隋末の群雄のうち、そういった人びとは、鮮卑・拓跋の復古《ふっこ》という意識を、多かれ少なかれもっていたのではないだろうか。

李淵の出自

唐の初代皇帝となる李淵は、北周の都の長安で生まれた。この長安は、いわゆる隋唐時代の長安とは別の都市であり、前漢が都をおいたところである。その場所は、隋が新しく建設した大興城の西北にあり、現在でも宮殿の基壇や城壁、城門の遺址《いし》が地上にのこっているほか、発掘調査によって、宮殿の遺址なども確認されている。

李淵の祖父の李虎は、北魏末の武川鎮の軍人だった。李淵の母は、武川鎮の軍人でのちに西魏の元勲となる独孤信《どっこしん》の娘だった。李淵の母と隋の文帝の皇后は姉妹だったので、李淵から見て、文帝は母方の伯父、煬帝はいとこだったことになる。

ところで、李淵は漢人だったのか、それとも鮮卑人だったのか、という問いが、学界には古くから存在している。唐の歴史を記録した『旧唐書』『新唐書』や他の典籍史料によれば、いずれも、唐の皇室はみずからを「隴西《ろうせい》の李氏」と称している。「隴西」とは、現在の甘粛省東南部にあった郡名で、「隴西の李氏」は、ここに本籍をもつ漢人の有力豪族である。五胡十六国の時代には、「隴西の李氏」の李暠《こう》という人物が、敦煌を中心に西涼《せいりょう》という王国を建てている。李淵は、その七代目の子孫とされている。

これを信じれば、唐は、漢人が建てた王朝ということになる。しかし、この系譜はまったくのでたらめで、唐朝を建てた李氏が偽作したものである。すでに南宋《なんそう》の時代、朱子《しゅし》学を確立した朱熹《しゅき》は、その語録の中で「唐の源流は夷狄《いてき》より出《い》ず。故に閨門《きゅうもん》の失礼《れいせつをうしなう》の事は、異《ふしぎ》と以為《おも》わざるなり」（『朱子語類《しゅしごるい》』）とし、唐の皇室は「夷狄」の出身であるときめつけている。唐朝の李氏は、別に「大野《たいや》」という非漢人風の姓をもっており、こちらが本来の姓であるかもしれない。おそらく西魏時代に「隴西李氏」を名のり、さらに唐建国後の二代目皇帝の太宗から三代目の高宗のときにかけて、その家系が西涼の李暠の子孫であるというように、書き換えられていったのだろう。では、「隴西の李氏」ではない李淵は、何人《なにじん》なのか。

李淵の祖父の李虎は、武川鎮のメンバーで、のちに西魏政権の中枢をになった八人の元勲である「八柱国家」の一人であったとされる。後述するように、この「八柱国家」というのは、唐朝が成立したのちに、唐室の権威をたかめるために創造されたものという説が出されている。ただ、李虎が武川鎮出身の軍人で、北魏末から西魏成立にかけて重要な役割をはたしていたことは事実だろう。

武川鎮は、モンゴリアの柔然に対する国防上の重要な拠点であった。遊牧世界と農耕世界の境域地帯には、武川鎮のほかにも防衛拠点の「鎮」がおかれていた。そのうち重要な六つを総称して六鎮という。鎮の長官には鮮卑人などのエリート軍人が任じられ、また鎮には鮮卑人やそのほかの遊牧系の人びと、そして漢人の有力者の子弟が派遣され、国防の任にあたった。ただ、武川鎮などでは、日常、鮮卑語が話されており、その習俗や文化からすれば血統に関係なく、鮮卑人の集団といえるだろう。

たとえば、竇毅《とうき》という人物がいた。李淵の妻の父にあたる人物だ。竇毅は漢人風の「竇」姓をもっているが、あとで述べるように、実は遊牧民の出身である。北周が誕生したあとの話だが、竇毅が北周皇帝と鮮卑語で語りあっていたことが、記録にのこっている。また、北周と対立した東魏・北斉の軍中でも鮮卑語が普通につかわれていた。東魏・北斉を建てた高《こう》歓《かん》の勢力も、六鎮の出身者から構成されていたから、武川鎮以外の六鎮も鮮卑人の世界だったと解していいだろう。こうした環境に生まれ育った李淵も、普通に鮮卑語を理解し話すことができた、と想像できる。こう考えるならば、李淵の家系は、すくなくとも文化面では鮮卑族といっていいだろう。

李淵、立ちあがる

隋末の反乱に参加する前の李淵は、隋朝の太原留守《たいげんりゅうしゅ》の職にあった。留守とは臨時の職で、ほんらい皇帝が巡行《じゅんこう》するとき、王都で皇帝のかわりをつとめるものだが、隋末には、地方の重要都市にもおかれていた。太原（山西省）は、モンゴリアの遊牧勢力である突厥《とっくつ》の南下にそなえる隋の重要な軍事拠点の一つであった。

李淵の性格は優柔不断だったといわれる。隋末の混乱したときにあっても、みずから挙兵しようとは思っていなかったという。それに対し、次男の李世民《りせいみん》（五九八～六四九年）は積極的であり、また李淵配下の文武官や、当時、太原に身をよせていた隋の反煬帝派の官僚たちも、李淵に挙兵させようとしていた。それを物語る有名なエピソードが、晋陽宮《しんようきゅう》宴会事件だ。

太原にあった晋陽宮は、煬帝が行幸《ぎょうこう》するときに宿泊する広大な離宮《りきゅう》である。その晋陽宮で煬帝不在の際に宴会を催し、そこの宮女を李淵にはべらせたのである。そして、主戦派の李世民の息のかかった晋陽宮の管理官が、それをネタに李淵をおどして挙兵させた、という。

史書では、これを李世民の画策としているが、当時二〇歳だった李世民一人の謀略《ぼうりゃく》ではあるまい。李淵をとりまくさまざまな人間がかかわったのだろう。憶測をまじえていうならば、李淵が優柔不断な性格だったというのは、李世民が皇帝に即位したのちに創造されたもので、李世民の武勇伝をもちあげるためのものであったかもしれない。事実から見れば、隋末の各地の群雄の中から立ちあがり、その後、二九〇年もつづくことになる唐王朝をうちたてた李淵の才能は、やはり、軽んずるべきではないだろう。

さて、挙兵した李淵は、遊牧軍制にのっとった左・右・中軍に軍隊を編成し、一気に隋の都大興城にむけて進軍した。そして、四か月で無血入城に成功する（六一七年）。この軍は、李淵とその子たちが中心となり、李氏一族のほか、太原の官僚たちが加わっていた。

ところで、李淵には、のちに平陽公主《へいようこうしゅ》とよばれた娘がおり、当時、大興城に住んでいた。李淵は挙兵にあたって、この娘とその婿を太原によびよせようとした。このとき、平陽公主は夫にむかって、「あなたは、早く太原へ行ってください。私は女性でありますから、臨機応変に対応できます」といって山中へ逃れて兵をあつめた。さらに彼女は、「胡賊《こぞく》」とよばれていたソグド人の何潘仁《かはんじん》を仲間に加えるなどして、李淵が大興城に到達するころには、平陽公主がひきいる精兵だけで一万余りとなっていた。その軍は「娘子軍《じょうしぐん》」とよばれた。このように李淵の娘が軍の先頭にたって参戦したのは、遊牧社会の気風を反映したものとみなせる。また、女性が活発に行動する唐という時代の幕開けを告げる象徴的出来事ということもできよう。

李淵は大興城へ入城すると、すぐさま、煬帝の孫で、西京《せいけい》留守だった一三歳の楊侑《ようゆう》を皇帝

(恭帝《きょうてい》)に擁立し、まだ存命で江都《こうと》(江蘇《こうそ》省揚州《ようしゅう》市)にいた煬帝を勝手に太上皇《たいじょうこう》にまつりあげてしまった。隋を滅亡させるのではなく、あくまでも隋の皇帝を奉ずる姿勢を内外にしめしたのである。

このような混乱のなか、煬帝は江都から離れようとせず、あげくのはて、いにしえの建康《けんこう》の地(隋の丹陽《たんよう》郡。江蘇省南京《なんきん》市)に都をうつそうとするしまつだった。ときに、煬帝の親衛隊は、その多くが関中から来ていた。彼らは故郷を思う気持ちがつのるものの、煬帝にもどる気持ちがないことを知ると、反旗をひるがえし帰ろうとした。そして煬帝側近の宇文化及《うぶんかきゅう》は、この親衛隊のさわぎを利用し、煬帝を暗殺してしまう。享年五〇だった。煬帝皇后の蕭《しょう》氏は、漆塗《うるしぬり》のベッドの板で小さな棺《ひつぎ》をつくり、放置された煬帝の遺体をそれにおさめて仮埋葬したという。

その後、蕭皇后は紆余曲折《うよきょくせつ》をへて、煬帝の孫の楊政道《ようせいどう》(正道)とともにモンゴリアの遊牧国家である東突厥にむかえられた。突厥に嫁いでいた隋の義成《ぎせい》(義城)公主の後押しがあったのだろう。蕭皇后はこの地で隋の亡命政権をたてることとなる。彼女が中国へもどるのは、のちに唐が東突厥をほろぼした時だった。

ところで史書には、煬帝は唐の高祖《こうそ》の時代に「雷塘《らいとう》」の地に改葬したと記録されている。この場所は、長いあいだ、揚州すなわち江都の北郊と考えられてきたが、二〇一三年にこれをくつがえす発見があった。揚州の西郊で煬帝と蕭皇后の合葬墓が見つかったのだ。また、出土した墓誌に唐の太宗《たいそう》の元号である貞観《じょうがん》が刻まれていたことから、太宗のときにあらためて揚州の西に、突厥から帰国した蕭皇后とともに埋葬しなおしたことが明らかになった。

隋唐革命

さて、煬帝暗殺の報をえた李淵は、ただちに政権を簒奪《さんだつ》する準備に入った。形のうえで隋の皇帝であった恭帝は詔《みことのり》をくだし、唐王の李淵に皇帝の位を譲る旨を告げた、いや実際には告げさせられたといったほうが正しいかもしれない。李淵は、形式として再三これを辞退したのち、皇位を譲りうけた。こうして、李淵は武力行使をせず、一見すると平和裏に政権を手にいれたのだ。こうした政権譲渡を禅譲という。

李淵は、隋の大興城の宮城にあった正殿の大興殿を太極殿《たいきょくでん》と改め、そこで皇帝に即位した。国号は唐、元号を武徳《ぶとく》とさだめた（六一八年）。新皇帝の李淵は、廟号《びょうごう》を高祖（在位六一八～六二六年）という。高祖は、ただちに刑部尚書《けいぶしょうしょ》（法務大臣）を都の南郊におくり、そこに壇をもうけて柴《しば》を焼く儀式をおこなわせ、天に報告させた。ここに、天命が革《あらた》まり、隋唐革命による王朝の交代がなされたのである。唐朝、二九〇年におよぶ歴史がここにはじまる。

唐は隋の大興城をひきつづき利用し都とした。大興城は唐の都となったのち、「京城《けいじょう》」とよばれた。ただ、一般には「長安」とよばれていたので、本書では長安とよぶこととする。ちなみに、唐という国号は、祖父の李虎が死んだのちに封ぜられた唐国公にちなんだものである。「唐」は古い地名で、『史記』に、紀元前一一世紀頃、西周《せいしゅう》の成王《せいおう》の弟である叔虞《しゅくぐ》が唐の地（春秋時代の晋国）に封じられたとあり、太原の地がそれに相当するといわれていた（一説には山西省翼城《よくじょう》県の西ともいう）。

高祖（李淵）

李淵は唐朝を創業したが、各地には群雄が割拠し、唐の命運はさだまってはいなかった。とくに、洛陽を拠点とした王世充《おうせいじゅう》は、あなどれない相手だった。王世充は、もとの姓を支《し》といい、「西域の胡人」だったという。支姓は月氏《げっし》の末裔が名のる姓だが、その詳しいことはわからない。王世充も李淵と同じように隋の皇室を奉じ、唐の建国から遅れること一年、手続きをふんで煬帝の孫の楊侗《ようとう》（越《えつ》王。のち王世充に皇帝にまつりあげられ、皇泰主《こうたいしゅ》とよばれた）から禅譲され、国号を鄭《てい》と称している。このあと、唐は王世充など群雄を約八年かけて平定していくこととなる。

革命成功の背景

李淵が、隋唐革命を成功させることができたのは、次のような理由がある。

一つは、彼が太原留守だったことである。太原は、王都大興城と一本のルートでつながっていて、大興城へ短期間で攻め入ることができた。またこのルート上に、ほかの有力な群雄がいなかったことも、李淵に幸いした。太原で突厥防衛の任にあたっていた李淵は、軍の教練に、突厥方式の騎馬戦術をとりいれていた。このため、李淵軍の進軍のスピードはきわめて速く、群雄との対決で、その騎馬軍事力が大いに発揮されたのである。

二つめは、いち早く王都大興城を無血で占領できたことである。そのため、王都にあった官僚システムと統治に必要な行政文書を手にいれ、また国倉をおさえることにより膨大な物資を確保し、長期にわたる平定作業にそなえることができた。また、隋室を奉じ、禅譲をつうじて平和裏に革命を成功にみちびいたことも大きい。

三つめは、突厥と和議をむすび、草原世界からの脅威をとりのぞいたことがあげられる。大興城へ進撃する際に、李淵は突厥から援軍をうけた。ただし、こうした援軍は、革命成就後、場合によっては突厥からの干渉をまねくことも考えられた。しかし、実のところ突厥の援軍は、馬は二〇〇〇頭いたが、騎兵は五〇〇人にすぎず、それほど多くはなかった。李淵は、突厥の騎兵が少なく、馬が多かったことによろこんだという。それは、突厥の過度な干渉をさけることができるという思いだったのかもしれない。ちなみに、このとき、突厥側の使節として来たのが、ソグド人の康鞘利《こうしょうり》であった。当時、「国際」商人であったソグド人は、今でいう外交をになう人材として、東ユーラシアの王権がよく利用していたのである。

四つめは、李淵が武川鎮集団の中で、家柄がよかったことである。李淵の妻（竇氏）の祖父の宇文泰《うぶんたい》は、西魏の実権をにぎり、北周の実質的な建国者であった。隋室の楊家は宇文氏から政権をうばったのみならず、その後、宇文の血をひく者をことごとく殺した。そのため、武川鎮集団の中の反楊家の人びとは、当然、家柄のよい李淵を後押しすることになる。

五つめとして、李淵の妻が竇の一族出身であったことも忘れてはならない。竇のほんらいの姓は紇豆陵《こつとうりょう》といい、匈奴《きょうど》系の「費也頭《ひやとう》」という部族のなかの一氏族だった（１-１）。

読者は「匈奴は漢代にすでにその姿を消したのでは？」とか「五胡十六国のとき、匈奴がいくつかの政権をたてたことは確かだが、その後は歴史から消えたのでは？」と思うかもしれない。しかし北魏時代、費也頭は隠然たる力をもっており、北魏末の六鎮の乱をきっかけにオルドス（黄河が大きく「冂」の字に屈曲する部分の内側の地域）に広がって、東西魏が無視できないほどの遊牧勢力をたくわえていた。さらに費也頭はオルドスの西、河西回廊《かせいかいろう》（祁連《きれん》山脈の北麓《ほくろく》を東西に細長くのびる平地。いわゆる「シルクロード」の一つがここを通っていた）にも進出していった。

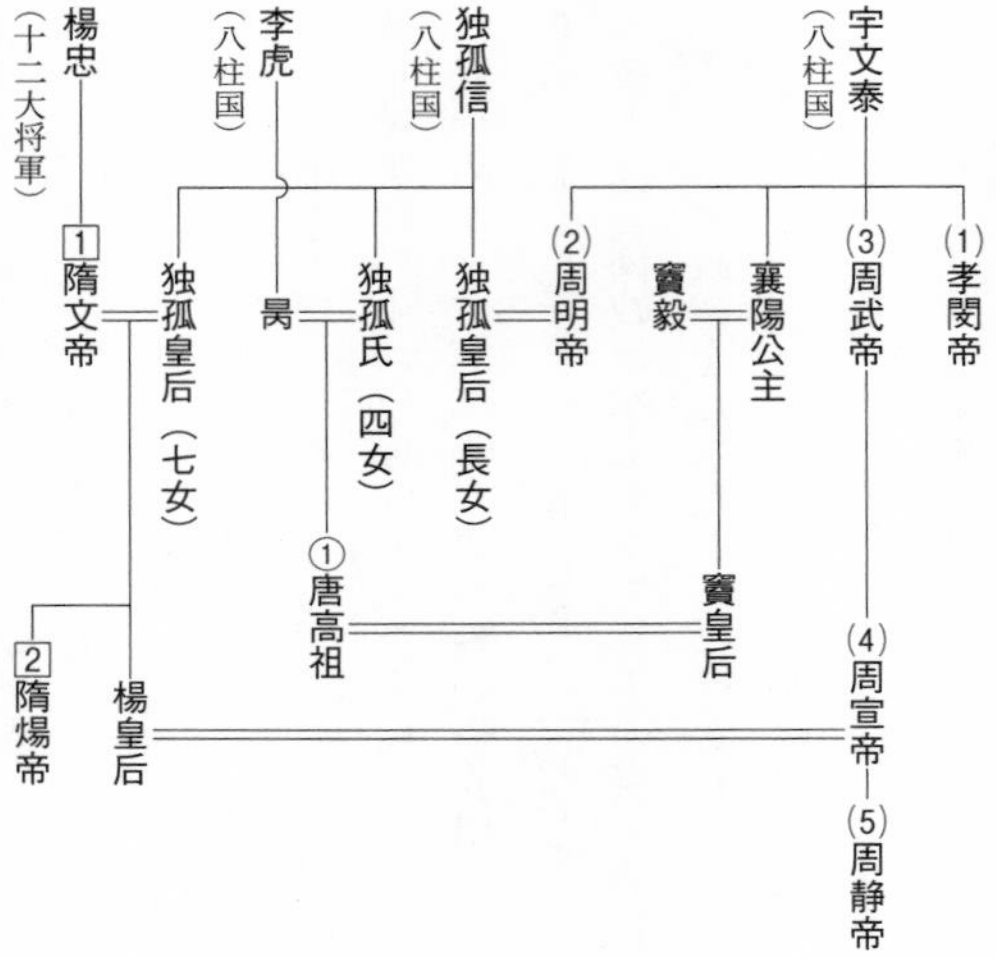

1－1　北周・隋・唐の婚姻系図
数字は皇帝の代数。（　）内は北周、□内は隋、○内は唐

李淵とむすばれた竇の一族が、オルドスから河西回廊にいた匈奴の騎馬遊牧勢力を直接統率していたかは判然としない。しかし、李淵が隋唐革命を成功にみちびいていった背後には、こうした匈奴勢力がいたのである。

ソグド人の協力

最近、隋唐革命が成功した別の要因も明らかになってきている。それは、隋末から唐初の世情が不安定で、各地に群雄が割拠し、先の見通しがたちにくい時期に、率先して李淵集団に協力したグループがいたことである。ソグド人である。

ソグド人というのは、中央アジアのオアシス国家の住民だった。現在のウズベキスタンにタシュケント、サマルカンド、ブハラといった都市があるが、それらはいずれもソグド人の故郷である。彼らは絹をもとめて東方へ進出していった。その歴史は古く、後漢王朝とソグドのオアシス国家の間に朝貢などの関係があったことは、確かである。二〇世紀のはじめに、敦煌の西方にある烽火台《のろし》からソグド語で書かれた手紙群が見つかった。その中の一通は、西晋時代末期にナナイ＝バンダクというソグド人が故郷のサマルカンドにあてて書いたもので、その手紙から、ソグド商人が河西回廊のオアシス都市に拠点をおいて、中国本土の長安や洛陽、さらには河北の鄴《ぎょう》にまで交易におもむいていたことがよみとれる。

ソグド人たちは、北魏から北斉、北周にかけて、河西回廊から黄河流域へ積極的に進出し、各地にコロニー（植民聚落《しゅうらく》）をつくっていく。この時期に河西回廊の武威《ぶい》（甘粛省）や固原《こげん》（寧夏回族自治区《ねいかかいぞく》）、西安《せいあん》（陝西省）、太原などには、ソグド人のコロニーがあったことがわかっている。こうしたコロニー在住のソグド人と、ソグド本土からやってくるソグド商人とが協力しながら、中国の物産（おもに絹）を買いもとめ、交易活動をおこなっていた。当然、彼らは、その交易活動の安全をはかり、また利益をあげるため、東ユーラシアにはりめぐらされたネットワークをつかい、情報をやりとりしていた。

隋末の群雄割拠の混乱時期にあっては、このようなネットワークが功を奏する。中国各地のソグド人たちは、たがいに情報を共有しながら、誰が今後の中国を安定させてくれるのかをみきわめ、彼らがみとめた群雄に協力しようとした。それが李淵だったのである。

李淵が挙兵した太原には、ソグド人のコロニーが存在していた。李淵挙兵の際、この太原のソグド人コロニーの住民が兵士として組織化され、これを中央アジア出身のトカラ人である龍潤《りゅうじゅん》なるものがひきいて、李淵にしたがっている。

太原の南にある介州《かい》は、李淵が太原から大興城へと進軍するルート上にあり、ここにもソグド人コロニーがあった。この地のソグド人の曹怡《そうい》が、李淵の挙兵に呼応し、その軍にしたがっていることが、「曹怡墓誌」(二〇一〇年公刊)から明らかになった。おそらく、曹怡は、介州にいたソグド人を組織し、彼らをひきいて従軍したとみられている。ちなみに、現在の介州には、この地にいたソグド人が信仰していたゾロアスター教寺院の遺構が「祆神楼《けんしんろう》」という名でのこっている。

また、李淵が大興城に入城するや、原州《げん》(寧夏回族自治区固原市)にいたソグド人の史訶《しか》耽《たん》が、いち早くかけつけてくる。現在の固原は六盤山《りくばんざん》のふもとにある地方の一都市にすぎない。しかし、北朝時期から唐にかけて、交易ルート上に位置したこの都市には、多くの人びとが往来し、北魏のころにはソグド人が定住してコロニーをつくりはじめ、やがて大きな力

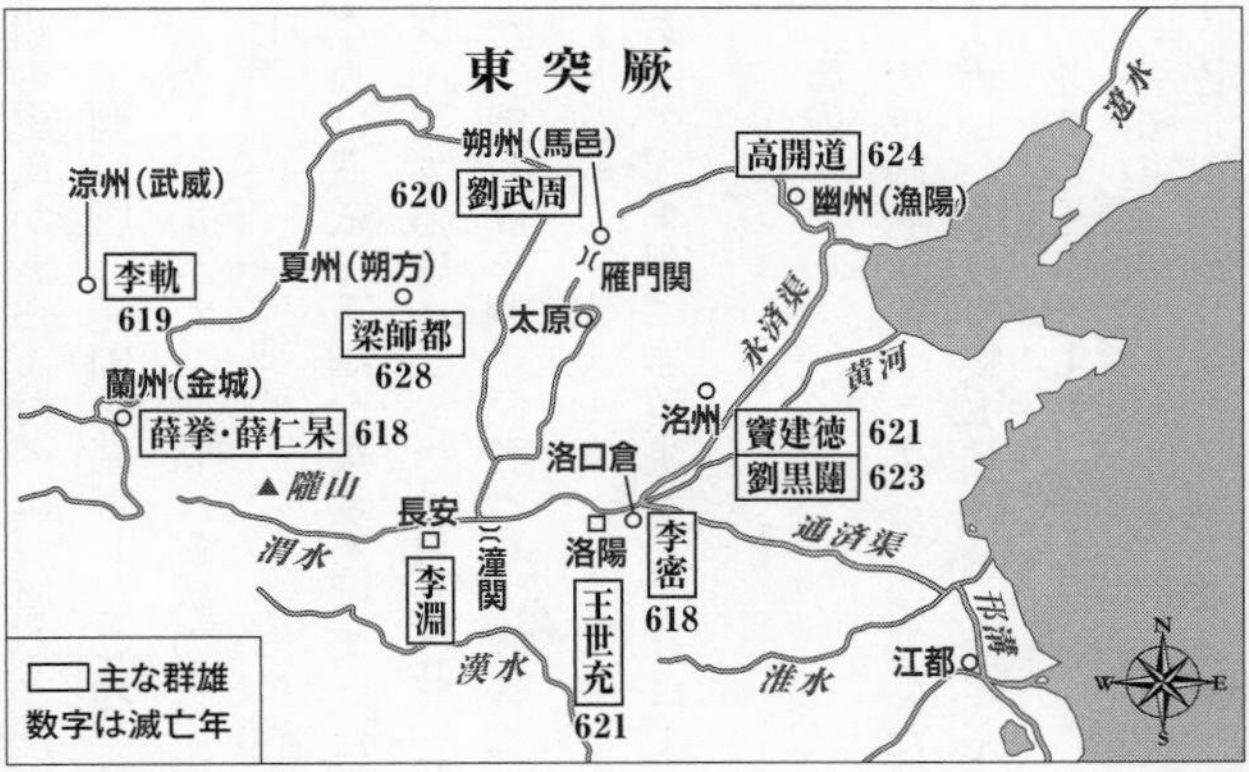

1－2　隋末群雄図

をもつようになっていった。そして、ここでもソグド人の史氏《し》一族が軍府の府主に任じられ、ソグド人コロニーの住民を兵士として組織していた。

隋末、固原の西方にあたる隴西の金城《きんじょう》（甘粛省蘭州《らんしゅう》市）で、この地の軍府の将軍だった薛《せつ》挙《きょ》が自立し、皇帝を称するようになる（1－2）。その後、薛挙は、その西にいた武威の李《り》軌《き》と戦ってやぶれたため、根拠地を固原と六盤山をはさんで南に位置する秦《しん》州（甘粛省秦安《しんあん》県付近）にうつした。薛挙の勢いは、一時期かなりさかんになり、長安によった李淵に西と西北からせまる構えとなった。このとき、固原の史氏は、長安の李淵政権をえらび、協力したのだった。どちらの勢力につくかは、その後の固原ソグド人コロニーの命運がかかっていた。最終的に原州の史氏がえらんだのは、唐だった。

李淵が唐の建国を宣言したころ、河西回廊を通る交易ルート上の武威に、李軌を中心とする勢力があった。李軌は武威の資産家の出身で、隋の煬帝の治世の大業《だいぎょう》年間（六〇五～六一七年）に、この地にあった軍府に職をえていた。薛挙が金城で自立すると、それに乗じて、李軌は武威で王国を築きあげていた。李軌を擁立したのは、武威のソグド人コロニーのリーダーである安修仁《あんしゅうじん》だった。安修仁には安興貴《こうき》という兄がおり、当時すでに李淵に仕えていた。興貴は李淵の使者として武威におもむくや、弟とはかり、ソグド人集団をひきいて李軌に反旗をひるがえした。こうして安興貴と修仁の兄弟は武威をのっとり、河西地域すべてをあげて、李淵に帰順する。これによって李淵の勢力は、より強固になったのである。

唐の律令

唐は隋の統治システムを踏襲した。その根本となるのが律令である。皇帝に即位した李淵は新しい律令の修定を命じ、その完成まで、隋の煬帝の大業律令を廃止し、暫定的に五三条の格《かく》のみを公布した。

高祖の統治年間は、わずか八年余りだった。この間、各地に割拠した何人もの「皇帝」を平定する作業にあけくれた。それがおわり、中国という空間をようやく、ほぼ手中におさめることができたころ、あらたに修定した武徳律令を発布した（六二四年）。残念ながら、実物はのこっていないが、これは、隋をひらいた文帝が制定した開皇《かいこう》律令に先述の五三条の格を挿入した程度のものだったといわれる。隋代には、煬帝のとき、改訂された大業律令も公布されているが、唐は煬帝の治世を否定し、文帝への復古をスローガンとしたため、開皇律令を武徳律令のモデルとした。ただ、実際には、開皇律令と大業律令との間には、大きな差異はないという。

ところで、隋が制定した開皇律令は、北周の律令ではなく、北斉の律令をモデルにしたといわれる。北周は、周代の理想的な制度を記したといわれる『周礼《しゅらい》』（実際の成書年代は戦国時代以降）にもとづく制度を復活させたが、それは現状にはそぐわないものであった。慎重な性格だった隋の文帝は、そのため、古くから漢人の間でつちかわれた伝統をうけつぎ、また有職故実《ゆうそくこじつ》につうじた山東門閥の根拠地であった北斉の律令をベースにしたというのである。しかし、隋唐の刑罰体系は北周律に近いといわれ、令も北斉令に直接つながるとはいいがたいともいわれる。

中国の律令は、秦漢以来、漢人王朝でつくられ、それらが積もり積もって複雑かつ煩雑になっていた。それを遊牧民の目であらためて見なおし、整理して体系化した結果、客観的なものにブラッシュアップされたのが隋の律令であり、それをひきついだのが唐の律令だった。

その普遍的性格のため、隋唐の律令は中国をこえて、東アジアへ広がったといえる。初期王朝の建設途上にあった日本が隋唐の律令を模範とし、それをうけいれていったのは、このような理由があったのだ。それはともかく、律令で客観的で明確な基準をしめすことによって、遊牧的価値観と漢人の価値観を包括する世界をつくりだそうとした隋の方針を、唐もうけついだというわけである。

よくいわれることだが、「律」とは現在の刑法、「令」は行政法になぞらえられる。唐では第六代皇帝の玄宗のときまで、隋と同じく皇帝がかわるごとに、律令が修正され発布された。律令は、時間が経過するとともに固定化し、その運用が硬直していく。それに対応するため、詔勅をもって修正した。ある程度、このような詔勅がたまると、明文化して編集され公布された。これを「格」という。また、「式」というものがあった。これは、律令を施行する際の細目であった。

「唐令」の復原と発見

唐の律は、『唐律疏議《とうりつそぎ》』としてその姿を今でも見ることができるが、唐の令は散逸してしまった。日本では逆に律がうしなわれ、唐から輸入した令は『令義解《りょうのぎげ》』（官撰の注釈書。大宝令《たいほうりょう》や養老令《ようろうりょう》の一部がひかれている）や『令集解《りょうのしゅうげ》』（養老令に対する私撰の注釈書）としてのこることとなった。うしなわれた唐の令文を復原しようとする動きは、江戸時代の日本ではじまった。その嚆矢《こうし》とされるのが、元禄《げんろく》時代の松下見林《まつしたけんりん》の仕事である。彼は『唐律疏議』から唐令の逸文を抜きだして「唐令」という一書にまとめた。これは非常に簡略なものであるが、江戸の元禄年間に、唐令の具体的姿を追求しようとしたその姿勢は注目に値する。

唐令復原の作業は、その後、二〇世紀になるまでもちこされ、一九三三年になって、ついに仁井田陞《にいだのぼる》（一九〇四〜六六年）の『唐令拾遺』が著わされた。その作業をひきついだ池温の『唐令拾遺補』が刊行されたのは一九九七年のことだった。ところが、日本における唐令の復原の金字塔的作業がここまですすんだ直後、中国大陸で大きな発見があった。なんと、唐令が「発見」されたのだ。

それは、寧波《ニンポー》（浙江省《せっこう》）にある天一閣《てんいっかく》（明の范欽《はんきん》が建造した書庫）が所蔵していた、明代の鈔本《しょうほん》である『官品令《かんぴんれい》』という書籍が、実は北宋の仁宗《じんそう》の御世、天聖《てんせい》七（一〇二九）年に編纂された「天聖令」の写しであることがわかったのがきっかけだった。北宋の令は、唐令を再利用しており、「天聖令」は唐令をもとに、北宋のときに修訂をほどこした宋令の条文と、当時は施行されなくなった唐令の条文を併記していることから、唐令を復原するのに、うってつけの史料となりうるのだ。

この史料は二〇〇六年に中国で『天一閣蔵明鈔本天聖令校証　附唐令復原研究』（上下二冊、

北京・中華書局）として出版され、唐令復原の研究に大いに資することとなった。ただし、「天聖令」は完全な形ではのこっておらず、全三〇巻のうち、第二一巻から三〇巻までの一〇巻のみである。その編目は、田《でん》令、賦役《ふえき》令、倉庫令、厩牧《きゅうぼく》令、関市《かんし》〔捕亡《ほぼう》〕令、医疾《いしつ》〔仮《か》寧《ねい》〕令、獄官《ごくかん》令、営繕《えいぜん》令、喪葬《そうそう》〔喪服年月〕令、雑《ぞう》令である。

唐の官制

中国王朝の官僚制度は後漢以来、連綿と発達し、複雑なものになっていた。隋はこれらのすべてを廃止することなく、それらの上にすっぽりと理念的に整備されたものをあてはめ、あらたな官制をつくりだしていた。官制は令によって規定されているので、これを律令官制とよんでいる。官制にかかわる令として、官品令が官僚（当時の用語では官人）の正一品から従九品下までの三〇階のランクをしめし、また一連の職員《しょくいん》令で全官庁の官職名と定員・職務内容がしめされている。

唐は隋の官制をひきついだ。ただ、李淵が建国した直後にできあがったのではなく、二代目太宗のときに、その骨組みができ、武則天《ぶそくてん》時代の改革をへて、玄宗《げんそう》時代の開元《かいげん》年間になって、その姿が完成する。その詳細は、玄宗皇帝の時代に『唐六典《とうりくてん》』としてまとめられ、今の私たちも、それをつうじて、唐朝の律令官制の完成した姿を見ることができる。ここでは、その開元時期の官制に即して述べていこう。

中国では、漢代以来、宰相の任務をつとめた三師《さんし》（太師《たいし》・太傅《たいふ》・太保《たいほ》）や三公《さんこう》（太尉《たいい》・司《し》徒《と》・司空《しくう》）は名誉職にまつりあげられた。もっとも重要な官庁は、中書省《ちゅうしょしょう》・門下省《もんかしょう》・尚書《しょうしょ》都省《としょう》の三省であった。

中書省は、皇帝の言葉（王言）を起草して詔勅の草案を作成する機関であり、皇帝の秘書官の役割をもっていた。ただし、その長官の中書令《れい》と次官の中書侍郎《じろう》は「同中書門下三品《どうちゅうしょもんかさんぴん》」などの肩書をあたえられて宰相待遇になることが多かったので、実際に詔勅を起草するのは中書侍郎に次ぐ三等官の中書舎人《しゃじん》がおこなった。そして詔勅の草案は、門下省におくられて審議された。

門下省は、一言でいえば、皇帝の意思に同意をあたえる機関である。詔勅の草案の審議をし、誤りがあれば修正し、つきかえすこともできた（封駁《ふうばく》）。また、諸官庁が皇帝の決裁をもとめる文書（奏抄《そうしょう》）を出してくると、尚書都省をつうじ門下省へ原案がわたされ、それを門下省でチェックした。問題がない場合、中書省が皇帝の回答文（批答《ひとう》）をつくり、皇帝が決裁した。門下省でも、長官の門下侍中《じちゅう》と次官の門下侍郎《じろう》は国政にかかわったため、その実務は三等官の給事中《きゅうじちゅう》がになった。中国では、南北朝時代から唐の前半期にかけて、門閥が政界や社会に根強い力をもっていた。そのため、皇帝は門閥勢力と合議によって国政をおこなわざるをえなかったが、この門下省は、その名残であるという説がある。その一方、唐代の門下省は詔勅の発布と各官庁からの奏請《そうせい》をとりつぐに際し、それらに誤りがないかのチェックをおこなう役割にとどまったという見方もある。

尚書都省のもとに六部《りくぶ》があり、行政を担当した。長官の尚書令と次官の左《さ》・右僕射《ゆうぼくや》がおかれ、門下省をへた詔勅や決裁のくだった各種の書類を関係官庁に伝え、また中央や地方の官庁から上奏される書類を門下省へおくった。左・右僕射の下は、それぞれ左司《さし》と右司《うし》とにわかれ、左司は文官の人事をつかさどる吏部《りぶ》、戸籍と税務にかかわる戸部《こぶ》、王朝儀礼や礼制をになう礼部《れいぶ》を、右司は武官の人事や軍事関係の総務をしきる兵部《へいぶ》、法務関係の刑部《けいぶ》、土木水利工事を担当する工部《こうぶ》を分担して統括した。ただし、六部は書類事務の管轄にとどまり、実務は漢代以来の役所である九寺《きゅうじ》と五監《ごかん》にゆだねられた（1-3）。ちなみにこの「寺」は寺院ではなく、雑用をつかさどる官庁の意味である。そして、これら官僚の行動などを監察する特別な機関として御史台《ぎょしだい》がおかれた。

唐の政策は、皇帝のもとにおかれた宰相たちの合議で決定された。当初の宰相は、中書令（定員二名）、門下侍中（定員二名）、尚書令（定員一名）だった。しかし、李世民が秦王《しんおう》時代（後述）に尚書令についたことがあったため、太宗が即位したのち、尚書令には人が任命されなくなった。かわりに左・右僕射（各一名）が宰相に加えられた。また、貞観のおわりこ

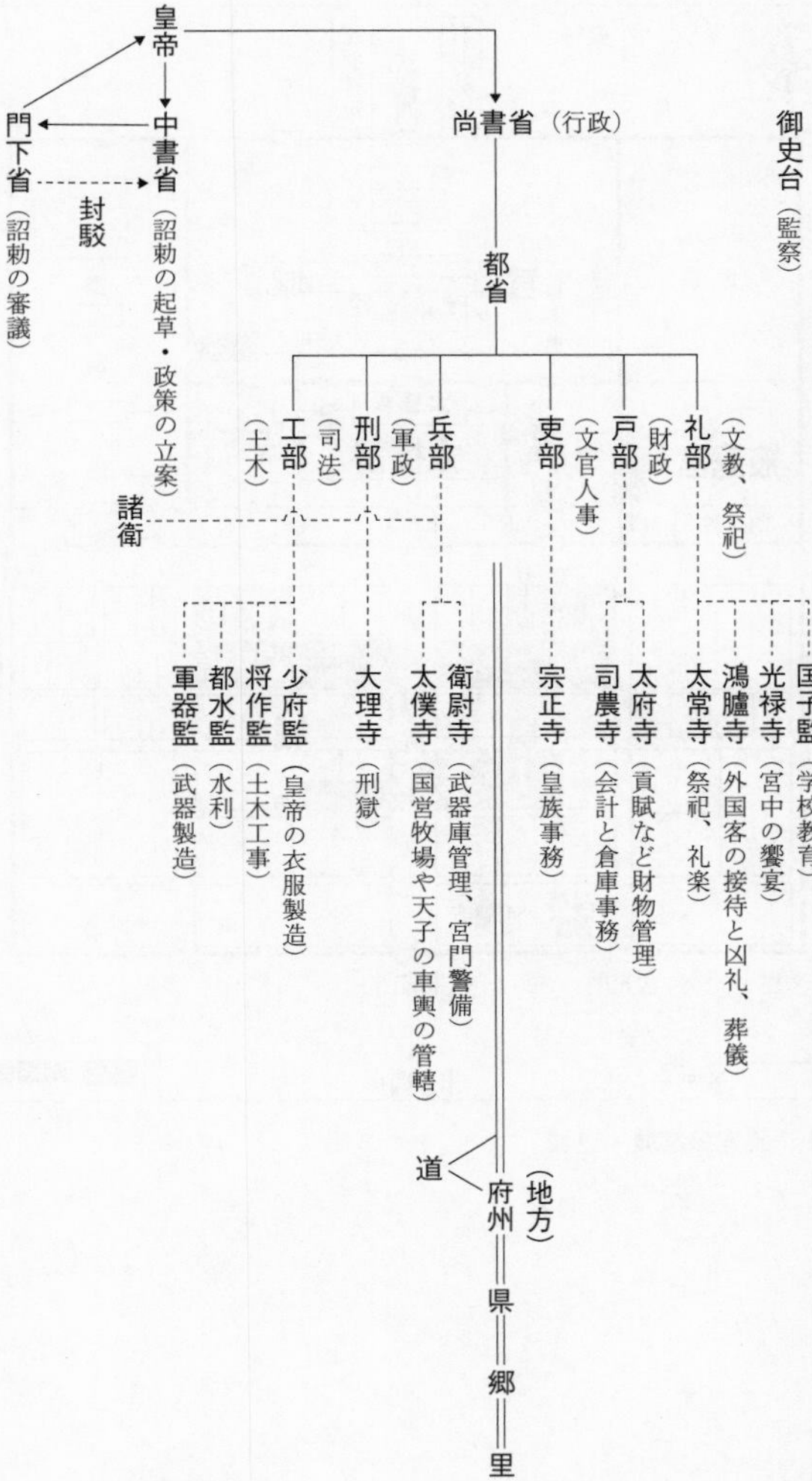
皇帝
尚書省（行政）
御史台（監察）
中書省（詔勅の起草・政策の立案）
門下省（詔勅の審議）
封駁
都省
礼部（文教、祭祀）
戸部（財政）
吏部（文官人事）
兵部（軍政）
刑部（司法）
工部（土木）
諸衛
国子監（学校教育）
光禄寺（宮中の饗宴）
鴻臚寺（外国客の接待と凶礼、葬儀）
太常寺（祭祀、礼楽）
太府寺（貢賦など財物管理）
司農寺（会計と倉庫事務）
宗正寺（皇族事務）
衛尉寺（武器庫管理、宮門警備）
太僕寺（国営牧場や天子の車輿の管轄）
大理寺（刑獄）
少府監（皇帝の衣服製造）
将作監（土木工事）
都水監（水利）
軍器監（武器製造）
道
府州
県
郷
里
（地方）

1-3　唐の律令官制

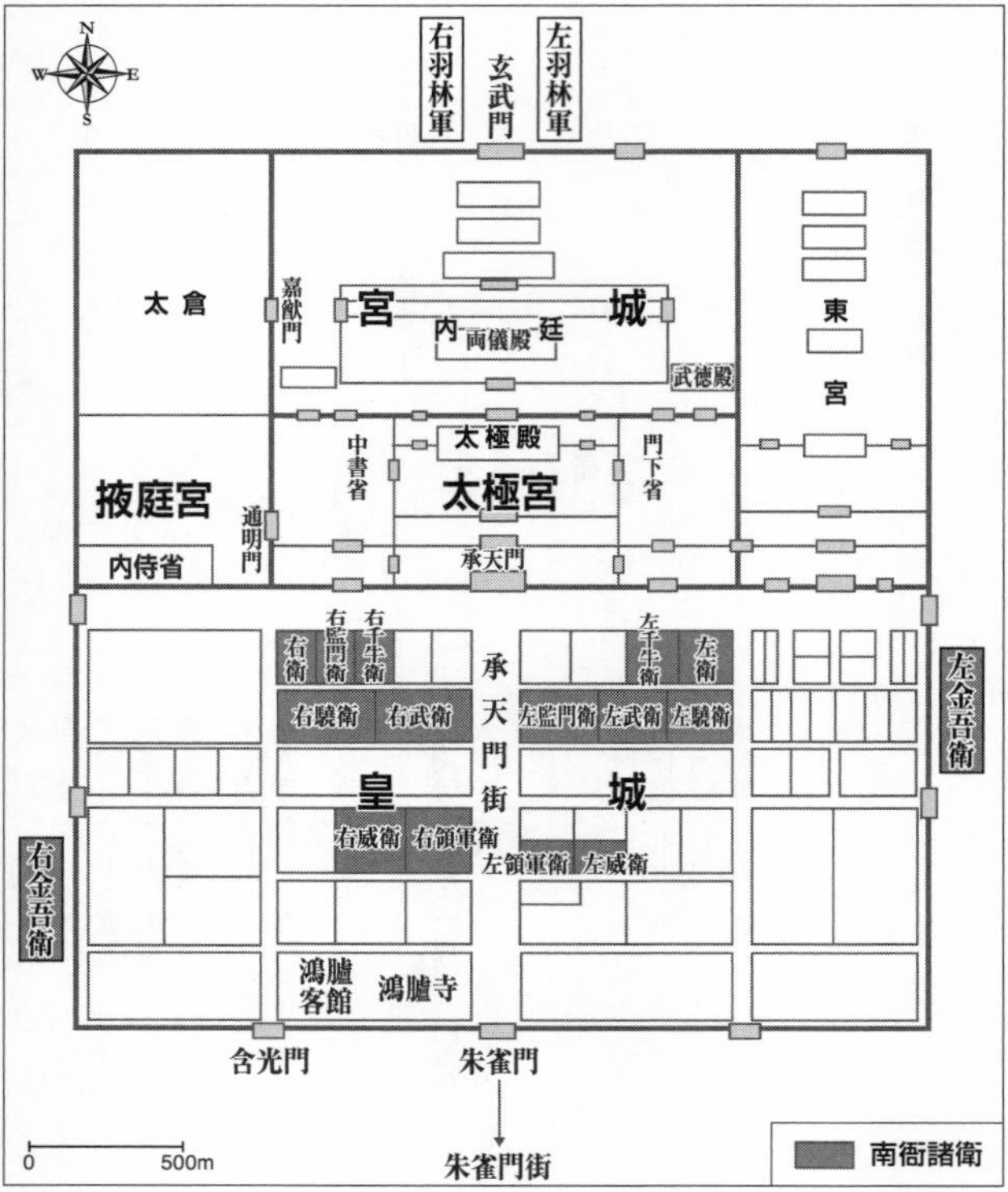
右羽林軍
玄武門
左羽林軍
太倉
嘉猷門
宮
城
内廷
両儀殿
武徳殿
東
宮
中書省
太極殿
太極宮
門下省
掖庭宮
通明門
内侍省
承天門
右衛
右監門衛
右千牛衛
左千牛衛
左衛
承天門街
右驍衛
右武衛
左監門衛
左武衛
左驍衛
左金吾衛
皇
城
右威衛
右領軍衛
左領軍衛
左威衛
右金吾衛
鴻臚客館
鴻臚寺
含光門
朱雀門
朱雀門街
0
500m
南衙諸衛

1－4　長安の宮城・皇城

ろになると、新設の肩書（同中書門下三品や同中書門下平章事《へいしょうじ》、参知機務《さんちきむ》など）をあたえられ、政策決定に参与する者もあらわれた。

一般に、三省六部のように整備された外形は、実務に対応するというよりは、三や六といった数字からわかるように、構造の形式化が重んじられたといえる。また中書省と門下省の役所は、建物の配置までシンメトリーだった。というのは、宮城のエリアでは、正殿の太極殿を中心として、東に門下省、西に中書省がおかれていた。皇城エリアも、南北にはしる承天門街《しょうてんもんがい》を軸に、諸官庁がシンメトリーに配され、ここでも形式面が重視された（1－4）。

2　李世民、テングリ＝カガンとなる

李世民の生い立ち

第二代皇帝となる李世民は、高祖李淵と匈奴系の竇《とう》皇后の間に次男として生まれた。同じ母から生まれた兄弟に、長男の建成《けんせい》、三男の玄覇《げんは》（早世）、四男の元吉《げんきつ》がいる。ちなみに高祖には二二人の子がいた。

皇帝になる前の一〇代から三〇代前半にかけての李世民は、戦《いくさ》に明けくれる人生であった。

そして、この時期の李世民は、軍人、戦略家としての側面が発揮された。たとえば、次のような話がある。隋の煬帝が北方の境界地帯を巡回していたとき、カガン（突厥の首領の称号）がひきいる突厥の軍に囲まれてしまった。このとき李世民は、隋軍の兵力が少ないのを、さも大軍がやってきたように見せかけるという策を献じ、その結果、突厥の兵を撤退させることができた（六一五年）。ときに李世民、一八歳であった。また次の年、父の李淵が賊の討伐にあたり、敵陣に深く入りこみすぎてしまった。李世民は単身、馬に乗って囲みを突破し、馬上から矢を射かけ、李淵をすくいだしたという。

唐の建国後、李建成が皇太子となり、李世民は秦王となった。しかし、当時の中国は、各地に群雄が割拠し、唐もそのような群雄の一勢力にすぎなかった。李世民はまず、甘粛省東部にいた薛挙とその子の薛仁杲《せつじんこう》の討伐にむかう。関中に拠点をおいた唐にとって、直接の脅威となるからである。李世民は、はじめは兵糧攻めで敵方を弱らせて窮地においこみ、ついで精強な軍を投入して、これをうちやぶった。李世民のこのような政略と戦術を、宮崎市定《みやざきいちさだ》（一九〇一〜九五年）は「非凡な才能の創造であり、他人にまねできぬ境地であった」（宮崎、一九八八）と評価する。

その後、唐朝にとって最大の敵であった洛陽の王世充と、その背後にあって河北南部で巨大な独立王国をつくりあげていた竇建徳《とうけんとく》を生け捕り、両勢力を鎮圧した。この功績により、李世民は、彼のために特別にもうけられた天策上将《てんさくじょうしょう》をあたえられ、王公の上の地位をえた。天策上将となった李世民の声望はますます高くなったが、李建成は皇太子として都にいたため、武勲をあげることができず、彼の心中は穏やかならなかった。

実をいえば、皇太子の李建成と秦王李世民との関係は、唐朝創業にいたるまで、それほど悪くなかった。「優柔不断」とされる父の李淵に対する意見など、二人に共通することもあった。しかし、こうした事情から、しだいに二人の間には溝ができあがっていった。また二人をとりまく連中も、自分たち自身の権益を優先し、あるいはより多くを得んがため、たがいに対立し、やがて集団間の争いに転じていった。

「玄武門の変」とソグド人

両者の確執は、李世民が兄の建成を殺すという事件にまで発展する。これを「玄武門《げんぶもん》の変」という。

当時の記録によると、この事件の直前、昼間の天空に金星があらわれたと報告されている。政変の兆しである。その日、先手をうとうとした李世民は、「建成と弟の元吉とが、後宮において淫《みだ》らなことをしております」と上奏した。おどろいた高祖は二人を尋問するため、建成と元吉に対し参内することを命じた。

翌日の早朝、長安の宮城北門である玄武門で、参内する建成らをまちぶせする李世民のもとには、義兄で幼友達でもある長孫無忌《ちょうそんむき》、のちに「房《ぼう》・杜《と》」と称され、宰相として「貞観の治」を牽引《けんいん》することになる房玄齢《ぼうげんれい》と杜如晦《とじょかい》、勇将の尉遅敬徳《うっちけいとく》ら秦王府の文官・武官の属僚がいた。李建成も、これが李世民の策略だとはわかっていたうえで、それに乗って参内を実行した。そして、両者は玄武門で交戦状態に入った（1-4）。

その様子はといえば、元吉は世民に矢を射かけるが、あたらない。反対に世民が放った矢で建成が射殺《いころ》されてしまった。さらに、世民側の尉遅敬徳が七〇騎をひきいてやってきて、元吉に矢を射かけたため、元吉は落馬してしまう。ちょうどこのとき、世民も落馬し、あわや元吉に弓の弦で絞殺されそうになったところ、尉遅敬徳が助けに入り、元吉も射殺されてしまった。東宮《とうぐう》と斉王府《せいおう》（元吉は斉王だった）の親衛軍二〇〇〇人がなおも抵抗をしめし、乱戦状態になったが、建成と元吉の首が掲げられると、建成・元吉の親衛軍は潰走《かいそう》した。高祖は宮城内の海池《かいち》に舟をうかべて逃げていたが、世民は尉遅敬徳をそこへやって高祖の護衛にあたらせると同時に、世民へ全権をゆだねる詔を出させた（六二六年）。

以上が、正史や『資治通鑑』に見える玄武門の変の様子である。また最近、この事件にかかわった人の墓誌が出土し、正史などに名をのこさなかった人びとの活動もうかびあがってきている。その中で特筆すべきは、やはりソグド人である。先に、武威の安興貴・安修仁兄弟が、唐の建国にあたって協力したことを述べたが、その安興貴の息子が「序章」で紹介した安元寿《あんげんじゅ》である。安元寿は、秦王時代の李世民に右庫真（親衛隊）として仕えていた。そして、玄武門の変の当日、彼は武装して宮城の西門である嘉《か》猷門《ゆうもん》（内廷と太倉《たいそう》をつなぐ門）で宿衛していた。李世民は、玄武門だけでなく、他の門にも彼の息のかかった軍将を配置して、宮城全体を封鎖し、クーデタをおこなったのである。

また、唐建国の際、いち早く協力をねがいでた固原のソグド人の史訶耽は、その後、殿《でん》中《ちゅう》省が統《す》べる尚乗《しょうじょう》局の進馬《しんば》（正七品上もしくは下）という官職についた。この官は宮中の厩舎《うまごや》（閑厩《かんきゅう》）の管理をするものだが、彼の墓誌には「北門供奉《ほくもんきょうほう》進馬」とある。「北門」は玄武門をさし、「供奉」は皇帝の側近を意味するから、玄武門付近で、皇帝が乗馬する馬（外来の貴種馬など）の飼育・管理をつとめていたと思われる。おそらく、原住地の固原で軍馬を飼育していたことをふまえての任官だったのだろう。

彼の馬の飼育の能力は、玄武門の変ののちにも重視され、史訶耽は左《さ》二《に》監《かん》に任じられることとなる。これは「二番目におかれた良馬を飼育・供給する監牧《かんぼく》（官営牧場）の長官」を意味する。史訶耽の故郷の固原は、牧畜に適した地であり、唐代では固原をふくめた隴右《ろうゆう》道東部から関内《かんない》道西部にかけて監牧がおかれていく。その一つの責任者として史訶耽は任じられたのであり、これは、史訶耽が李世民側に禁軍の馬を提供し、玄武門の変で功績をあげたことに対する褒賞であったと指摘されている。ちなみに史訶耽は太宗と次の高宗のときまで長安にあって、およそ四〇年にわたって中書省つきの通訳官をつとめた。彼のソグド人としての言語能力が買われたのだろう。

玄武門の変の背景

兄弟殺しという凄惨《せいさん》な事件である玄武門の変がおきたのはなぜだろうか。この事件を、皇位をめぐる兄弟間の争いや宮中内の権力闘争という唐朝国内の問題として見るほか、唐の北方にあった東突厥に対する問題がからんでいたという視点もある。そして、そこには李世民と父李淵との対立もあったようである。

李淵はもともと、東突厥を危険視していたが、太刀打ちできる力もなく、建国にあたっては臣従し、その援助をうけるほどだった。唐の創業後も中国の各地に群雄が割拠しており、唐はその討伐に力をそそぐ必要から、東突厥対策は二の次にされていた。そのような状況に乗じ、強盛をほこっていた東突厥は、ほとんど毎年のように唐との境界域をこえて侵入し、ときには深く内地へ入りこむこともあった。東突厥の軍が関中にまで進軍してきたときには、高祖李淵は、長安を放棄して都を南へうつさんとするありさまであった（六二四年）。

しかし、突厥に対する高祖の姿勢は、しだいに変化していく。その治世の後半に河北の劉黒闥《りゅうこくたつ》を鎮圧すると、隋末以来の群雄もおおかた平定され、のこるのは東突厥と、その息のかかったオルドスと山西北部にいた群雄だけとなった。唐がかかえる問題は、国内平定から対突厥という対外問題にうつりつつあったのだ。東突厥の侵入におどろき、遷都まで考えていた高祖も、東突厥との全面対決に姿勢を変えていく。

その象徴的出来事が、高祖李淵が「関中一二軍」をふたたびおいたことだった（六二五年）。唐の建国直後は、群雄が割拠していたため、唐政権の拠点である関中を一二の軍管区にわけ、ここから各地の前線へ兵力を供給するシステムをつくりあげていた。しかし、国内の状況がおちつくと、「関中一二軍」は、いったんは廃止されたのだが、ここにいたって高祖は復活させたのである。この軍をひきいる将軍たちの多くは、李淵に太原からつきしたがってきた「元従《げんじゅう》」の人びとであった。このことは、従来、秦王府の集団をひきい、群雄征伐に功績のあった李世民がにぎっていた軍事の主導権を、高祖側へうつそうとするものでもあった。そのため、これが、高祖と李世民の対立をひきおこすきっかけになったという。

また、唐朝内部では、突厥に対する政策をめぐって、高祖、皇太子の李建成と弟の李元吉、そして秦王の李世民の三者間で対立があったともいわれる。その中で李世民の対突厥政策は、突厥内部の離間を利用しようとするものであった。玄武門の変で、李世民がクーデタによる政権奪取に動いた背景の一つには、東突厥対策の見誤りが国内の混乱、ひいては唐朝の存亡にかかわるという危機感があった。そのため突厥対策の路線の異なる皇太子建成や父の高祖の勢力を一掃しなければならなかった、というのである。

「貞観の治」と明君太宗の実像

李世民は、玄武門の変で自分につきしたがった功臣を政権の中枢の役職につけ、基盤を固めたのち、皇帝に即位した。廟号をとって太宗《たいそう》（在位六二六〜六四九年）という。ただ、さすがに気がとがめたのか、宮城正殿の太極殿はさけ、東宮の顕徳殿《けんとくでん》で即位している。すでに秦王時代から、のちに太宗政権の宰相となる房玄齢や杜如晦など「秦府一八学士」とよばれる顧問役をおいていたが、皇帝になると、南朝系統の文学の士をえらんで弘文館《こうぶんかん》学士をおき、交代で宿直させて、政務のあいまに内殿にひきいれ、いにしえの聖人らの言行を講論し、まつりごとの善悪や可否を議論した。玄武門の変で政権を奪取した次の年の正月、元号を貞《じょう》観《がん》（六二七〜六四九年）と改めた。史上名高い、「貞観の治」のはじまりである。

太宗の治世は二三年間つづいたが、世にいう「貞観の治」は、最後の抵抗勢力だった梁《りょう》師《し》都《と》が平定され、国内に平和な時代が訪れてからのことをいう（六二八年）。ここから、本当の唐による中国地域の支配がはじまるといってよい。

『新唐書』では、貞観のはじめの状況として、次のように伝えている。「この年（六三〇年）、米一斗は四銭から五銭となり（「開元通宝」一枚が一銭）、家の戸締りが不必要となり、牛馬の数が増え、旅行者は食料を持参する必要がないような平和な時代が到来した。年間の死刑囚もわずか二九人だった」と。

さすがに、治世四年目にこの史料が伝えるような状況が出現したというのは、誇張であろうが、太宗の治世中にこのような状況になったことは確かだろう。それが、いわゆる「貞観の治」のイメージ形成に役立ったことは否定できない。

太宗が明君といわれるのは、天下泰平の世をもたらしたのみならず、よく人材を登用し、臣下の諫言《かんげん》をうけいれたところにある。その代表的臣下が魏徴《ぎちょう》である。魏徴はもともと隋末の群雄の一人、李密に仕えており、唐に降《くだ》ったあとは李建成に仕えていた。その当時、魏徴は建成にむかって「秦王（李世民）を除くべし」と進言していた。太宗は玄武門の変のあと、魏徴を召して「おまえはなぜ我ら兄弟の間をひきはなさんとしたのだ」問いただした。すると魏徴は「先の皇太子が早くに私の言葉にしたがっておれば、今日の禍《わざわい》はきっとなかったのに」と言い返した。こ

太宗（李世民）

の問答をつうじ、太宗は魏徴の才能を重視し、とりたてたという。

太宗に仕えてからの魏徴の直諫は二〇〇回にもおよんだ。また、それ以外の臣下の諫言や意見も、太宗はよく聞きいれたという。このような皇帝にずけずけと諫言をなす人員を配し、ガラス張りの政治をおこなったところに太宗の特徴があり、また彼を明君たらしめている。それは、これまでの中国王朝の皇帝には見られない、まったく新しいタイプの皇帝だった。これが太宗は、臣下と政治問答をおこない、それらはのち玄宗の時代にまとめられた。これが『貞観政要《じょうがんせいよう》』である。

太宗の臣下の意見をよく聞きいれる態度は「兼聴《けんちょう》」といい、これは『貞観政要』を貫くテーマである。このことは、隋の煬帝が人の意見を聞かず、国をほろぼしたことに対するアンチテーゼとして出されたもので、「暗君煬帝」に対する「明君太宗」の創造ととらえることもできる。実際、太宗の「兼聴」は作為的な面もあったようである。貞観年間の中ごろ、魏徴は太宗に対し「陛下は貞観のはじめには、臣下が諫言するようにしむけ、よろこんでそれに従っておられましたが、今はそうではありません。つとめて諫言に従おうとされているものの、不愉快な顔色をしておられます」といっている。唐代史家の概説では、それでも太宗は反省しているから大器であると評しているが、その一方「太宗は幾分コンプレックスをもった知識人タイプの君主だった」（三田村泰助、一九六三）という辛辣《しんらつ》な評価もある。

突厥第一帝国

中国の北側のモンゴリアには、古くから遊牧民がおり、やがて馬を操作する技術を身につけ、騎馬遊牧民となっていった。ときに彼らは大きな連合体をつくりあげ、私たちが遊牧国家とよぶような大勢力に発展することがあった。匈奴や柔然《じゅうぜん》などがそれであり、ここにいう突厥もその一例である。

「突厥」とは、Türküt（テュルクト）というソグド語で伝わった音を漢人たちが写したものだ。また、これとは別に「鉄勒《てつろく》」と表現することもあった。「鉄勒」は、東ユーラシアにいたテュルク系遊牧民の総称である。そういったテュルク語を話す集団の一つに、阿史那《あしな》という氏族がいた。阿史那氏は、モンゴリアの西のアルタイ山脈山麓で製鉄や鍛冶《かじ》に従事し、もとは柔然にしたがっていた。

ところが、阿史那氏の族長だった土門《どもん》が柔然をたおし、あらたな遊牧政権を樹立した（五五二年）。これを突厥第一帝国（突厥第一カガン国）といい、その首長はカガンを称した。匈奴や鮮卑、柔然などはモンゴル語系統の言語を話す人びとであったから、突厥第一帝国は、モンゴリアを制覇したはじめてのテュルク系遊牧政権ということができる。おそらく、漢人たちは、従来の「鉄勒」と区別するため、この阿史那氏を中核とするテュルク勢力に「突厥」の文字をあてたのだろう。

突厥第一帝国は、勢力を広げ、モンゴリアから中央アジアにいたる広大な地域を支配した。しかし、隋の離間政策によりモンゴリアの東突厥と中央アジアの西突厥とに分裂し（五八三年）、一時的に勢力が衰えた。この間隙《かんげき》をぬって、隋の文帝は中国統一をなしとげることができたのである。しかし、煬帝のころになると、東突厥はしだいに勢力をもりかえし、先に述べたように、七世紀のはじめには、煬帝を山西北部の雁門《がんもん》で包囲するまでに成長した。そして、隋末に中国各地で群雄が割拠すると、みな北面して東突厥に臣下であると称し、その援助をもとめるほどであった。東突厥の大カガンは中国各地の群雄たちを小カガンとし、個別に協力関係をむすんで中国世界を攪乱《かくらん》した。

唐と東突厥

こうした東突厥の強盛は、唐の建国後もつづいた。とくに、隋の煬帝の死後、蕭《しょう》皇后とその孫の楊政道が東突厥に入って亡命政権を樹立すると、頡利《けつり》大カガンはこれを口実に北中国への介入を画策する。唐と突厥の関係は悪化し、その対応が急務となった。これが背景となり、玄武門の変がおき、李世民（太宗）による新政権が誕生したのだが、ほどなく唐にとって、もっと大きな衝撃がやってきた。

李世民が皇帝に即位するとほとんど同時に、頡利大カガンと突利《とつり》カガンがひきいる十余万の東突厥軍が関中まで侵入してきたのである。これは、玄武門の変で、唐朝内部が混乱している隙《すき》をついたものだった。東突厥軍は涇州《けい》（陝西省涇川《けいせん》）をへて、長安の西にある武功県《ぶこう》に達したため、都は厳戒態勢に入った。さらに頡利大カガンは長安のすぐ北を流れる渭水《いすい》の便橋《べんきょう》の北側に到達し、使者をおくりこんで唐朝の動静をさぐろうとした。

ところが、太宗はこの使者をとらえたうえ、高士廉《こうしれん》や房玄齢など腹心の六騎をひきい、玄武門を出て渭水河岸におもむき、渭水をはさんで頡利大カガンと対面した。そして、太宗は東突厥が盟約にそむいて侵入したことをなじった。ちなみに、この六騎の一人に、先述のソグド人の安元寿がふくまれていた。東突厥の使者を捕縛し、太宗みずから出動するというこのパフォーマンスは、頡利大カガンをおどろかせた。やがて唐軍が軍容をととのえて出撃してきたのを見た頡利大カガンは、唐に和平をもとめたと、『資治通鑑』は伝える。

しかし、侵入した東突厥軍が、あっさりと和平をもとめることは考えにくく、太宗の事績を担ぎあげるための誇張がなされていることは間違いない。おそらく、政権交代をみた東突厥は、新政権の君主とあらたな盟約をむすびなおしたのではないだろうか。『資治通鑑』は、太宗が長安城の西で白馬を斬《き》り、便橋の上で頡利大カガンと盟約をむすび、東突厥が軍をひきあげた、と伝える。この時点では、唐側がへりくだって、和親の内容をあらため、盟約をむすびなおしたのかもしれない。

東突厥の滅亡

しかし、梁師都をたおして国内問題が解決すると、太宗は、積極的に突厥問題にとりくむ方向に政策を変える。当時、東突厥の頡利大カガンはモンゴリア南部（ゴビ砂漠の南。漠南《ばくなん》）の定襄《ていじょう》（内モンゴル自治区ホリンゴル付近）を本拠地としていたが、モンゴリア北部（ゴビ砂漠の北。漠北《ばくほく》）では夷男《いなん》イルキンひきいる薛延陀《せつえんだ》が勢力を増し、東突厥に反旗をひるがえした。これに呼応し、頡利大カガンに不満をもつ鉄勒の諸部族は夷男をカガンに推戴《すいたい》しようとしていた。そこで唐は、冊書《さくしょ》をもたらし、夷男を真珠毗伽《しんじゅビルゲ》カガンとし、これと手を組んで、東突厥をはさみうちにする準備をととのえた。

一方、東突厥は内紛や大冷害にともなうダメージをうけていた。唐は名将の李靖《りせい》を定襄《ていじょう》道行軍総管《どうこうぐんそうかん》として遠征軍をおくりこみ、ついに東突厥をほろぼすことに成功したのである（六三〇年）。隋の遺民である蕭皇后と楊政道は捕虜となって長安へ連行された。ついで、頡利大カガンもとらえられ、長安におくられた。突厥のほかの王族たちも長安へいたって官品をあたえられた。殺さずに懐柔したのだろう。ちなみに頡利大カガンは、その後、右衛大将軍という禁軍の将軍号をあたえられ、長安で暮らした。彼が亡くなったとき（六三四年）、太宗は突厥人に詔《みことのり》して、彼らの葬礼により頡利大カガンを火葬し（中国の慣習は土葬）、長安の東を流れる灞水《はすい》の東側に埋葬させた。

先に「貞観の治」の様子を伝える『新唐書』の記事を紹介した（五六頁）。その時期に、実際に天下泰平の状況となっていたかは疑問であることを述べたが、『新唐書』が「この年（六三〇年）」をもちだしたのは、あながちでたらめではないかもしれない。「この年」とは、唐の歴史のみならず、東ユーラシアの歴史を大きく変えた出来事、すなわち東突厥が滅亡した年だからである。

テングリ＝カガン

こうして遊牧世界の大カガンを降し、モンゴリア南部を支配下にいれた唐朝の威勢はモンゴリア全域に広まった。モンゴリアの遊牧系諸部族はこぞって使者を唐へおくり、ついに太宗李世民にテングリ＝カガンの称号をたてまつった。古代テュルク語のテングリ＝カガンを漢字に音写すると「天可汗」となるが、これはテングリが「天」を意味することにもとづく。

もともと、モンゴリアの遊牧民らは、唐を「タブガチ」すなわち「拓跋」とよんでいた。このことは、唐を鮮卑拓跋氏の「カガン」が支配する国とみなしていたことを意味する（実際は違うのだが）。七世紀のはじめのころの唐の李淵は、東突厥の大カガンに従属する小カガンの一人にすぎなかった。しかし、その「小カガン」が大カガンをうちたおした。つまり、李世民はテングリ＝カガンとして遊牧世界に君臨する唯一無二の存在となったのである。これは、それまでの東突厥の大カガンを頂点とする遊牧世界の構造が崩壊し、あらたな秩序がつくられていく序章であった。その本題に入る前に、太宗が唐の国内にむけて新しい構造をつくりだそうと試みた、その動きを追っていこう。

3　太宗の内政と外政

『氏族志』の編纂と「八柱国家」の創出

唐が誕生したころの中国社会は、依然として、門閥の力が無視できないくらいのこっていた。唐に先立つ隋の文帝は九品官人法を廃止し、科挙《かきょ》という試験によって官僚を採用するシステムをつくりだし、門閥の政界進出に制限を加えようとした。しかし、この科挙の制度は、隋ではあまり機能せず、唐が隋をひきついだあとも、門閥の勢力は強くのこっていた。

唐の時代には、西魏・北周以来の関隴系の集団（武川鎮集団と関隴地域出身の豪族の連合体。以下、便宜上、関隴集団とよぶ）のほか、魏晋南北朝以来、黄河中下流域の社会に根ざしていた山東門閥と旧南朝の江南門閥の三つのグループがあった。この中でも、全国に名が知られ、家格が高いとみなされていたのは、山東門閥である。

この山東門閥のトップは、崔《さい》氏（博陵《はくりょう》・清河《せいが》）、李氏（趙郡《ちょうぐん》）、盧《ろ》氏（范陽《はんよう》）、鄭《てい》氏（滎陽《けいよう》）の四姓をいう（太原の王氏を加え、山東五姓ということもある）。唐が生まれたころの山東門閥は、実際の勢力は以前ほどではないにもかかわらず、その家格の高さにあぐらをかき、他の氏族と婚姻をむすぶときには、多くの贈り物を要求するようなありさまで、またそのことが、当時の社会ではあたりまえだった。

このような漢人固有の価値観が色濃くのこる中国社会に対し、太宗は、山東門閥をトップとするヒエラルキーを壊し、皇帝を頂点とする新しい支配秩序をつくりだそうとした。そこでおこなった事業が、『氏族志《しぞくし》』の編纂である。この作業を、太宗は北斉の王族の血をひく高士廉（その妹は太宗の長孫皇后の母）、関中地域の名族出身の韋挺《いてい》、西魏・北周の名臣の令《れい》狐整《こせい》の孫にあたる令狐徳棻《とくふん》、太宗が抜擢《ばってき》した南朝系の岑文本《しんぶんほん》らに命じた。いずれも太宗の側近ないし関隴集団の出身である。

ところが、彼らがはじめて上奏した『氏族志』では、なんと山東門閥の博陵の崔氏出身である崔民幹《さいみんかん》（唐創業時の官職は門下省の次官である黄門侍郎《こうもんじろう》）がトップに格づけされていた。山東門閥とは縁がうすく、太宗の意向をくむべき編纂グループが出した答えがそのようなものであったことは、いかに山東門閥の権威が官界のみならず、唐の社会に深く浸透していたかを物語るエピソードといえる。

ただし、当然のごとく太宗は不満を表明し、つくりなおしを命じた。そして六年かかって改訂作業がおわり、新しい『氏族志』が頒布された。その結果、皇室李氏がトップ、ついで第二等が外戚家（独孤氏、竇氏、長孫氏）、第三等以下は官職の等級（官品）にしたがって順序づけられた。このとき、崔民幹は第三等になったという。ただ、残念ながら、この貞観時期の『氏族志』は、その一部どころか、佚文《いつぶん》（散逸した文）さえのこっていないので、その内容を実際に見ることはできない。

ところでこの初奏本『氏族志』から定本『氏族志』の完成まで、六年も時間がかかっているが、この間、太宗は『氏族志』の改訂版の編纂と並行して、唐皇室の歴史をあらたにつくりあげる作業にふみだしていく。このとき、過去の歴史にさかのぼり、唐の皇室の正統性が創造されていった。「八柱国一二大将軍」という序列の創出がそれだったのだという。

「八柱国一二大将軍」というのは、西魏時代の元勲に相当する八人の柱国大将軍と一二人の大将軍をさす。一般には、この「八柱国一二大将軍」は西魏政権の中核の家柄で、その後、北周・隋・唐にいたるまで、この家格は継承されていったとされる。「八柱国の家」とは、宇文泰・李虎・元欣《げんきん》・李弼《ひつ》・独孤信・趙貴《ちょうき》・于謹《うきん》・侯莫陳崇《こうばくちんすう》の八人をさし（『周書』巻一六

「趙貴伝・史臣曰条」に記される順番通り）、また「一二大将軍」には隋の文帝（楊堅《ようけん》）の父の楊忠《ようちゅう》の名が下から二番目の順位に位置づけられている。

ところが「八柱国（家）」という呼び名は、唐の貞観年間になってはじめてあらわれることから、これらは、唐の貞観年間に、太宗の肝いりで創造されたものではないかという推測がうかびあがる。つまり唐の皇室が、関隴集団の中でも、宇文氏に次ぐナンバーツーであり、宇文の政権（北周）を簒奪した楊家（隋）を「八柱国（家）」からはずし、下位の「一二大将軍」に位置づけることによって、唐の正統性を主張し、なおかつ『貞観氏族志《じょうがんしぞくし》』の編纂により、みずからを漢人門閥の上に君臨させるヒエラルキーを完成させた、というのである。

太宗のこうした事業によって、唐は名実ともにととのっていったといえるだろう。

突厥遺民

東突厥がほろんだとき、突厥遺民の中には、モンゴリア北部の薛延陀や天山《てんざん》方面の西突厥に逃れる者もいたが、多くは唐へ帰順した。その数は一〇余万人にもおよび、突厥以外の諸部族や、東突厥に亡命していた北周や隋にかかわる漢人をあわせると、一二〇万人におよんだともいわれる。

唐の朝廷では、この大量の遺民集団をどうするのかで大論争がまきおこった。その結果、オルドス東部から山西省北部（代北《だいほく》）に四つの州をおき、唐朝領内に移住してきた突厥遺民を統治した。また、東突厥の大カガンの本拠があったモンゴリア南部に定襄都督府（内モンゴル自治区和林格爾《ホリンゴール》県）と雲中《うんちゅう》都督府（内モンゴル自治区托克托《トクト》県）をもうけて、その下に六つの州をおき、この地にのこっていた遺民を支配することにした。

しかし、オルドスに移住した突厥遺民はしだいに力をたくわえはじめていた。そして、それを背景として、太宗暗殺未遂の事件がおこる。太宗が九成宮《きゅうせいきゅう》（陝西省麟游《りんゆう》県）という離宮に行幸したとき、太宗の宿衛の任務についていた突利カガンの弟の結社率《けつしゃりつ》が、仲間とともに、太宗の寝所近くまで乱入したのだ（六三九年）。彼の目的は、突利カガンの子を奉じて、北へ帰ろうとするものだった。突厥の復興を夢みたのだろう。

唐朝にとっては幸いなことに、結社率らを討ちとることができた。しかし、この事件が唐朝に大きな衝撃をあたえる。唐朝は、勢力を回復してきた突厥を、長安の北方に位置するオルドスにおくことは危険であると判断した。そこで、突厥王族の一人である阿史那思摩《あしなしま》をカガンとし、オルドスにいた突厥人やソグド人をひきいて、黄河の北、モンゴリア南部の東突厥の故地へもどさせたのである。阿史那思摩には、モンゴリア北部で勢力をのばしつつあった薛延陀を牽制《けんせい》する役目もあたえられていた。

しかし、阿史那思摩は、ひきいていた集団の統制に失敗する。彼のもとにいた突厥人たちが反したのである。思摩は、間違いなく突厥カガンの一族ではあるが、東突厥時代には軍事権をあたえられず、冷遇されていた。一九九二年に発見された阿史那思摩の墓誌にもとづいた研究によれば、彼は東突厥末期のカガンたちとは、血筋が離れていたことが明らかになっている。とすれば、突厥遺民のなかには、阿史那思摩をカガンとしてみとめたくないグループがあったのかもしれない。結局、思摩は彼につきしたがう突厥やソグド系突厥とともにオルドスへもどってきてしまった。太宗は、この行動をゆるすが、一度くずれた突厥遺民に対する支配の再構築は、次の高宗の時代にもちこされることとなる。

西域経営

唐も、歴代の中国を支配した王朝と同じように、「西域《さいいき》」に関心をもっていた。「西域」とは、狭義には現在の新疆ウイグル自治区の南部、すなわちタリム盆地周辺のオアシス都市国家群をいい、広義にはパミール高原の西側の中央アジアをふくめる。この地域には、いわゆる「シルクロード」が東西南北にはしっており、そこからの交易の利権を手中におさめるため、この地域を支配に組みこもうとするのが、中国王朝や遊牧国家の目的だった。

長安から西へすすむと河西回廊に出るが、唐の建国にあたり、この地はすでに支配領域に組みこんでいた。その先、河西回廊西端の敦煌のむこうはタリム盆地につながっている。敦煌より西は、はじめは唐朝の支配圏外だった。

タリム盆地の北側には天山山脈、南側には崑崙《こんろん》山脈がつらなり、その西はパミール高原につづいている。タリム盆地にはタクラマカン砂漠が広がっているが、盆地の周縁部、天山山脈の南側のふもとには高昌《こうしょう》国（新疆ウイグル自治区トゥルファン）、焉耆《えんぎ》国（同カラシャール）、亀茲《きじ》国（同クチャ）、崑崙山脈北側には于闐《うてん》国（同コータン）、タリム盆地の西端には疏勒《そろく》国（同カシュガル）、そしてタリム盆地の東南部のロプノール地域には鄯善《ぜんぜん》国や且末《しょまつ》国などのオアシス国家があった。

この地域を、唐朝が支配に組みこんでいくのは、東突厥の滅亡がきっかけだった。このとき、東突厥の支配下にあったハミ地域の七つのオアシス都市が、タシュケント出身のソグド人の首領である石万年《せきまんねん》にひきいられて唐へ服属してきたのである。

その南のロプノール地域は、もともと鮮卑系の吐谷渾《とよくこん》が支配していた。吐谷渾の本拠地は、唐とチベットとの間に位置する現在の青海省《せいかい》にあった。青海は、モンゴリア、北中国とチベットとをむすぶ空間であり、古来、これらの地域をむすぶ交易路がまじわるところだった。東突厥をほろぼしたあと、唐朝は、ここに拠点をおいていた吐谷渾王国を征討して服属させ、青海からタリム盆地東南部を支配下に組みこむことに成功した（六三五年）。吐谷渾王国は、その後もつづいたが、高宗時代にチベット帝国の侵攻によってほろぶこととなる（六六三年）。

太宗の貞観年間に、サマルカンド出身のソグド人大首領の康艶典《こうえんてん》がロプノールの南岸へやってきたという記録がのこっている。この地には隋の時代におかれた鄯善鎮があったが、唐初には廃城になっていた。康艶典はそこへ住みつき、さらに三つの都市を修築した。石万年も康艶典もソグド商人であり、おそらく唐が東突厥をほろぼし、吐谷渾を従属させ、それにともなって西域に進出してきたのをみはからって、あらたな交易ルートを確立しようとしたのだろう。

ついで、唐は高昌国をほろぼした（六四〇年）。「シルクロード」交易の重要なルート上にあった都市であり、太宗はこの地に内地の州（正州）と同じ待遇とする西州《せい》をおき、天山北麓にあって西突厥側の拠点として機能していた可汗浮図《かがんふと》城には庭州《ていしゅう》（新疆ウイグル自治区ジムサル）をおいた。また、高昌国の故地に安西都護《あんせいとごふ》府をおいた。都護府とは、帰順してきたエスニック集団を統治・監督するため、漢人の官僚を配置した上級の監督機関である。

旧高昌国を直轄下におき、また安西都護府をおいて大軍を駐屯させることに魏徴や宰相の褚遂良《ちょすいりょう》は反対したが、太宗は聞きいれなかった。それは、太宗のねらいが西突厥そのものにあったからだ。都護府をおいて征服地を統治し、唐の支配領域をゆっくりと、確実に拡大していったのである。太宗時代には、さらに西の天山山脈の南のふもとにあった亀茲王国まで征服した（六四八年）。そして、次の高宗の時代にかけて六都護府がそろい、唐があらたに征服した地域への支配が完成していくのである。

東ユーラシア帝国の誕生

太宗時代の最後の対外遠征の相手は、モンゴリア北部にいた薛延陀と朝鮮半島北部から中国東北部にあった高句麗《こうくり》だった。

薛延陀は、唐朝が東突厥を討伐する際に手を組み、その後、テュルク系諸部族（鉄勒）の支配をゆるされていた。しかし、しだいに強大化していく様子に、唐は警戒しはじめていた。そこで太宗は、名将李世勣《りせいせき》を派遣し、ついに薛延陀をほろぼした（六四六年）。そして、薛延陀にしたがっていたテュルク系の諸部族を六つの都督府と七つの州に編成した。また、これらを管理するため、モンゴリア南部の陰山南側にあたるパオトウ・五原《ごげん》方面に燕然都護府《えんぜんとごふ》をおいた。この段階では、唐朝の実効支配力はモンゴリア北部におよんでいなかったのだろう。

燕然都護府の場所は、ちょうどモンゴリア北部のテュルク系諸部族（鉄勒）が長安に入貢するルート（参天可汗道《さんてんかかんどう》）の出入り口にあたっていた。モンゴリア北部と中国本土をむすぶ参天可汗道上には六八か所の駅がもうけられ、駅道がととのえられた。そして、ここを通過する使節には馬と酒肉が供され、毎年、貂《てん》の皮が貢ぎ物として長安におくりこまれた。

一方、高句麗に対しては、すでに隋の時代から遠征がおこなわれていたが、ことごとく失敗していた。唐朝が誕生すると、高句麗は新羅《しんら》、百済《ひゃくさい》とともに唐へ入朝し、唐から冊封《さくほう》をうけ、遼東郡王《りょうとうぐんおう》の称号をもらっていた。しかし、朝鮮三国間の関係が悪く、たがいに相手の侵入を唐に訴えるなど、唐と朝鮮三国の関係は不安定だった。やがて唐と新羅が接近したため、高句麗は百済とむすんで、これに対抗する形勢においこまれた。太宗は二度にわたって高句麗遠征の軍をおこして征服しようとしたが、これらはことごとく失敗した。このことは、太宗にとっては大きな心のこりであっただろう。自分の目の黒いうちに、唐にとって最後の強敵である高句麗をたおしておきたかったにちがいない。しかし、太宗の時代には、高句麗問題は解決されず、次の高宗の課題としてのこることとなった。

ところで、太宗は武力行使のみで対外政策をおしすすめたわけではない。現在のチベットに、唐の人が「吐蕃」とよぶチベット帝国が生まれ、七世紀のはじめには、かなり大きな勢力となって台頭してきた。当時のチベット帝国のツェンポ（皇帝）はソンツェン・ガムポ（六〇〇頃～六四九年）だった。唐とチベット帝国との間には、武力衝突がいくどかおきていたが、唐の皇女文成公主《ぶんせいこうしゅ》とソンツェン・ガムポ、もしくはその息子とが結婚することになった（六四一年）。この外国（蕃）に降嫁し和議をはかる唐室の女性を「和蕃公主《わばんこうしゅ》」という。一方、チベットでは外国と婚姻をむすんで「オジオイ（舅甥）関係」をなし、外交に利用した。

こうして両国の間には平和で安定な関係がつくりだされたのである。ちなみにチベット帝国は、このあと九世紀後半まで、唐朝の歴史に大きな影響と脅威をあたえつづける存在となっていく。

このように太宗の時代、唐の皇帝を頂点とし、周辺諸部族を支配、あるいは婚姻をつうじてゆるやかに影響力をおよぼす東ユーラシア帝国が生まれたのである。

太宗と玄奘

太宗の時代、玄奘《げんじょう》（六〇二～六六四年）の活動を無視することはできない。のちに『西遊記』の三蔵法師のモデルともなったこの仏僧は、中国での仏教教義の研究に限界を感じ、唐を密出国してインドへ求法《ぐほう》の旅におもむいた。

長安を出発した玄奘は、河西回廊に沿って西へすすみ、高昌国をへて、現在のキルギス共和国のトクマク近くのスイアーブへいたり、西突厥のカガンに会った。高昌国王が、玄奘のインド行を助けるようにカガンあてに書いた手紙が功を奏し、ここから先は西突厥カガンの保護をうけて旅をつづけることができ、無事、ハルシャ王が統治するヴァルダナ朝のインドへ到達した。ナーランダーの僧院で研鑽《けんさん》をつんだ玄奘は、大量の仏典をもって帰国した（六四五年）。

そして玄奘は太宗の援助をうけ、インドからもちかえった大量の仏典の翻訳に従事した。玄奘は、それ以前の仏典の漢語訳の語彙《ごい》とは異なる訳語をもって仏典を翻訳した。その訳語の選定には厳密さと刷新性、そして首尾一貫性があり、従前とは一線を画するものだった。それゆえ、これを「新訳」といい、玄奘以前のものを「旧訳」とよんでいる。

玄奘のおもな関心は、唯識《ゆいしき》の教えにあった。その教団は、太宗および次の高宗政権と深くむすびついて、唐の皇室の保護政策のもと、唯識教学（法相《ほっそう》学）を大成してさかんとなり、中国仏教界に大きな足跡をのこした。ちなみに、この教学は、玄奘に師事した道昭《どうしょう》（六五三年、第二回遣唐使で渡唐。六六一年に帰国）によって日本に伝えられた。

現在の仏教学者や仏教史研究家は、太宗の仏教保護の側面を強く説く。いわく、太宗が玄奘を厚くもてなし、彼の大翻訳事業を支援したのは、その経典の中に密教系のものがあり、国家護持の役割を期待したのだ、と。あるいは、親仏派の門閥勢力をとりこむために仏教を保護したのだ、と。

しかし、この時期の唐の皇室が重視したのは、道教であった。これは、唐に先立つ隋が仏教帝国だったこととは、大きく異なる。唐室が道教を大切にしたのは、道教の始祖にまつりあげられた老子（本名李耳《りじ》）と同姓だからとか、隋唐革命のとき、長安の西郊にある楼観《ろうかん》（道教最初期の宮観。老子から『道徳経』を授けられた尹喜《いんき》の旧宅）の道士が李淵を助け、大きく貢献したからだといわれる。さらに玄武門の変のときも、仏教グループが李建成らを支持したのに対し、道教グループは太宗を支持した。そのため、太宗は「〔今後はあらゆる儀礼の場において〕道士《どうし》と女冠《じょせいのどうし》は僧や尼の前におくのがよい」と詔を出した（六三七年）。

この道教を重視する「道先仏後」の唐朝の姿勢は、武則天が仏教を重視した一時期をのぞいて、その後も一貫したものだった。その姿勢には、隋を否定して登場してきた唐にとって、隋の文帝が仏教を統治イデオロギーに据えたことに対するアンチテーゼとして、道教を重視したという側面も考える必要があるだろう。

『大唐西域記』

ところで、太宗が玄奘を重用したのは、純粋な仏教信仰からではない。中央アジアに覇権をとなえる西突厥をほろぼすため、玄奘がもつ最新の中央アジアの情報を太宗は必要としていたのだ。そのため、玄奘がインドから帰国したとき、太宗は、彼を還俗《げんぞく》させ、外交官として採用したかった。政治上、軍事上の目的から仏僧玄奘を利用しようとしたのだといえる。

しかし、玄奘は訳経をライフワークに決めており、当然、太宗の要請にはしたがえない。そこで、両者の折衷案として、インド往復の旅行に関する報告書の提出におちついたという。それが、現在、私たちが見ている『大唐西域記《だいとうさいいきき》』である。

ところで、この『大唐西域記』には、おもしろいエピソードがある。現存する『大唐西域記』の構成がいびつなのである。この書は全一二巻から成るが、そのうち、中央アジアの諸国について記されているのは第一巻（インドへの往路）と第一二巻（インドからの復路）にすぎない。さらに、当然、書かれてしかるべき情報が記されていない。たとえば、西突厥のカガンに会ったという話は、この書には見えない。

実は、私たちが現在見ることができる『大唐西域記』と、玄奘が太宗に提出した原本『大唐西域記』は別ものだったのではないか、という説がある。原本はもっと情報が多かったが、とりわけ西突厥にかかわる最新の中央アジア情報は、唐の西域経略上、重要な軍事機密ということで、世間に流布させるわけにはいかず、中央アジア部分の情報を秘匿したものが編集しなおされ、第二版として流布したというのだ。

この仮説を裏付けるように、『大唐西域記』を実際に編集し執筆した玄奘の弟子の弁機《べんき》は、太宗の娘の高陽《こうよう》公主（房玄齢の次男の妻）と密通したとされ、腰から下を斬られるという刑に処されている。これは、もとの『大唐西域記』の内容を知っている弁機の口を封じるためのでっちあげの事件だったのではないか、というのだ。ちなみに、このときは、高陽公主には、とがめはなかったが、高宗が即位して間もなく、大逆事件に連座して死を賜っている。

もう一つ、玄奘が亡くなったとき、完成していた玄奘の伝記も一緒に埋められた、という事実がある。それは、伝記の中に、世間に流布することがはばかられる情報、すなわち玄奘が見聞した中央アジアの最新情報が記されていたからだと考えると、つじつまが合う。実際、西突厥がほろんだあと、この伝記はほりだされ、修正を加えたうえで、『大慈恩寺三蔵法師《だいじおんじさんぞうほうし》伝《でん》』として完成している（六八八年）。この伝記には、『大唐西域記』に見えない西突厥などの情報が、しっかりと書かれている。それは、この伝記が唐の世にでまわったとき、西突厥はすでに唐の支配下に入り、機密情報ではなくなっていたからなのだという。

太宗の死

後世、「貞観の治」をもって天下泰平の世をもたらし、「明君」と称せられた太宗も、病には勝てなかった。ながいあいだ、戦いに走りまわったその体は、病にむしばまれていた。そして、ついに太宗は療養先の終南山《しゅうなんざん》（長安の南。秦嶺山脈の一部）にあった翠微宮《すいびきゅう》で崩御した（六四九年）。享年五二。奇《く》しくも、チベット帝国のソンツェン・ガムポも同じ年に亡くなっている。両者の死は、両国の歴史がしだいに対立の時代へと変わっていく予兆だった。

死に際し、太宗は皇太子の李治《りち》に「長孫無忌と褚遂良がおれば、天下を心配することはない」といい、また長孫無忌と褚遂良に皇太子の補佐を遺言した。褚遂良の祖先は代々南朝に仕えた家柄だった。秦王のときから信任され、宰相にのぼりつめた人物である。太宗の遺骸《いがい》は、喪を秘して長安へもどり、太極殿に殯《かりもがり》したのち、長安の西北六〇キロメートルほどのところにある九嵕山《きゅうそう》を利用して造営された昭陵《しょうりょう》に埋葬された。

太宗崩御に際し、阿史那社爾《あしなしゃじ》や契苾何力《けいひつかりき》といった遊牧部族の長が殉死せんとしたが、三代目皇帝となった李治はこれをとどめた。そのかわり、太宗に服属した周辺諸国の首領ら一四人の石像が、昭陵の北斜面にもうけられた北司馬門《きたしば》のうちにたてられたという。また、太宗の六頭の愛馬（六駿《りくしゅん》）の石像レリーフも、ここにおかれた。現在、一四人の「蕃臣像」はいくつかの台座をのこす以外は現存しない。「六駿」のレリーフのうち二頭は、アメリカのペンシルヴァニア大学が所蔵し、他の四頭は西安の碑林《ひりん》博物館に展示されている。

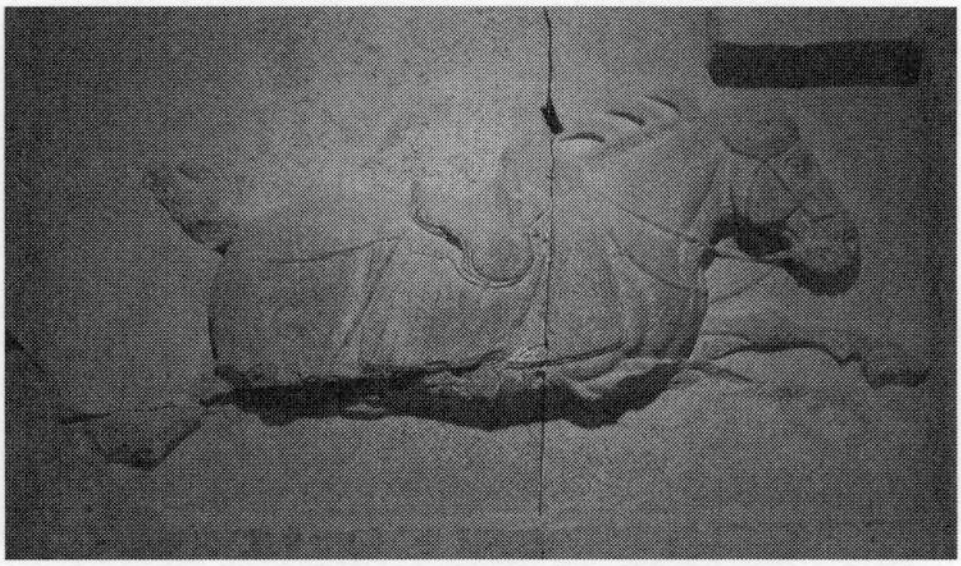

昭陵六駿のひとつ、「青騅《せいすい》」　李世民が竇建徳を攻めたときに乗った愛馬

第2章　武周革命——七世紀後半～八世紀初め

1　高宗と武皇后

唐朝の三代目

太宗のあとをついだのは、第九子の李治（六二八～六八三年）だった。廟号から高宗《こうそう》（在位六四九～六八三年）とよばれる。宮崎市定は清朝の雍正帝《ようせいてい》を語ったとき「王朝が栄えるか衰えるかはだいたい三代目ごろにさだまる」といったが、唐朝の三代目皇帝の場合はどうだったのだろうか。

唐の第三代皇帝の選出には、はじめから不穏な空気が流れていた。太宗には、あわせて一四人の男子がおり、長孫皇后との間には、長男の承乾《しょうけん》、四男の泰《たい》、そして九男の治の三人の子がいた。太宗が即位したとき、長男の承乾が八歳で皇太子となった。承乾は、表面上は聡明で素行もよく、臣下の評判もまずまずで、太宗は彼をかわいがった。

しかし、その裏の顔はというと「声色《おんがくとおんな》および畋猟《かり》を喜《この》み、為《な》す所は奢靡《ぜいたく》」で、つまらぬ連中とつるんでいるような人物だったと伝えられる。また、この承乾は、後天的な病気によって足が不自由になって歩行が困難となり、このことが彼に対するマイナス評価につながっていった。

一方、次弟の泰は学問を好んで文人を大切にし、評判が高かった。太宗もしだいに泰を寵愛するようになり、やがて承乾と泰をとりまく朋党《ほうとう》がつくられ、両者の対立が生まれていく。

史書によれば、母である長孫皇后が亡くなったころから、承乾の奇行が多くなった、と伝えられる。たとえば、彼は突厥の文化に関心をいだき、その服装や言葉を好み、突厥人の風貌をした者をえらんで羊飼いにし、遊牧民のテントを張ってそこに住んだとか、みずから突厥のカガンになって死んだまねをし、突厥式の葬儀をおこなった、などの記録がのこっている。史書が伝える「奇行」は、のちに彼が皇太子を廃されることになった要因であるかのような書き方である。一方、これは「奇行」などではなく、唐朝初期の宮廷では、色こく遊牧的風習がのこっていたことの反映だという見方があることも記しておこう。

それはともかく、この皇太子の李承乾は、太宗の弟である漢王の李元昌《げんしょう》と謀反をたくらんだかどで、皇太子の位を廃されてしまう。そして、太宗があらたに皇太子にしようとしたのは、泰であった。しかし、長孫皇后の兄で太宗とは幼友達だった長孫無忌をはじめとする元勲たちは、頑《かたく》なに治を世継ぎに、と進言してくる。泰は、形勢わるし、と見てとり、弟の治に「おまえは元昌おじさんと仲がよかったが、今、あいつは謀反が発覚してやぶれさったぞ。さぞ心配だろう？」と耳打ちした。これを聞いた治は、生来の性格の弱さもあり、ぶるぶると震える始末。顔色が悪いのを見てとった太宗が問いただすと、かくかくしかじかと申し述べたので、太宗は泰を立太子しようとしたことに後悔しはじめた。こうして結局、長孫無忌らの推薦する治が皇太子となった（六四三年）。これは、太宗の死後も、長孫無忌がおのれの権力を維持するための政略だったといわれる。

太宗は死に臨んで、この凡庸な皇太子が心配でならなかった。李治にとって、長孫無忌は母方の伯父であり、問題ない。しかし、太宗時代後期の名将で宰相待遇だった李世勣《りせいせき》と李治とは縁がうすかった。そこで太宗は、いったん李世勣を地方官に左遷し、そして李治が皇帝に即位したのちに、彼をふたたび中央へよびもどすよう遺言した。これによって、新皇帝と李世勣との関係を強固なものにしようと考えたのである。しかし、このことが李世勣の心に疑念を生じさせ、のちに唐の皇室に危機をもたらすことになろうとは、太宗も李治も思いもしなかっただろう。

貞観の遺風

高宗の治世のはじめには、文臣の長孫無忌や褚遂良、武臣の李勣《りせき》（太宗の諱《いみな》である世民をはばかり、李世勣から李勣に改名）など太宗朝の遺臣がおり、太宗時代の事業をひきつぎ、貞観の遺風があった。

高宗が即位してから二年後には、永徽《えいき》律令が公布された（六五一年）。この翌々年には、長孫無忌が永徽律に注釈をつけた『律疏《りつそ》』が完成。現在見ることができる『唐律疏議』は、もうすこしあとの玄宗《げんそう》の開元《かいげん》時代のものであるが、高宗のときに編纂された『律疏』によっている。また同時に、太宗のときに命がくだった『五経正義《ごけいせいぎ》』も完成した。これにより、魏晋南北朝以来、さまざまな解釈がされてきた儒教の経典のテキストが統一された。

一方、唐朝に帰順してきた周辺諸族への支配をよりひきしめ、また太宗の対外拡張路線もうけつがれ、唐朝の領域は空前の広さへ膨張していく。

たとえば、阿史那思摩の統率失敗によって不安定になっていたモンゴリア南部からオルドスにいた突厥遺民も、あらためて一一の州に再編成され、それを定襄《ていじょう》・雲中《うんちゅう》両都督府に分属させた（六四九年）。このとき、唐朝は、定襄都督に阿史徳《あしとく》氏の族長を、雲中都督に舎利《しゃり》氏の族長をあて、カガン一族の阿史那氏を都督に任命せず、雲中都督の管轄下におく措置をとった。これは、唐朝が突厥の復興を恐れたためだろう。さらに、この定襄・雲中両都督府は、燕然《えんぜん》都護府によって監督されていた。このあと唐朝による突厥の支配は三〇年におよんだ。

七世紀の半ばすぎ、モンゴリア北部で鉄勒が反乱をおこした。二年ほどかけてこの反乱を平定した唐朝は、燕然都護府をモンゴリア北部のオルホン河流域にうつし（六六三年）、これを瀚海《かんかい》都護府と名を改めた。これは、唐朝の東ユーラシア世界統治の画期的な出来事だったといえる。というのは、おそらくはじめてモンゴリア北部に城郭都市（トゴ＝バリク）を建設し、鉄勒の諸族を統制することになったからである。一方、モンゴリア南部の突厥遺民に対しては、雲中都護府をおいた。のちに、この雲中都護府は名を単于《ぜんう》都護府に改め（六六四年）、瀚海都護府は安北《あんほく》都護府となった（六六九年）。

西方では、太宗のときに帰順していた西突厥の阿史那賀魯《あしながろ》が、太宗が崩御した直後に反乱をおこしたが、唐朝は七年かけてこれを鎮圧し、西域方面における支配を確立した。そして西州へ撤退していた安西都護府を亀茲《きじ》へうつし、亀茲のほか、于闐《うてん》、疏勒《そろく》、焉耆《えんぎ》の旧オアシス国家に軍鎮をおき（安西四鎮という）、西域経営を強めた（六五八年）。西方への唐朝の進出はさらにつづき、パミール高原をこえて、ソグディアナ（ウズベキスタン東部）からトハリスタン（アフガニスタン北部）、さらにスィースターン（アフガニスタン西南部とイラン東部の国境地帯）にまでおよんだ。唐朝は、この地に西域一六都督府をおいて、影響力をおよぼすこととなる（六六一年）。

興味深いのは、このとき、「波斯《ペルシア》都督府」をおこうとしたことだ。場所は、スィースターン地方のザランジュ（メルヴ付近のジランジ説もある）。これは、サーサーン朝の最後の皇帝ヤズデギルド三世の子のペーローズを都督として、サーサーン朝の遺民をおくものであった。七世紀前半に勃興したイスラームによってほろぼされたサーサーン朝の末裔は、唐朝の庇護《ひご》をうけ、亡命政権をたてることになったのだ。しかしこの年にウマイヤ朝が成立すると、その場所はたちまちにイスラーム勢力にのみこまれ、「波斯都督府」の設置は構想におわった。ペルシア帝国復興の夢はやぶれたのだ。長安へもどったペーローズは、失意のうち客死した（前嶋信次によると六七七～六七八年頃）。

東のマンチュリアから朝鮮半島にかけては、まず百済《ひゃくせい》をたおし（六六〇年）、隋のとき以来の最大の懸案事項だった高句麗《こうくり》を、新羅《しんら》と連合して、ついにほろぼした（六六八年）。そして平壌《へいじょう》に安東都護府をおき、マンチュリアから朝鮮半島方面の支配を確立した。

高宗の評価

高宗の治世は三四年半におよぶ。これは玄宗の治世四四年間に次ぐ、唐朝の歴史上、二番目の長さである。しかし、高宗は病弱だったこともあり、その治世を一人の力で統治したわけではない。そのパートナーが、彼の皇后となり、のちに中国史上、唯一の女性皇帝となる武《ぶ》氏（武則天《そくてん》）である。

記録によれば、高宗は即位して一一年で「風眩《ふうげん》」（癲癇《てんかん》、あるいは眩暈《めまい》症の一種）の発作をおこし、それがきっかけで、自分に代わって皇后武氏に政務をとらせるようになったという。こうして政治の実権は、しだいに皇后武氏ににぎられ、高宗の死後、ついに唐朝は簒奪されることとなる。こうしてみると、高宗は繁栄した唐朝の三代目とはいうものの、どうも本節の冒頭で紹介した宮崎の見立てとは異なるようだ。しかし、易姓《えきせい》革命をおこし、周王朝を建国した武則天を高宗とあえてセットとして「三代目」と考えれば、まさしく唐朝二九〇年の命脈を確立した時代といえるのかもしれない。では、その武則天の時代とは、どのような時代だったのだろうか。

武則天、後宮に入る

時間をすこしさかのぼり、高宗の妻となる武則天の表舞台への登場を見てみよう。

彼女は、中国史上の女性としてはめずらしく、名が伝わっている。曌《しょう》という。この「曌」という文字は、彼女が皇帝になる前年（六八九年）に創造した文字、いわゆる則天文字の一つであり、「照」の字に対応する。そこから、武則天の本名は「武照」だと紹介する書物もあるが、実は史料にはどこにも「武照」という名は出てこない。『旧唐書』『新唐書』『資治通鑑』といった公式記録では、いずれも「諱は曌」という。そして、それを名のるのは皇帝になる直前、すなわち則天文字の制定のときである。とすれば、本来の彼女の名はわからない。そこで今は、彼女を武氏とよんでおこう。前近代の中国では女性の名は伝わらないことが普通で、そのため、女性は、その姓に氏をつけてよぶからである。本書では、彼女が得た地位によって、呼び方を変えていくことにしたい。

武氏は并州《へいしゅう》文水《ぶんすい》（山西省文水県）に本籍があった。父の武士彠《ぶしかく》は、唐朝建国のとき、太原挙兵から李淵にしたがった「元従」の一員で、母は隋の皇族である観徳《かんとく》王の楊雄《ようゆう》の姪《めい》である。楊雄の一族は弘農《こうのう》に本籍をおく名族であるが、それよりも隋の皇室につながる関隴集団の一員であったことのほうが重要だろう。唐朝においては、悪くない家柄といえる。ただし、「武氏」の母である楊氏は、武士彠の再婚相手であり、結婚当時、彼女の年は四〇歳をすぎていたという。おそらく武士彠は、自身の家格が低かったため、名門出身の彼女を娶《めと》ったのだろう（2-1）。

高宗の正妻は、皇太子時代に結婚した王氏であり、高宗が即位すると彼女が皇后となった。王皇后は太原の王氏という全国に名をはせた門閥の出身であり、また宇文泰とともに関中へ

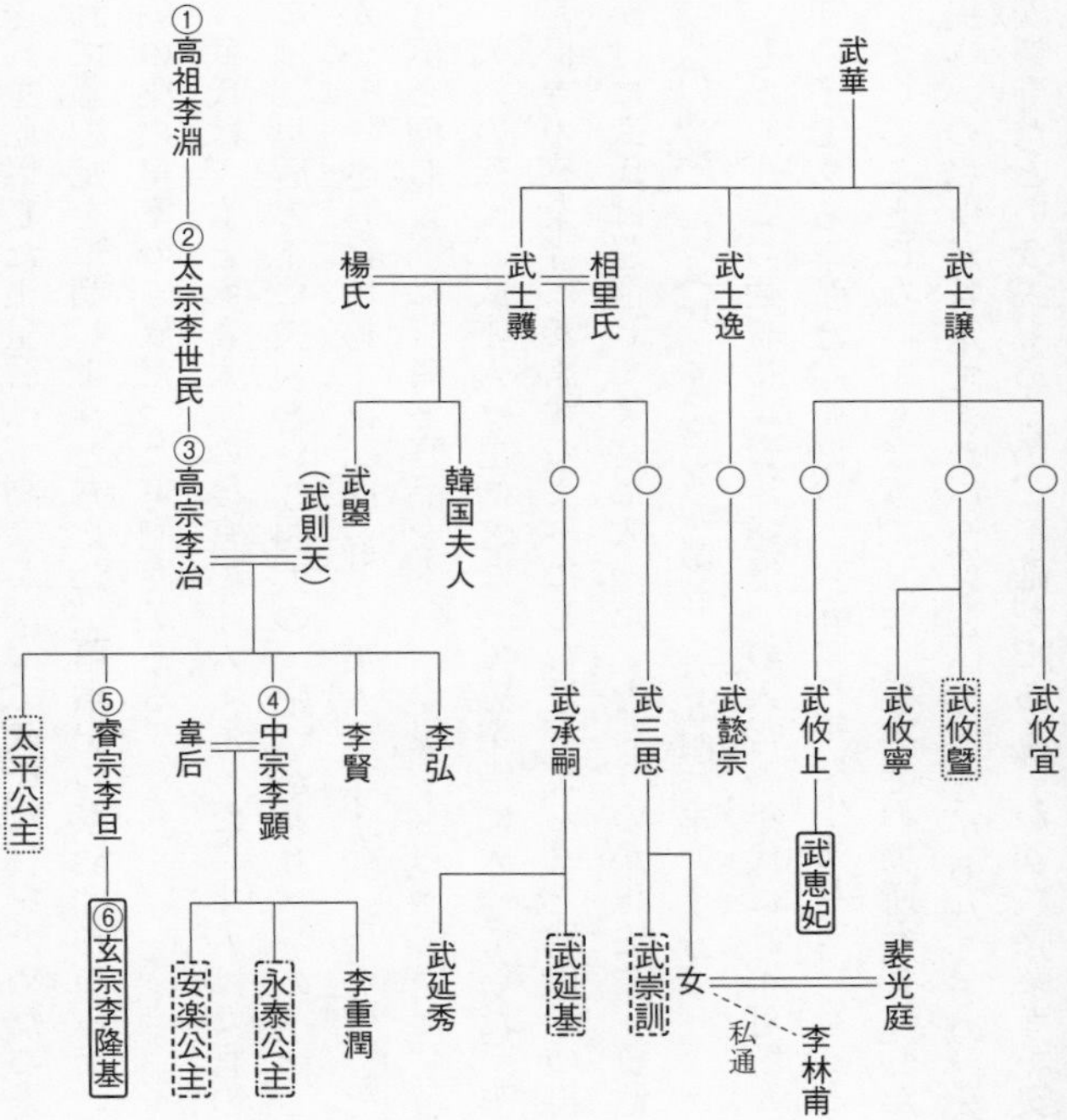

2-1　武則天一族の系図　囲いの四組のペアは婚姻を表す

西遷した家柄でもあった。のみならず、王皇后の父のいとこは、唐高祖の李淵の妹を妻とし、皇室ともつながりがあった。母は柳《りゅう》氏といったが、これまた河東《かとう》（山西省）の解《かい》県に本籍がある名門の家柄であった。しかし、高宗と王皇后の間には子供はできず、そのため、高宗の寵愛は、しだいに蕭淑《しょうしゅく》妃《ひ》にうつっていった。

それを危惧した王皇后は、高宗がかつて武氏に目をとめたことを思い出し、彼女を後宮にいれて蕭淑妃を牽制しようと考えた。蕭淑妃の家柄はわからないが、その姓から推測して、南朝の梁の皇室の一族だった可能性がある。

武氏は、もともと太宗の後宮の才人《さいじん》であった。才人は女官の官名の一つである。唐の後宮には、皇后の下に夫人という四人の「妃」がおり、その下に「昭儀《しょうぎ》」や「昭容《しょうよう》」など九嬪《きゅうひん》がいた。さらにその下に「婕妤《しょうよ》」「美人《びじん》」「才人」などがおかれていた。彼女たちは外朝の官僚と同じように官名と官品をもち、俸禄ももらっていた。

太宗の死後、武才人は尼僧となって感業寺《かんごうじ》に入っていた。王皇后は、太宗の命日に高宗を菩提寺《ぼだいじ》の感業寺に参詣《さんけい》するようにしむけ、まんまと武氏との再会をはたさせた。これをきっかけに武氏は還俗して後宮に入った、というのが正史や『資治通鑑』の伝えるところである。『資治通鑑』は武氏の入宮を永徽五（六五四）年とする。

しかし、この通説や『資治通鑑』の入宮の年代には不可解なことがある。高宗と武氏の最初の子である李弘《りこう》は、永徽三（六五二）年に生まれている。とすれば、後宮に入る前に出産していることになってしまう。また、感業寺の場所もよくわからない。かりにも太宗の「菩提寺」の場所が特定できないなどということがありうるのだろうか。これは安業坊《あんぎょうぼう》にある安業寺《あんごうじ》だという説もあるが、不確かである。かりに感業寺が安業寺の誤りだとしても、太廟に祀《まつ》られるはずの唐皇帝（太宗）に菩提寺というものが存在するのかという疑問が生まれる。また、後宮の女官たちは前皇帝の崩御と同時に、はたして全員が出家し仏門に入るのだろうか。

このような問題をふまえ、次のような仮説が出されている。すなわち、高宗と武氏の男女としての関係は、太宗が死に瀕《ひん》した枕元ですでにはじまっていた。太宗の死後、彼らは、休祥坊《きゅうしょうぼう》内にあった武氏の母方の祖父の邸宅で密会することにした。そのため、同じ坊内にあった小さな尼寺に、隋の煬帝勅建《ちょっけん》の名刹《めいさつ》である道徳寺《どうとくじ》の寺額をうつし、そして、名目上、武氏もふくめた太宗の女官たちを、この道徳寺に「出家」させた。こうして、高宗と武氏は、休祥坊の道徳寺を抜け道として、実際には楊家旧宅を利用し、逢瀬《おうせ》をかさねた。このとき、武氏は高宗の子を身ごもり、それがきっかけで後宮に入った。ただ、こうした事実は、武氏が女帝になったとき、おおいかくされ、現在、史書が伝えるような「感業寺伝説」が創造されたのだ、と。

昭儀から皇后へ

後宮に入った武氏は、昭儀となる。太宗の妻を高宗がふたたび「娶った」のである。このことが、史書では道徳にもとると非難されるのだが、それは儒教的価値観をもつ者たちの一方的な見方である。遊牧民の風習では、亡父の妻を子供が娶ることは、ありうることであった。高宗が武氏を後宮にいれた当時の宮廷には、唐の皇室に遊牧文化の空気が依然としてのこっていたことが指摘できるかもしれない。この点、李承乾の「奇行」ともかさなる。

その一方、外朝の官僚たちの中には、このような遊牧的習俗を理解できない儒教的道徳観をもつ人たちもいた。この両者の衝突をへて、武氏の立后、やがては皇帝即位の道がひらかれていく。

さて後宮に入った武昭儀は、そのコミュニケーション能力をフルに発揮して人間関係をつくりあげ、王皇后と蕭淑妃の動静を把握した。そして自分が生んだ女児を殺し、その罪を王皇后になすりつけ、高宗をだきこんで、王皇后を廃位せんとした。それは武昭儀が皇后となることにつながる。唐朝の一大事である。さすがに長孫無忌はこれをゆるさず、この計画は、一度は頓挫《とんざ》する。

ただ、しだいに王皇后の旗色が悪くなり、一方、武昭儀が皇后になろうとする野心はますます大きくなっていった。こうした朝廷内の空気に敏感に反応したのが、文章の才能で中央政府の中核に入ったが、北周・隋・唐建国以来の支配集団には属していない新興勢力の官僚たちだった。

たとえば、当時、礼部尚書《れいぶしょうしょ》（文部科学大臣）だった許敬宗《きょけいそう》は、五代前の先祖が宋に仕えてから、その家系はずっと南朝に仕えていた。彼自身は隋のとき、秀才科にあげられた。隋末の混乱の際に群雄の一人だった李密に仕え、唐建国後、太宗に抜擢された人物である。彼は長孫無忌に、武昭儀を皇后にすべきだとすすめたが、長孫無忌には一蹴《いっしゅう》されてしまった。

中書舎人（中書省の三等官）の李義府《りぎふ》は河北中部の出身で、文章の才でのしあがった人物で、高宗がまだ晋王だったときからそばに仕えていた。李義府は長孫無忌から憎まれ、地方に左遷されそうになっていた。そこで、思いきって高宗に武昭儀の立后を献策したところ、これが高宗や武昭儀の気に召し、左遷はとりやめ、おまけに中書侍郎（中書省の次官）に出世することになった。武昭儀をめぐり、その推戴グループと、王皇后支持グループの対立がはげしくなるが、武昭儀を溺愛《できあい》していた高宗は、当然、武氏立后に一役買うのであった。

高宗は武昭儀とともに、太宗朝以来の元勲である長孫無忌の私邸に行幸し、武昭儀を皇后にするために説得を試みたが、まったく相手にされない。ついに高宗は、宰相たちを内殿にまでよびよせ、武昭儀の立后のことをもちだした。初日、李勣は欠席、長孫無忌、褚遂良らが参内したが、結論は出なかった。次の日、あらためて宰相たちをあつめたところ、褚遂良の猛反対で、またもや武氏立后は見送られた。しかしその後、李勣は一人で参内し、高宗から武昭儀の立后を問われると、「これは陛下の家事であり、あらためて外の人間に問う必要などありません」とこたえた。李勣の言葉を聞いた高宗は意を決し、ついに詔をくだして、

洛陽の龍門石窟　高宗と武皇后が造営した奉先寺洞（675年）

武氏を皇后に立てることにした（六五五年）。

この李勣の言動は、長孫無忌ら太宗以来の側近グループからの離別と、太宗の死直前に左遷されたことからくる不信感とうらみからうまれでたものだったのかもしれない。もう一つ、李勣が武将であったことも、他の宰相たちとちがった言動をひきおこした理由という見方もある。太宗朝以来の懸案事項だった高句麗征伐について、慎重論の褚遂良と積極派の李勣とでは、大きな隔たりがあったというのである。

権力の掌握

さて、こうして皇后となった武氏は、さらに自分の基盤をしっかりさせるため、邪魔者をのぞいていく。廃されたもとの王皇后と蕭淑妃は幽閉されていたが、優柔不断な高宗が、二人を思い出してその幽閉先を訪れ、すくい出そうとしたことから、武皇后の怒りが爆発する。王氏と蕭氏は、それぞれ杖《ぼう》で一〇〇回打たれ、手足を斬られて酒甕《さけがめ》になげいれられた。武皇后は「二人を骨まで酔わせてしまえ」と呪詛《じゅそ》したという。数日後、二人は亡くなった。それでも飽きたりない武皇后は、王氏を蟒《ぼう》氏、蕭氏を梟《きょう》氏（蟒はウワバミ、すなわち大きなヘビの意。梟はフクロウの意）と姓をあらため、徹底的に辱《はずかし》めをあたえた。

正史や『資治通鑑』が伝えるこのエピソードは、武皇后の気性のはげしさと残虐性を物語っている。一方、武皇后は悲惨な状態で亡くなった姿の王氏と蕭氏の亡霊を宮中で見るようになる。そのため、長安城の宮城から蓬萊宮《ほうらいきゅう》（大明宮《だいめいきゅう》）へうつりすんだが、ここでも亡霊があらわれるので、とうとう洛陽に滞在することが多くなったと伝えられる。これは、武皇后でも亡霊は怖いという人間らしい一面を伝えるエピソードであるが、実はこれには男性中心の価値観を転換するという別の思惑があったことが指摘されている（後述）。

ところで、武氏が立后される以前、すでに高宗の長男の李忠《りちゅう》が、王皇后や長孫無忌らの支持によって、皇太子に立てられていた。武皇后と高宗の間には李弘がおり、武皇后はこれを李忠にかえて皇太子とし、自分自身の地位の安定をはかった。同時に、このことは長孫無忌らの勢力に大きな動揺をあたえたようである。

武皇后は、政界の人間図を大きく書き替えようと画策した。長孫無忌をはじめとする反武皇后派の宰相たちの追い落としである。武氏の立后に猛反対した褚遂良は、すでに高宗の逆鱗《げきりん》にふれ地方官に左遷されていたが、同じく武氏の立后を阻止しようとしていたほかの宰相たちとともに謀反の罪をかぶせられ、さらに辺境の地の地方官に左遷させられた。こうして中央には、長孫無忌一人がのこるだけとなった。空いた宰相のポストには、武皇后立后の立役者だった許敬宗と李義府が任命された。

中央で孤立した長孫無忌はやがて謀反の疑いをかけられ地方に左遷され、その地で自殺においこまれた（六五九年）。こうして唐朝廷の中枢にいた北周・隋以来つづいてきた関隴集団や唐の建国の中心メンバーは徹底的に排除され、かわってあらたな勢力が台頭することとなる。

さらに武皇后にとって追い風になったのが、高宗の健康状態である。長孫無忌失脚の翌年、高宗の「風眩」の発作をきっかけに、武皇后が政務を代行するようになっていくのである。

新しい秩序

こうした政権中枢における人事の大幅ないれかえとならんで、武皇后は新しい支配秩序をつくりだそうと考えた。先に、太宗が中国に根強くのこっていた山東門閥をトップとするヒエラルキーをうちこわし、唐皇室を頂点とする新しい支配秩序をつくるため、『氏族志』を編纂させたことを紹介した。武皇后は、これにならって、自分の家柄をトップとする、さらに新しい秩序を生みだそうとした。形式上、許敬宗が、武皇后の家柄が『貞観氏族志』に載っていないことを理由に改訂の上奏をしたが、実際は武皇后の指図だったのだろう。また、武皇后のもう一人のとりまきの李義府も、自分自身の家柄を『氏族志』に書きこもうとして、同じく刪訂《さんてい》の上奏をおこなった。こうしてつくられたのが『姓氏録《せいしろく》』という書である（六五九年）。

この書は、それまでの家柄による秩序の崩壊をねらったものだった。五品以上の官職をもつ者のみならず、一般の人で軍功によって五品以上の勲官《くんかん》をあたえられた者もこの書に載せられた。勲官とは、もとは戦争において軍功の大なる者にあたえられたものだったが、時代がくだるにつれてその価値は下がり、やがては一般の兵卒でも正二品に相当する「上柱国《じょうちゅうこく》」があたえられるようになる。武皇后の時代は、こういった官爵が乱発される時代のはじまりといってよかった。こうした、低い位の者たちが、『姓氏録』でいきなり高い家格に位置づけられたのだから、古くからつづく家格の高い門閥に大きな衝撃がはしったことは容易に想像できよう。門閥の人びとは、勲官による家格のランキングを「勲格《くんかく》」とよんで蔑《さげす》んだ、と『資治通鑑』は伝えている。

しかし、『姓氏録』という書は、単に武皇后におもねり、既存の秩序破壊をめざしただけのものではなかった。この書は官品による秩序体系をめざしたものだったという。まず皇室・皇族を特等とし、第一等に外戚である皇后四家（独孤《どっこ》氏、竇《とう》氏、長孫氏、武氏）と一品官を輩出した家、第二等は二品官のほか三品官で宰相（知政事《ちせいじ》）を出した家を配し、第三等以下は官品にしたがって順に配置され、最後が第八等の従五品であった。『貞観氏族志』も皇帝をトップとして、官品による秩序体系をめざしたが、第三等には三品官ではない崔民幹《さいみんかん》を配置しており、この時点では山東門閥を完全に無視することはできなかった。それにくらべ、『姓氏録』はより一段と官品による整序的ヒエラルキーの完成が見られるのだという。

ただ、それでも全国的に有名な門閥の影響力は強く、新興の階層の人たちはこれらと婚姻をむすぶことを望み、また門閥側もそれを利用して婚姻をむすぶときに多額の財貨をうける習慣は、完全には消えなかった。

垂簾政治

武皇后の政治への野心は、しだいに高まっていくが、その彼女は、文字に対して霊威を感じていたのだという指摘がある。たしかに高宗の時代、一三回も改元されている。また高宗亡きあと、皇太后となった武氏が実権をにぎっていた時代も六つの元号があり、そして皇帝になるや、天授《てんじゅ》と改元し、以後、一二回も改元がくりかえされた。長くて四年ほど、短いものでは数か月という元号もあった（2－2）。武皇后は、高宗存命中（六六二年）と皇帝即位後（六八四年）に、官庁と官職の名の改称を二回もおこなっており、それもこの「文字の霊威」にもとづくものといえるのかもしれない。

官名が変わってから二年ほどあとのこと、ある宦官《かんがん》が高宗に「道士が皇后のもとに出入りし、厭勝《ようしょう》をおこなっております」と耳打ちした。「厭勝」とは人をのろい殺す術である。高宗は自分が皇后に殺されると危惧し、宰相の上官儀《じょうかんぎ》に相談し、皇后を廃位

為政者	元号	期間
高宗	永徽	650-656（1）
	顕慶	656（1）-661（2）
	龍朔	661（2）-663
	麟徳	664-666（1）
	乾封	666（1）-668（3）
	総章	668（3）-670（2）
	咸亨	670（3）-674（8）
	上元	674（8）-676（11）
	儀鳳	676（11）-679（6）
	調露	679（6）-680（8）
	永隆	680（8）-681（9）
	開耀	681（9）-682（2）
	永淳	682（2）-683（12）
	弘道	683（12）
武皇太后	嗣聖	684（1）-（2）
	文明	684（2）-（9）
	光宅	684（9）-（12）
	垂拱	685-688
	永昌	689-689（11）
	載初	689（11）-690（9）
武則天	天授	690（9）-692（3）
	如意	692（4）-（9）
	長寿	692（9）-694（5）
	延載	694（5）-（10）
	證聖	694（正）-695（9）
	天冊万歳	695（9）-（10）
	万歳登封	696（臘）-（3）
	万歳通天	696（3）-697（9）
	神功	697（9）-697（閏10）
	聖暦	697（正）-700（5）
	久視	700（5）-701（正）
	大足	701（正）-701（9）
	長安	701（10）-704

2－2　高宗・武則天時期の改元　（　）は月

しようと画策した。しかし、この計画は武皇后に筒抜けで失敗したあげく、これよりのち、高宗が政務をとる公の場では、武皇后は彼の後ろの椅子にすわり、二人の間には簾《みす》をおろして皇后の姿は見えないように工夫したうえで、政治に口出しをするようになった。これを「垂簾《すいれん》の政《せい》」とよんでいる。高宗は手をこまねくのみであったという。世間では、二人の皇帝がいるとのことで、「二聖《にせい》」と揶揄《やゆ》した。ただ、武皇后の実質上の執政は、この事件よりもうすこし前の、長孫無忌失脚後くらいからはじまったというのが、学界の見方である。そのころ、高宗の「風眩」がひどくなり、政務をとるのが困難になったからである。

ところで、武皇后の皇帝即位の準備は、いつからはじまったのだろうか。先に見た官名変更などは、その一環だったともいえるが、よりはっきりした形をとったのは、みずからを天后《てんこう》、高宗を天皇《てんこう》とよびはじめたときだとされる（六七四年）。このころ、武氏の立后の立役者だった李義府はすでに失脚し、許敬宗も亡くなっていた。高宗の「風眩」の持病も悪化しつつあり、武天后に国政を代行させるという話がもちあがったが、これは宰相の諫言で阻止された。

邪魔なものは外朝の宰相たちであり、自分が政治の実権を掌握するうえで、目の上のこぶになる（皇帝が居住する宮城を内朝・内廷、国政がおこなわれる皇城を外朝・外廷という。四八頁1－4）。おそらくこう考えた武天后は、自分のまわりに文学に秀でた者たちをあつめ、アカデミーを形成した。彼らを北門学士《ほくもんがくし》とよぶ。というのは、宮城の南門から入らず、北門から直接宮城に入ることができたからである。北門学士は『列女伝《れつじょでん》』『臣軌《しんき》』『百僚新戒《ひゃくりょうしんかい》』『楽書《がくしょ》』など一〇〇〇巻余りの書物を編纂したことが知られるが、本当の役割は別のところにあった。それは、彼らに詔勅の起草をさせるなど、朝廷の政務にかかわらせ、外朝の宰相たちの権限に横やりをいれたのである。彼らの中には、北魏の皇室の血をひく者もいたが、総じて門閥出身ではなく、文章の才によって抜擢された新興勢力だったといえる。

このころ、武天后と高宗との実子で皇太子だった李弘が二四歳で亡くなった（六七五年）。武天后が毒殺したのだ、と当時の人びとはうわさしあった。というのは、李弘が武天后に歯向かったからだ。武皇后が追い落とした蕭淑妃には、二人の娘がいたが、彼女らは三〇をこえても、いまだ独身のまま幽閉されていた。それを知った李弘は、異母姉妹の彼女らを嫁がせるように進言した。これを、武天后が自分の決定に反対するものだとみなしたのである。

李弘にかわって皇太子になったのは李賢《りけん》（六五四〜六八四年）である。現在でも「章懐太子《しょうかいたいし》注」として評価をうける『後漢書《ごかんじょ》』の注釈を著わした文人肌の皇子だった。ただ、李賢には、武天后の子ではなく、その姉である韓国夫人《かんこくふじん》と高宗との間にできた子であるという風聞があった。それを耳にした李賢の素行は乱れはじめ、ついには謀反の罪によって、皇太子を廃位され、地方に流された。こうして高宗と武天后の間の三番目の子だった李顕《りけん》が皇太子となった。

高宗崩御

高宗は、かつて後漢の光武帝がおこなってから、ひさしく実現されてこなかった封禅《ほうぜん》の儀式を泰山《たいざん》（東岳《とうがく》。山東省《さんとう》泰安市《たいあん》）でおこなった（六六六年）。封禅とは、天命をうけた天子が、聖なる山である泰山で天を祭り（封祀《ほうし》）、近くの山で地を祭り（降禅《こうぜん》）、天下泰平を報告して王朝の安泰をねがう儀式である。唐では、太宗のときから、封禅の議がおこっていたが、すべてとりやめになっていた。高宗の時代になり、武皇后の後押しもあって、ついに実現したのである。

泰山封禅をおこなった高宗は、次に五岳《ごがく》（東岳の泰山、西岳の華山《かざん》、南岳の衡山《こうざん》、北岳の恒《こう》山《ざん》、中岳《ちゅうがく》の嵩山《すうざん》）のすべてで封禅の儀式をとりおこなうことを計画した。その手はじめが、洛陽の東南にある嵩山（河南省《かなん》登封市《とうほう》）における封禅の儀式だった。しかし、高宗が嵩山のふもとに到着したとき、彼の症状が悪化し、ついにはひどい頭痛のうえ、目も見えなくなってしまった。侍医の見立てでは、頭に鍼《はり》を刺して血を出せば治るかもしれないという。そこで二か所に刺したところ、高宗は「目が明るくなったようだ」といった。しかし、症状の改善は見られなかった。

封禅の儀式をあきらめ、洛陽にもどったところで、改元することとなり、高宗は病をおして洛陽の宮城正門で大赦を宣言しようとした。しかし、弱った体ではそれをはたすことはできず、民衆を宮殿前まで招きいれ、ようやく宣言した。そしてこの夜、洛陽の宮殿で崩御した（六八三年）。享年五六。時代はあたかも突厥《とっくつ》の独立の嵐がふきあれる最中であった。

2　周の建国

布石

高宗の死後、息子の李顕（のちに哲《てつ》と改名）がただちに即位した。このとき、二八歳。廟号により中宗《ちゅうそう》とよぶ（在位六八三年一二月～六八四年二月）。しかし、その在位はわずか二か月だった。中宗は、どうも自分の母親がどのような人間なのか、よくわかっていなかった節《ふし》がある。

中宗の皇后は韋《い》氏という。中宗は皇帝に即位すると、義父の韋玄貞《いげんてい》を門下侍中（門下省の長官）に抜擢しようとし、乳母の子に五品官を授けようとした。しかし、宰相がこの人事に反対すると、中宗は「私は国を韋玄貞に譲ることだってできるのに、侍中の位なんぞ惜しくもなんともないではないか」と暴言を吐いた。このことが武皇太后の耳に入るや、彼女はただちに北衙《ほくが》禁軍《きんぐん》の羽林軍《うりんぐん》の兵士を動員して中宗を捕縛した。中宗が「私に何の罪があるというのでしょう」といえば、武皇太后は「おまえは、国を韋玄貞にあたえるといったではないか。それがどうして罪でないのか」と言いはなち、中宗を廃位して廬陵《ろりょう》王とし、都から追放して房州《ぼうしゅう》（湖北省《こほく》十堰《じゅうえん》市房《ぼう》県）に幽閉してしまった。

ついで、その弟で二四歳になっていた李旦《りたん》が皇帝となるが（睿宗《えいそう》。在位六八四～六九〇年）、それは名前だけのものであって、実権は武皇太后が掌握した。同じ年のうち、武皇太后は東都洛陽を神都《しんと》とし、そして二度目の官名の変更をおこなった。このときの官名改称は、『周礼』を大きく意識したものであった。それは六部の官名を天・地・春・夏・秋・冬の六官（『周礼』記載の官）にしていることからうかがわれる。

洛陽を神都としたのは、事実上の遷都である。先に、武皇太后が長安城の宮城から大明宮へ、さらに洛陽城へ移住していった理由は、彼女が死に至らしめた王皇后と蕭淑妃の亡霊から逃れるためだという、史書が伝えるエピソードを紹介した。しかし、本当の理由は男性中心の価値観で造営された王都長安の破壊と、女性による新しい価値観を展開するためだったという見方がある。これは、どういうことなのだろうか。

唐代の長安と洛陽

唐の長安の原型は、隋の文帝のときに、鮮卑人の宮廷デザイナー宇文愷《うぶんがい》がたてた平面プランによって造営された大興城である。『周礼《しゅらい》』に見える古い時代の中国の儒家たちが考えた理想的王都の姿は、都城の中央に王宮があり、その南側に朝廷がおかれ、商いをする市は王宮の北側に、東側に王室のみたまや（太廟《たいびょう》）、西側に大地と穀物の神を祀る太社《たいしゃ》をおくというものだった。しかし、宇文愷のプランは、これに縛られない独創的なものだった。

まず、北魏以来の都城の形式をふまえ、宮城と皇城の統治機構ゾーンを都城のもっとも北側においた。ついで、統治機構ゾーンをのぞく城内のエリアは、南北一一本、東西一四本の街路によって「坊」というブロックにわけられた。そして、皇城正門の朱雀《すざく》門と長安城の外郭の正門である明徳《めいとく》門をむすぶ朱雀門街というメインストリートを南北の中心軸線、すなわち世界の中心軸線とし、これらの坊や経済ゾーンとしての東西の市、宗教ゾーンとして大興善《ぜんじ》寺と玄都観《げんとかん》などが、左右（東西）対称に配置された（2-3）。

このシンメトリーの原則を超越するのが皇帝だった。皇帝は、この中心軸線上に建設された太極宮（宮城）におり、また太極殿で政務をとった。そして最北に位置する宮殿から軸線上を南へ移動して長安城南郊で天を祭る華麗な王朝儀礼（郊祀《こうし》）をおこなった。それは儒教の王権論を視覚化したもので、男性の価値観を反映させたものだった。都城のもっとも北よ

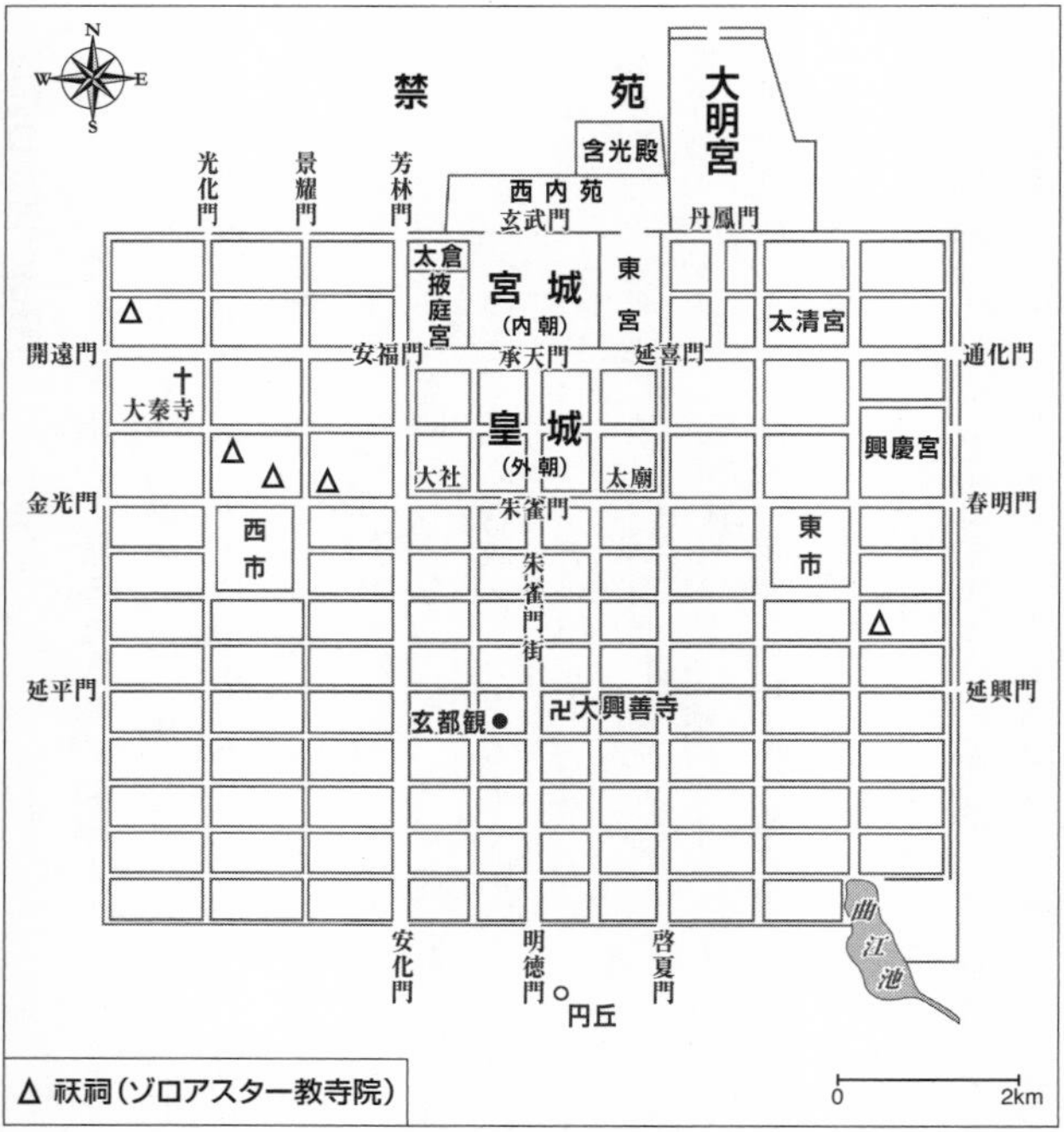

2－3　長安城

りに統治機構ゾーンをおいたのは、この王朝儀礼の視覚化をきわだたせる舞台をつくりあげることにあり、そこに大興城の最大の特徴があった。

　武皇后が政務の拠点を長安城の中心軸線上にあった宮城から、長安城の東北城外にあった大明宮にうつしたのは、このシンメトリカルな構造をうちやぶることが目的だったという。また、洛陽に都を

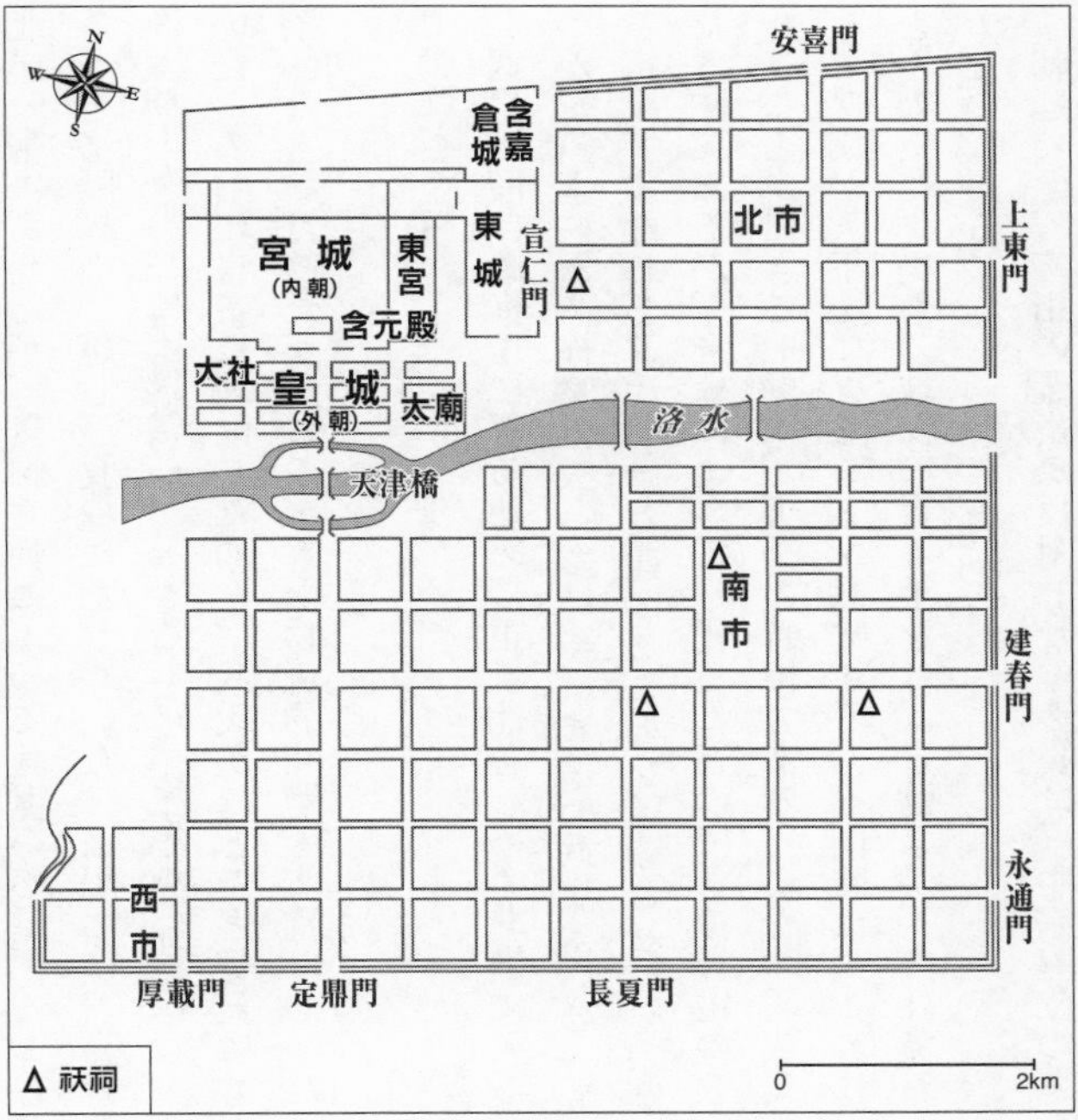

2-4　洛陽城

うつしたのも、洛陽という都城が、長安と同じ宇文愷のプランによるものではあったものの、地形的制約から長安城のようなシンメトリカルな都城ではなかったことが（2-4）、彼女の意にかなったのかもしれない。

また、唐代前半の皇帝たちが洛陽へ行くことには、別の意味もあった。それは食糧の補給と関係がある。王都長安の穀倉地帯は渭水北岸一帯にあったが、気候変動によって食糧が不足することがあった。そのとき、朝廷はまるごと洛陽へ引っ越し、食糧にありついた。洛陽には含嘉倉《がんかそう》という巨大な穀倉がおかれ、江《こう》淮《わい》（淮河から長江下流域の間。おおむね河南省南部、江蘇省、安徽省）や河北の租が集積されていた。のちに皇帝に即位したあと、武氏がほとんど長安にもどらなかった最大の理由は、政治的なものだったが、このような物流的問題も背景にあった。

動乱と密告

武皇太后は政権をにぎるための正統性をしめす準備に入ると同時に、誰が自分に反対するのかをみきわめる作業に入っていく。まず、武皇太后の一族の武承嗣《ぶしょうし》に、武氏の祖先を祀る宗廟、すなわち武氏七廟《ぶししちびょう》を建てることを請願させた。宗廟は祖先の位牌《いはい》（神主《しんしゅ》）をおくみたまやであるが、身分によって、祀ることのできる神主の数は決まっていた。七人の祖先を祀ることができる七廟は、天子の特権である。つまり、武氏七廟を建てることは、唐を否定して武氏が天下をにぎることを意味する。と同時に、これによって、敵をあぶりだす準備をととのえた。当然、彼女の行く手をはばむ動きが、内外でおきてくる。彼女の思惑通りになったのである。

朝廷では、宰相の裴炎《はいえん》が反対した。裴炎は、中宗廃位のときには武皇太后に味方したのだが、武氏七廟の建設は、唐朝存立の根幹にかかわる問題だったため、反対にまわった。これがもととなり、のちに彼は謀反の罪をきせられ処刑された。

動乱ののろしは、江南でもあがった。首謀者は李敬業《りけいぎょう》。武氏立后の影の立役者ともいえる李勣の孫である。彼は、現在の四川《しせん》から広西の地方長官に左遷される途中、揚州で仲間と会合し、幽閉同然の廬陵王（廃位された中宗）を皇帝の位にもどすことをスローガンとし、武皇太后に反旗をひるがえした。李敬業の仲間には、このとき、やはり左遷のうき目にあっていた、駱賓王《らくひんおう》がいた。彼は初唐の四傑といわれる文章家で、彼の草した檄文《げきぶん》を武皇太后が読んだとき、はじめは笑っていたが、末尾の、「一抔《いっぽう》の土が未《ま》だ乾《かわ》かざるに、六尺《ろくせき》の孤《こ》は安《いず》くにか在《あ》る。……請《こ》うらくは看《み》られよ、今日《こんにち》の域中《てんか》、復《ま》たこれ誰《だれ》が家《いえ》の天下《てんか》なるか（先帝高宗の墓陵の土がまだ乾かないほど、その死から間もないこのときに、父を亡くして即位された若君中宗はどこにいってしまわれたのだろうか。……よく見てみたまえ、今の唐の世界は、いったい誰の支配する世界なのだろうか）」という部分まで読むと、「誰が書いたのじゃ」と問い、駱賓王の作品であることを知ると、「このような人材を地方に左遷させてしまったのは、宰相の過ちである」と語ったという。

この動乱自体は、わずか二か月ほどで鎮圧されてしまった。武皇太后が、このような動きがおきてくることを事前に察知し、十分な準備をしていたからである。さらに彼女は、自分に反抗するこまかな勢力をあぶりだすため、密告を奨励していく。そこで、彼女は銅で匭《はこ》を鋳造させ、一般の人も入ってこられる洛陽皇城内の朝堂《ちょうどう》においた。これには、誰もが投書できた。身分に関係なく、密告のために洛陽へ来るまでの駅馬や食事が用意され、かりに密告の内容が事実と異なっていても罰せられることはない、というものだった。そのため、出自のあやしい者どもがあつまり、その中からやがて「酷吏《こくり》」とよばれる者たちが生まれてきた。彼らの取り調べは緻密かつ徹底的で、ねらわれた者は逃れることができないほどであり、無数の人びとがつぎつぎと罪におとしいれられたという。

妖僧薛懐義

武皇太后の周囲にあつまるいかがわしい者どもは、酷吏だけではなかった。薛懐義《せつかいぎ》という妖僧《ようそう》も、その一人だった。この男、もとの名を馮小宝《ふうしょうほう》といい、洛陽の市で薬を商《あきな》う者だった。彼は高祖李淵の娘の千金公主《せんきんこうしゅ》のもとに出入りするようになり、そこから武皇太后へ推薦された。ところが、りっぱな体格をし、体力もあった彼は、どうも武皇太后とただならぬ関係になってしまった。こうなると、薬売りの馮小宝ではまずい。そこで、宮中に自由に出入りできるように僧となり、名も懐義とした。さらに低い身分をいつわるため、武皇太后の娘の太平公主《たいへいこうしゅ》の婿であった薛紹《せつしょう》の一族ということにした。こうした武皇太后の寵愛をバックに、薛懐義は乗馬したまま宮中に出入りし、また洛陽市中をめぐる際には宦官十数人をひきつれ、市民をふるえあがらせた。のみならず、武皇太后の一族である武承嗣や武三思《ぶさんし》ですら従僕のごとく薛懐義に仕えたという。

この薛懐義は、武皇太后が着々とすすめていた皇帝に即位するための準備に大きくかかわっていた。女性であり、また李氏一族ではない武皇太后が皇帝になるには、理論武装をととのえ、来《きた》るべき「革命」の準備をおこなう必要があった。そのため儒教、仏教、道教などが利用された。

革命への準備

まず、武皇太后は薛懐義に明堂《めいどう》を建設させた。明堂とは、いにしえの周の天子が政治をおこなない、諸侯を朝見したといわれる建物である。しかし、『周礼』や『大戴礼《だたいれい》』など儒家のいくつかの文献に多少書かれている程度で、明堂を建てる場所や具体的建築プランはよくわからなかった。かつて隋の文帝は宇文愷に明堂の建設を命じ、かなり精巧な模型まで完成したが、結局は実現しなかったという経緯がある。それは儒者の間での議論が喧《かまびす》しく、そのため計画だおれになるからだ。そこで武皇太后は儒者の参画をゆるさず、北門学士にプランをたてさせた（2-5）。

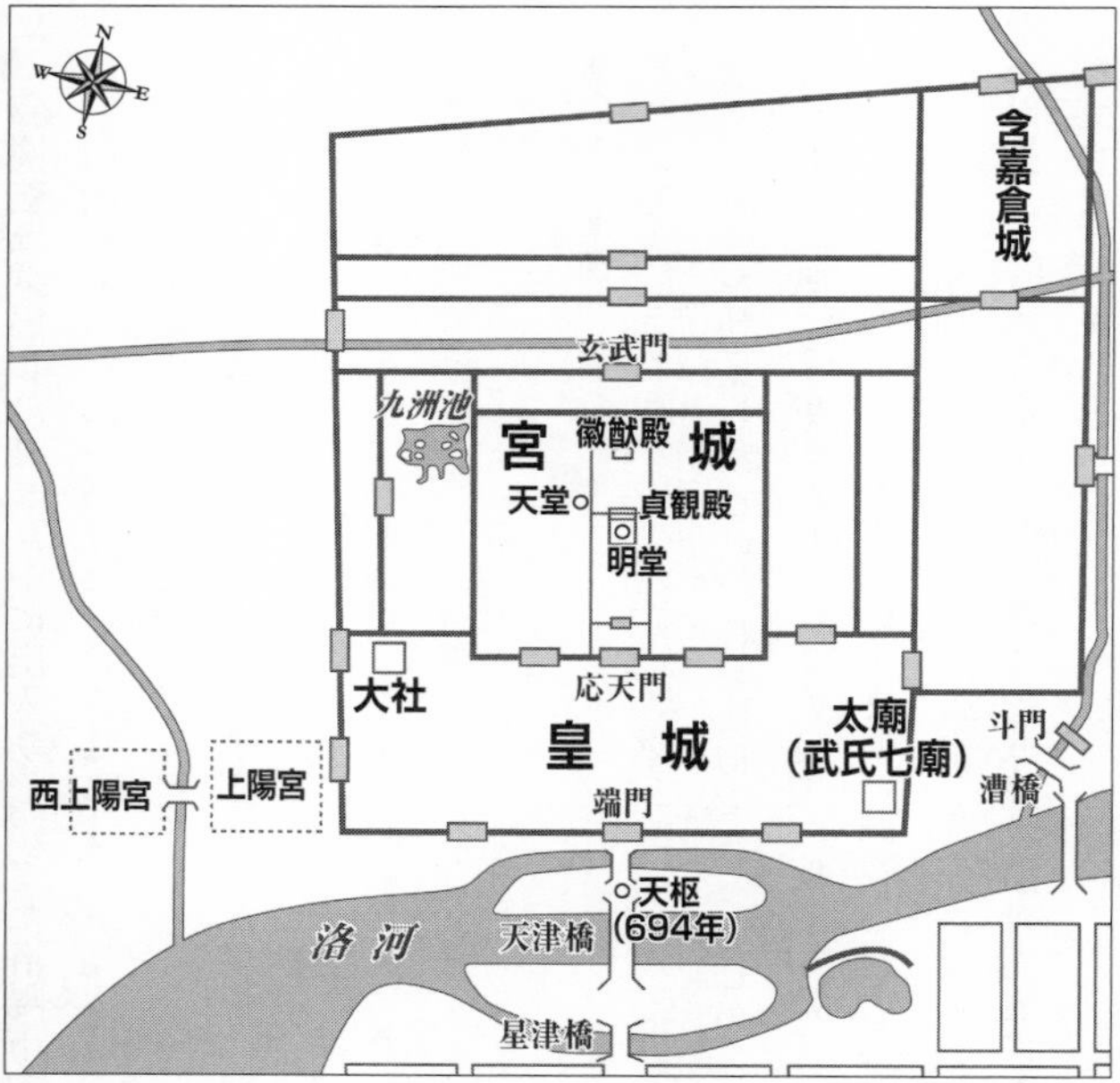

2-5　洛陽の宮城・皇城

こうして儒家の理想とする、いにしえの聖なる政務をとる明堂が、洛陽宮城の乾元殿《けんげんでん》をとりこわして建てられた。これは唐朝の支配を象徴する宮殿の破壊と武皇太后による新しい支配をしめすシンボルの出現を意味した。一九八六年におこなわれた明堂の発掘の結果、その基壇は八角形で、東西・南北がそれぞれ八六メートルあり、五段の壇であったことが明らかになった。文献の記録では、その上に高さ二九四尺（約九一・五メートル）の三層構造の建物があり、最上層は円蓋《えんがい》の形をしていた、という。現代のビルでいうと、だいたい二〇階か二一階の高さになる。武皇太后は、この宮殿を「万象神宮《ばんしょうしんきゅう》」と名づけ、群臣のみならず、一般庶民までこの中にいれ、宴会を催したと伝えられる。

薛懐義は、さらにその北側に天堂《てんどう》をつくり、巨大な仏像を安置した。これは洛陽の南方、龍門石窟《せっくつ》につながる新しい仏教都市の中軸線の創造であった。これは、のちに皇帝となる武皇太后が仏教の王権論を利用し、みずからを転輪聖王《てんりんじょうおう》（仏教における理想の王）になぞらえる準備ともいえるものだった。こうして、神都洛陽は転輪聖王たる武皇太后が君臨する仏教都市となり繁栄していく。では、その仏教はどのように利用されたのだろうか。

それは、女性皇帝の出現という空前の出来事を成功させるための理論づくりだった。薛懐義は、法明《ほうみょう》ら九人の高僧らとともに、五世紀のはじめに北涼《ほくりょう》の曇無讖《どんむしん》によって翻訳された『大方等無想大雲経《だいほうとうむそうだいうんきょう》』という仏典を利用し、仏教の立場から理論武装をおこなった。『大雲経』の経文の中に、釈迦《しゃか》が浄光天女《じょうこうてんにょ》という女弟子に対し、「入滅してより七〇〇年後、汝《なんじ》は南天竺《みなみてんじく》で王女として生まれかわり、王位についてその威力をもってしたがわせ、四方の諸国がみなやってくるだろう」と予言したことが記されている。薛懐義らは、この部分を利用して注釈をほどこし、浄光天女と弥勒菩薩《みろくぼさつ》とを混同させ、弥勒が下生し、唐にかわってこの世を支配すべきである、という新しい『大雲経』をつくりだした。武皇太后が、この女性としての弥勒仏を暗示していることはいうまでもない。

こうして儒・仏両面からの理論武装ができあがったところに、中国固有の伝統的思想、それは迷信といってもいいようなものだが、それにもとづいた最後の仕上げが、武承嗣によってなされた。彼は白石に「聖母臨人《せいぼりんじん》、永昌帝業《えいしょうていぎょう》（聖母が人びとに臨み、永久に帝業を昌《さか》んにす）」と彫りつけたうえで、この八文字が白石に浮かび上がるように細工をし、「洛水からこの石が出てきました」と民間人をつかって献上させた。武皇太后はこの石を「宝図《ほうと》」と名づけ、洛陽南郊で天を祭る儀式をおこない、全国の地方官と皇室、外戚の者に洛陽の明堂へあつまるよう命じた。革命の総仕上げと唐室李氏の整理をはかったものだろう。ちなみに、「宝図」はのちに「天授聖図《てんじゅせいと》」と名を改め、それが出現した洛水の神は顕聖侯《けんせいこう》となって廟が建立された。また、洛水の北岸で中橋の左側に「拝洛受図壇《はいらくじゅとだん》」がもうけられた。

こうした動きに対し当然、李氏の諸王は、最後の反撃を試みる。洛陽集合の命令を、唐室を絶やすためと判断した諸王は、たがいに連絡をとりながら兵をあげる。しかし、連絡不足で一致した動きをとることはできず、これらの動きはことごとく武皇太后によって粉砕されてしまった。

こうして最後の憂いをとりのぞいた武皇太后は、「宝図」に刻まれた文字にちなんでつけた元号の永昌《えいしょう》元（六八九）年一一月を載初《さいしょ》元年正月とした。それまでの王朝は、夏《か》王朝の暦をつかっていたが、周《しゅう》王朝の暦に合わせたのである。そして、もとの一二月は臘月《ろうげつ》、正月を一月とし、以下、二月、三月とつづき、一〇月で一年となった。ちなみに、このとき、みずからを「曌」の字をもって名のったという。

その年（六九〇年）の九月九日、群臣に請《こ》われる形をとって武皇太后は皇帝に即位した。洛陽城宮城正門の上にある則天楼《そくてんろう》にのぼり、天下にむけて大赦し、天授《てんじゅ》と改元した。また武一族は姫《き》姓であり、周の武王の末裔であるというので、国号を「周」とした。尊号は聖神《せいしん》皇帝という。中国史上、唯一無二の女性皇帝の誕生であり、これを武周革命という。ここから先の彼女を、武則天とよんでいこう。日本では則天武后の呼び名が一般的だが、これは、彼女が皇帝となったことを暗にみとめないという史観が反映されたものである。それに対し、武則天という呼び方は、彼女が唐をほろぼし、周朝を建国したという点に積極的評価をあたえる史観にもとづくものである。

ちなみに「則天」の呼び名は、彼女が亡くなる直前、皇帝の位を息子の李顕に譲ったとき、彼が母にたてまつった尊号の「則天大聖皇帝」による。ただ、この後、李顕が皇帝（中宗）として唐を復活させると、「皇帝」は削られ、「則天大聖皇后」と諡《おくりな》され、さらに中宗の弟が睿宗として立つと、「則天皇太后」となっていく。その意味において、彼女の武周革命を正当に評価し、皇帝となったことをみとめるならば、「則天皇帝」という呼び方のほうが正しいのかもしれないが、これは後世の判断にゆだねることとしよう。

武則天と法蔵

武則天の政策は、即位以前にくらべると、パッとしないものにうつる。さすがに六〇歳をこえての即位であるから、皇位をねらって活動したころにくらべ、気力も落ちていたともいえよう。しかし即位後の彼女の動きはあなどれない。

武則天は、即位後、ただちに全国の州ごとに大雲寺《だいうんじ》をおいた。そして、各寺に自分の皇帝即位の理論的よりどころとなった『大雲経』をおき、この新しい仏典を説経させることにより、女帝出現の必然性を宣伝していった。また重要なのは、この大雲寺は朝廷から費用が支給されたということである。いわば国家に従属した国立の寺院（官寺）といえよう。この制度は、その後、日本における国分寺《こくぶんじ》設置（日本・天平《てんぴょう》一三〔七四一〕年）のモデルになったという見方もある。

ただ、武則天が皇帝になるためによりどころとした『大雲経』は、薛懐義をはじめとする集団が「創造」したはなはだ胡散臭《うさんくさ》いものであった。武則天自身、そのことは重々承知していたと思われる。それゆえ、すでに用済みになったと思ったのか、武則天は薛懐義をとらえなぐり殺させた（六九五年）。ただし、武則天は仏教そのものを否定したわけではない。彼女は依然として仏教を保護し、そして周王朝を支えるあらたな仏教理論をもとめていったのである。

当時、長安仏教界で勢力があったのは、太宗・高宗時代に庇護された玄奘の唯識教学であった。しかし、唐を否定した武則天にとって、唯識教学にたよることはできない。彼女がもとめたあらたなよりどころは華厳《けごん》教学であり、それを集大成した僧侶が法蔵《ほうぞう》（六四三～七一二年）である。

法蔵の俗姓は康《こう》といい、その祖先はソグディアナのサマルカンドにいたというから、明らかにソグド人の血をひいている。彼の祖父の代に長安にやって来たという。法蔵は、華厳教の第二祖智儼《ちごん》に師事し、その後、コータン出身の実叉難陀《じっしゃなんだ》があらたに『華厳経』を翻訳する際に協力するなどし、華厳教学を集大成した。彼の講義を受けた武則天は華厳教学を庇護し、自分を支えるイデオロギーとして利用していく。それは法蔵の説く華厳の教えが、コスモポリタン的性格をもっていただけでなく、その中に玄奘の唯識の教えをとりこんだ強力な仏教思想だったからである。こうして法蔵は、ほぼ一生を武則天につかえ、彼女のブレインとしての役割をはたすことになる。

武則天を支える「胡人」たち

武則天の仏教保護は、多くの訳経僧を支援したことからもうかがえる。武則天が即位後にブレインとした法蔵がソグド人であったばかりか、この時代の仏典翻訳事業に参加した訳経僧の多くが、コータンやトハリスタンなど中央アジア出身の「胡人《こじん》」であったことは注目される。武則天と外国人とのつながりは、これだけではない。天枢《てんすう》の建設メンバーも「胡人」が中核だったのだ。

「天枢」の正式の名は、「大周万国頌徳天枢《だいしゅうばんこくしょうとくてんすう》」といい、武則天が「天下《ぜんせかい》」にむけ、周王朝の建国を高らかに宣伝するために建造したモニュメントで、洛陽の皇城正門前におかれた。その建造にあたって、武三思が「四夷《しい》の酋長《しゅうちょう》」をひきいて請願をおこない（六九四年）、その膨大な建設費は「諸胡」があつめたという。

この天枢建設の協力者に「波斯《はし》国（トハリスタン）の大酋長」の阿羅憾《あらかん》という者がいた。この阿羅憾は、高宗のとき、払林国諸蕃招慰大使《ふつりんこくしょばんしょういたいし》となって、トハリスタンのバルフという都市の東にある「払林《フルム》」と唐朝との境界に碑をたて、「聖教《せいきょう》」を宣伝したという。ちなみに、この「聖教」は、高宗皇帝の徳をさすという説とキリスト教であるという二つの説がある。

ところで、のちの八世紀に長安に建立される有名な「大秦景教流行中国碑《だいしんけいきょうりゅうこうちゅうごくひ》」には、武則天と玄宗皇帝の治世にキリスト教排斥のうごきがおこり、これに対し、「僧首《そうしゅ》の羅含《らがん》」や「大徳《だいとく》の及烈《きゅうれつ》」がキリストの教えをまもったとある。この「羅含」と阿羅憾を同一人物とみなす説があり、もしその仮説が正しく、また阿羅憾が広めた「聖教」がキリスト教だったとすれば、キリスト教徒が天枢建立に多大な協力をしたことになる。武則天を支えた「胡人」集団には、仏教徒のみならず、キリスト教徒までがふくまれていた可能性もあるのだ。

張易之・昌宗の兄弟

武則天の若い男性への寵愛ぶりは、正史などが伝えるところなので、ある程度の事実にもとづくものなのかもしれない。しかし、一方で女性として皇帝となり、また唐朝を簒奪した者という観点からの非難もふくまれ、脚色されている部分もあるだろう。

それにしても、晩年になってからも彼女の嗜好《しこう》はあいかわらずで、薛懐義にかわって張《ちょう》易之《えきし》と張昌宗《ちょうしょうそう》という美少年の兄弟を寵愛したという。さらにこの兄弟のために、内朝に控《こう》鶴府《かくふ》（のちに奉宸府《ほうしんふ》と改称）という役所までつくり、武則天が寵愛する者や文学の才に秀でた者たちをあつめた。

このとき、武則天は、多くの美少年をえらび、奉宸内供奉《ないきょうほう》としたという。身のまわりにはべらせたのである。当然これを諫める者がいた。武則天は、この諫言に対し褒美をあたえる一方、奉宸府において文化事業をおこした。『三教珠英《さんきょうしゅえい》』という類書を編集させたのである。その全体像はわからないが、三教は儒・仏・道をさすので、それら三教の所説を集大成したものだろう。ちなみに、北宋のときに編纂された小説集である『太平広記《たいへいこうき》』に散逸した『三教珠英』の一部がのこっている。

もちろん張易之や張昌宗にはそのような才能はないので、実際の編纂は、科挙出身の宮廷詩人で文学に秀でた宋之問《そうしもん》や李嶠《りきょう》、張説《ちょうえつ》たちが担当した。これは、かつての北門学士と同じ流れでとらえることができる。それは、武則天が、外朝の宰相に対し、内朝に腹心を配して政務をしきるという構造である。

武則天と道教

ところで武則天と仏教とのつながりは、概説書などにおいてもよくとりあげられる話題であるが、皇帝即位後の武則天は、しだいに道教へ信仰を傾斜していったともいえる。それは「昇仙太子之碑《しょうせんたいしのひ》」の立碑からうかがえる。そのいきさつは、こうである。

武則天が皇帝に即位してから五年後のこと、彼女は嵩山と少室山《しょうしつざん》において封禅をとりおこなった（六九五年）。天に周王朝の建国を報告したのである。この儀式のあと、嵩山と少室山の神々に皇帝・皇后などの号がたてまつられた。また洛陽の東南、嵩山につらなる緱氏《こうし》山《ざん》にあった、いにしえの周王朝の霊王《れいおう》の太子晋《しん》の廟を修復し、晋を「昇仙太子」とした。太子の晋が仙人となって鶴に乗り、緱氏山から去っていったという伝説があり、民間でも信仰されていたのだ。

嵩山での封禅から四年後、武則天はふたたび嵩山を訪れた。このとき、緱氏山の昇仙太子廟にたちより、それを記念して、今ものこる「昇仙太子之碑」をたてた。ただ、この立碑は単なる道教趣味でなされたものではない。武則天は、自分の「祖先」の一人にあたる周の王子に謝意をしめし、石碑をたてたのだった。

ところで、「昇仙太子之碑」の碑陰には、当時一〇人いた宰相のうち、武則天につきしたがってきた八人の名が刻まれている。都に二人の宰相だけをのこして嵩山を再訪した武則天の、晩年における権力示威行動であったことがうかがわれる。ちなみに、この碑額の「昇仙太子之碑」の文字は、武則天がみずから「飛白《ひはく》」という、刷毛《はけ》で書いたようなかすれた書体で揮毫《きごう》したものである。

これに関連して、バカバカしい話も伝わっている。ある日のこと、「張昌宗は、古《いにしえ》の周の晋《しん》太子の後裔です」と上奏する者がいた。さすがに本物の鶴に乗って飛び立つことはできない。そこで張昌宗は、音楽が奏でられる中、羽衣を着て木製の鶴にまたがって庭を歩きまわり、あつめられた宮廷詩人たちはこの様子を詩に賦《ふ》したという。

終焉

武則天にとっての最大の問題は後継者であった。武則天の甥《おい》である武承嗣や武三思は、我こそが皇太子にならんと画策した。しかし、武則天は決断できなかった。ときの宰相は、ここぞとばかり反対し、房州へ流されていた盧陵王李顕を洛陽へよびもどすことを提言した。意外にも、武則天が寵愛する張易之・昌宗兄弟も同じことを言いだした。武則天亡きあとの自分たちの保身を考えての策だったのだろう。こうして盧陵王は洛陽へもどり、皇太子となった（六九八年）。

これをきっかけに、唐室回復の動きがはじまっていく。といっても、武則天はすぐさま退位し、皇位を譲るわけではなかった。張兄弟を寵愛し、内朝を拠点に政治をおこなっていた。しかし、寄る年波には勝てず、武則天も病を得て床につくようになった。張兄弟は、自分たちの後ろ盾がなくなる恐怖にかられ、また彼らに対する批判や告発がたびたびおこるようになってくる。そのつど張兄弟は、あるいはにぎりつぶし、あるいは抵抗してうまく身をかわしていったが、ついに宰相の張柬之《ちょうかんし》が科挙出身の官僚とともにクーデタを計画するにいたった。

張柬之は、靺鞨人《まっかつ》（東北アジアのツングース系種族）の右羽林《ゆううりん》将軍李多祚《りたそ》らを仲間にひきいれ、羽林兵と「千騎《せんき》」という選抜部隊の兵士をおさえた。そして皇太子を担ぎだし、洛陽宮城の玄武門から病に伏せる武則天のいる内宮へ突入し、廊下で出会った張易之・昌宗兄弟を血祭りにあげ、ついに武則天に退位をせまり、中宗復辟《ふくへき》に成功したのであった（七〇五年）。

このとき、大きな力を発揮した羽林兵は、北衙《ほくが》禁軍（皇帝の親衛軍）である。唐朝では、宮城の南にある皇城エリアに官庁をかまえる帝国中央軍（南衙《なんが》禁軍）と、宮城の北門である玄武門におかれた皇帝警護の親衛軍（北衙禁軍）とがあった（2-3、2-4）。太宗のときに、はじめ北衙七営が、のちにあらためて左右屯営がおかれた。これが北衙禁軍のはじまりである。そこに所属する兵士を飛騎《ひき》といい、その中から騎射のテクニックにすぐれた者をえらんで「百騎」という部隊を編成し、皇帝が外出する際に身辺警護にあたらせた。

その後、武皇后が政治の実権をにぎったころに左・右羽林軍と名を改め、「百騎」も「千騎」とし、北衙禁軍の拡大がはかられた。先に述べたように、武皇太后が中宗を廃位したときも、この羽林軍が出動している。ただこのとき、羽林軍をひきいたのは南衙禁軍の将軍だった。武則天が即位すると、その翌年、羽林軍を羽林衛《うりんえい》に改め、大将軍のポストをおいた。初代の大将軍には、武氏一族の武攸寧《ぶゆうねい》を起用した。羽林衛の整備・増強は、政治面での北門学士や奉宸府をおいて外朝の宰相たちに対抗しようとしたこととパラレルな措置で、軍事面でも南衙禁軍に対抗する北衙禁軍をととのえ、武則天のコントロール下におこうというものであった。しかし、みずからつくりあげた親衛軍が、自身の退位に大きな役割をはたすとは、歴史の皮肉というべきであろうか。

退位した武則天は、洛陽城の西郊にあった上陽宮《じょうようきゅう》にうつり、その年の一一月に亡くなった。『旧唐書』は享年八三、『資治通鑑』は享年八二と伝える。一九五五年に四川省の広元市《こうげん》で発見された石碑によって、享年を七七もしくは七八とみる説もある。

こうして武則天の時代はおわりを告げたが、高宗の治世後半から彼女の時代は、それまでの唐朝のシステムがゆっくりとゆらぎはじめていく時期にあたっていた。それを対外関係にスポットをあてて見ていこう。

3　ゆらぐ唐の支配

ソグド系突厥の出現

話はさかのぼるが、高宗が崩御するすこし前、その後の唐の歴史だけでなく、さらに五代から北宋のはじめころまでの政治史に大きな影響をおよぼすこととなる、あるエスニック集団が記録の上にあらわれてくる。

七世紀前半の唐による東ユーラシアの支配に陰りが生じるきっかけとなったのは、突厥の独立運動だった。東突厥の滅亡からおよそ五〇年。突厥の人びとは、唐朝の支配からの独立を忘れていなかった。最初の動きは、単于都護府《ぜんうとごふ》のもとにいた突厥人の阿史徳氏族が、阿史那の血をひく者をカガンに立てておこした独立運動だった（六七九年）。しかし翌年、この運動は唐の征討軍にやぶれる。このとき、難を脱した集団が独立運動をつづけたが、これも唐朝に鎮圧されてしまった。

この突厥の独立運動に対し、唐朝はふたたび支配を強めていった。オルドスの南縁にあらたに六つの州をおいたのである。これを六胡州《ろくこしゅう》という。六胡州の住民は「六州胡《ろくしゅうこ》」とよばれる。この「胡」とはソグド人をさす。突厥碑文では「六州胡」を古代テュルク語で「altï《六つの》 čub《州の》 soɣdaq《ソグド人》」と記していることから明らかである。またこの六州胡は、もとは東突厥にいた「胡部」という集団にさかのぼるだろう。

この「胡部」というソグド人たちは、かなり早くから突厥の中で暮らしており、突厥の影響をうけ、騎馬遊牧民化していたようだ。しかし、彼らは突厥の中に埋没することはなく、ソグド人同士で婚姻関係を保ちつづけた。また、彼らは中国世界に入ってくると、康や安、史、石、何という姓を名のっている。これらの姓は、ソグド人が漢字文化圏の中国で名のる彼ら特有のもので、専門家は「ソグド姓」とよんでいる。つまり、六州胡はソグド人としての結束と意識を保っていたのである。この半ば突厥化したソグド人を「ソグド系突厥」とよぶことにしよう。そしてこの「ソグド系突厥」が、この後の唐の歴史にはたびたび登場し、しかも重要な役割を演じることになる。

突厥第二帝国

唐朝のこのような支配の強化も効果がなく、突厥は、三度《みたび》、独立運動をおこした。阿史徳元珍《げんちん》（トニュクク）が阿史那骨咄禄《クトルク》を担ぎあげ、陰山《いんざん》山脈によって突厥諸族を糾合したのである。この独立運動は唐朝の討伐軍をはねかえし、ついに阿史那骨咄禄は自立することを得た（六八二年）。これを突厥第二帝国という。オルドスにおかれた六胡州にのこったソグド系突厥もいたが、それとは別に突厥第二帝国にもどっていったソグド系突厥もいた。やがてその中から、安禄山《あんろくざん》が誕生するのだが、その話はもうすこしあとのことになる。

突厥の再興の動きには、阿史徳の動きが重要である。突厥のカガンになることができるのは、「黄金の一族」の血をひく阿史那氏族の出身者に限られる。そのカガンの妻をカトンといい、カトンを出すことのできる氏族が阿史徳なのである。

七世紀後半に、唐朝が支配していた突厥遺民は、先に見たように大きく二分され、阿史徳氏族と舎利氏族が都督としてその集団を統括していた。東突厥がほろんだとき、頡利大カガンをはじめ、突厥の王族の多くは長安にいたって唐朝から官品をあたえられた。とすれば、突厥が独立運動をおこしたとき、阿史徳が担ぎだした阿史那の人間は、実はカガンの直系の者というより、傍系の可能性も高かったと思われる。さらにいえば、突厥独立の実際の立役者は阿史徳氏族だったのだろう。それほどに、唐朝の支配時期をつうじ、突厥遺民の中における阿史徳の地位が向上していた。このことは、のちに阿史徳の血をひく安禄山にも大きな影響をあたえることになる。

モンゴリア南部で独立をはたした突厥は、勢力を北へのばし、モンゴリアの遊牧民の聖地ウチュケン山に拠点をうつしていく。阿史那骨咄禄はモンゴリア北部のテュルク系遊牧民を支配下に組みこみ、「国家《イル》を集めたるカガン」の意味でイルテリシュ・カガンと称した。

彼が病死すると（六九一年）、弟の默啜《もくてつ》がカプガン・カガンとして立った。武周革命とほぼ同じ時期の出来事だった。カプガン・カガンは武則天の「周」へ軍事侵攻して、その勢威をしめす一方、後述する契丹《きったん》の反乱では「周」の味方となり、「周」と有利なとりひきをもとめた。たとえば、「周」の支配下にのこっていた突厥遺民を草原世界へもどせとか、単于都護府の地をわたせとか、さらにはそこで農業をおこなうための器具と種子までもとめる始末だった。武則天は激怒したものの、やむなく突厥遺民と農器具・種子はあたえることに同意した。

またカプガン・カガンは、武則天の子になろうと願いでた際、自分の娘としかるべき皇族との結婚をもとめてきた。武則天は、一族の武延秀《ぶえんしゅう》と結婚させて妃としようと使者をおくった。ところが、カプガン・カガンは、「わが娘は李家の天子の子に嫁ぐはずなのに、今、おまえたちは武家の子を寄こしてきた。いったいこやつは天子の子といえるのか？　我ら突厥は、これまで李家につきしたがってきたが、今、李家の天子の血筋はほとんどいなくなり、ただ二人の子がのこっているだけだと聞いている。私が軍をひきいて彼らを助け天子にたててやろうではないか」と豪語し、北中国に侵攻した。カプガン時代の突厥第二帝国の優勢ぶりを物語るエピソードといえよう。

ちなみに、このとき、多くの漢人の農民たちが突厥の捕虜となってつれさられた。それは、突厥がモンゴリア南部の陰山南山麓の農耕地を支配下におき、そこで農業に従事させる労働者として働かせることが目的だった。

契丹の「反乱」と渤海国の誕生

唐による東ユーラシア世界の支配が崩壊していく第二幕は、唐朝東北辺にいた契丹の独立であった。契丹はシラ・ムレン流域で遊牧生活をしていたモンゴル語系の言語を話す種族で、北魏《ほくぎ》時代から、「契丹」という漢字で表現された名が見えはじめる。

七世紀はじめの契丹は、さまざまな規模の集団がバラバラにある状態で、統合されていなかった。そのため、唐が誕生すると、部族あるいは氏族ごとに服属してきた。唐朝はそれらの集団を営州都督府《えいしゅうととくふ》（遼寧省朝陽市《りょうねいしょうちょうようし》）において支配した。その後、七世紀半ばに太宗が高句麗遠征をおこなったとき、契丹最大のグループがついに唐へ帰順してきた。唐はこの契丹の大集団に松漠都督府《しょうばくととくふ》をおき、大首領の窟哥《くっか》をその長官に任命した。ここに、契丹に対する支配が完成したのである（六四八年）。

ところでこれまで、唐朝のエスニック集団に対する支配は、服属してきたその集団に州県をおき、その首領に唐の州県の長官職をあたえ、その下の部族（あるいは氏族）集団を間接統治する、というイメージで説明されてきた。これを「羈縻《きび》支配」という。「羈」は馬にかける手綱《たづな》、「縻」は牛をひく綱であり、そこから「羈縻」は「つなぎとめる」の意味となる。たしかにそれで説明できるものもあるが、実際の「羈縻支配」はもっと多様な姿だったようである。営州都督府のもとにあった契丹におかれた州県の役人の中に、中央政府からおくりこまれた漢人の官僚がいたことが、あらたに発見された墓誌によって明らかになっている。唐朝の周辺諸種族・部族・氏族に対する「羈縻支配」も、今一度、考えなおす段階にきているのだ。

さて、契丹に対する支配の破綻《はたん》は、七世紀末におこる。松漠都督の李尽忠《りじんちゅう》とその義兄の孫万栄《そんまんえい》が武則天の周朝に反旗をひるがえしたのである（六九六年）。契丹を支配する責任者だった営州都督府の長官が、飢饉《ききん》がおきたとき、契丹を助けることをせず、また契丹を奴隷のようにあつかっていたことへの不満が爆発したと史料は伝える。あるいは、武則天の建てた周朝にしたがう必要はない、という契丹の判断があったのかもしれない。

武則天は、ただちに一族の武攸宜《ぶゆうぎ》を討伐軍の総帥に任じたが大敗北を喫し、また武懿宗《ぶいそう》を総帥とする次の討伐軍は、戦わずに逃げる始末であった。その間、武則天は突厥のカプガン・カガンに援助を依頼した。突厥は大きな見返りをうける約束をとりつけると同時に営州を攻撃した。契丹は、リーダーの一人、李尽忠が亡くなったあとも勢いはとまらず、河北中部の冀州《きしゅう》（河北《かほく》省衡水《こうすい》市冀州区）にまで侵攻してきた。しかし、この間に本拠地の営州を突厥に攻撃され、動揺した契丹の内紛で孫万栄が殺害され、この「反乱」は鎮圧された。ただ、営州一帯は突厥の支配下に入り、玄宗皇帝の時代まで、唐朝のコントロールから離れることとなる。

この事件は、単に契丹の「反乱」というものだけではなく、より大きな動きをマンチュリアにひきおこすきっかけとなった。話は高句麗の滅亡までさかのぼる。

隋の煬帝、唐の太宗によるたび重なる攻撃に耐え、独立を維持してきた高句麗は、先述のとおり高宗の時代、李勣ひきいる唐朝軍と新羅の連合軍の前に、ついにほろんだ。

しかし、旧高句麗勢力の抵抗はつづき、平壌におかれた安東都護府も遼東《りょうとう》にしりぞかざるをえなかった。唐朝はさらに高句麗遺民を唐の内地へ移住させることで対応した。そのとき、内地までうつらず、営州付近にとどまった高句麗遺民集団があり、その中に大祚栄《だいそえい》という人物がいた。おそらく唐の支配に甘んじたのだろう。あるいは、契丹を介して間接的に支配された可能性もある。

この大祚栄が、契丹の李尽忠らが反旗をひるがえした機会に乗じ、靺鞨人と高句麗の遺民をひきいて、唐の支配から逃れた。彼らは東北方面にむかい、牡丹江《ぼたんこう》上流の敦化《とんか》（吉林《きつりん》省延《えん》辺朝鮮族《へんちょうせんぞく》自治州）あたりに拠点をかまえ、独立して振国《しんこく》王（震国王）を名のった。これが渤海国の誕生である（六九八年）。

西域の攻防

高宗朝のはじめの一〇年間で、唐朝は間接的・名目的であるにしても、西トルキスタンまで支配に組みこんだ。しかし、その体制を脅かす勢力があらわれる。西突厥の遺民とチベット帝国である。

阿史那賀魯《がろ》の反乱をおさえた唐は、西突厥の遺民を二つにわけ、それぞれを阿史那一族の者に統率させていた。しかし七世紀後半、彼らは争い、あげくにその調停に唐朝が失敗すると、天山以北の状況が不安定になった。このとき、チベット帝国がタリム盆地に進出してきたのである。統一帝国としての体裁をととのえたソンツェン・ガムポの死後（六四九年）、チベット帝国の宰相ガル一族が政治の実権をにぎり、唐朝と対決しはじめていた。ガルの指揮のもと、チベット帝国は西突厥の遺民と手を組んで、唐の西域経営の軍事拠点である安西四鎮を攻撃してきた。このため唐は安西四鎮を放棄し、安西都護府も西州へしりぞいた。

これに対し、唐朝は、まず裴行倹《はいこうけん》を安撫大食使《あんぶタージし》とし、ペーローズ三世の息子の泥涅師《ないりし》（ナルセー?）を故国へおくりとどけるという名目で西突厥の勢力圏へ入りこませ、チベット帝国と連動していた反乱分子を捕縛した（六七九年）。ちなみに裴行倹はスイアーブで泥涅師とわかれ帰国する。泥涅師は一人で故国へおもむくも、イスラーム勢力にはばまれ、トハリスタンで二〇年余り過ごしたのち、ふたたび長安へもどり、七〇八年以降、客死した。

それはさておき、このとき、唐朝はスイアーブに砕葉城《さいよう》を築き（六七九年）、ここに軍鎮をおいた。それまでの安西四鎮のうち、焉耆と砕葉をいれかえたのだ（のち睿宗のころ、ふたたび砕葉鎮から焉耆鎮にうつる）。この砕葉城は、天山山脈以西で漢人が築城した最初で最後の城郭都市だった。

ついで七世紀末、唐朝軍がチベット帝国軍をやぶり、安西四鎮を復活させ、また安西都護府を亀茲におくことに成功した（六九二年）。「周」はこの地に三万人の大軍を駐屯させることととした。このため内地で徴兵して西域におくりこんだので、あまりの負担から朝廷でも反対意見が出た。しかし、武則天は頑として聞きいれなかったという。これは、チベット帝国のタリム盆地への侵入を「周」が徹底的に阻止するという態度のあらわれであった。

一方、チベット帝国では、この敗戦をきっかけにガル一族が没落し、政治の実権をふたたびツェンポ（ティドゥソン王。在位六七六～七〇四年）がとりもどすことになった。チベットは「周」と旧吐谷渾の領有をめぐって対立する一方、和親ももとめた。その結果、武則天は公主をおくり婚姻をむすぶことをゆるしたが、ティドゥソン王が戦没したため、この約束は次の中宗のときにもちこされることとなった。

転換期への序章

高宗と武則天の二人の治世は、七世紀半ばから八世紀の初頭までの約半世紀におよんだ。日本では、乙巳《いっし》の変をへて、一般に「大化改新」といわれる大きな政治改革がはじまり、日本型の律令体制が建設されていく時代に相当する。ところが、そのモデルとなった唐という王朝では、反対に律令制が大きくゆらいでいく時代であり、また唐朝の性格がゆっくりと変わっていく時代でもあった。

それは、まず支配層の変化があげられる。北朝と南朝の両要素をうけついだ唐の支配層には鮮卑系軍人の武川鎮軍団と関隴地域の豪族がもととなった関隴集団や山東門閥、そして旧南朝系の江南門閥といった古くからの勢力がいた。それが、この時代には、あらたな勢力が出現してくる。関隴集団や門閥の出身ではない、中堅・下層の各地の有力者が科挙をつうじて中央政界に進出してきたのだった。

また、太宗時代のおわりから高宗時代のはじめにかけて完成した東ユーラシア帝国としての唐が、これまたゆっくりと崩れはじめた。朝鮮半島では、旧高句麗・百済の征服地の支配は、新羅の興起と攻勢によって失敗し、安東都護府は平壌から遼東へ撤退せざるをえなかった。そればかりでなく、東北方面では契丹が自立の動きを見せ、唐の支配が崩れることとなった。北方でも、突厥の自立にともない、モンゴリア北部におかれていた安北都護府は陰山の南の中受降城《ちゅうじゅこうじょう》（内モンゴル自治区包頭《パオトウ》市）まで撤退する。

こうして、周辺諸部族を支配する体制は、北辺から東北辺においては完全に崩れていく。このため唐朝は、あらたな防衛ラインを構築するようになる。

また、自立しようとした契丹が余勢を駆って河北の地に攻めこんだとき、唐朝は、現地の農民を徴兵してそなえた。こうした徴兵による地域防衛の軍を「団練兵《だんれんへい》」（民兵）といい、律令に規定のない兵士たちが登場してくるようになるのである。

こうした新しいタイプの兵士の出現は、とりもなおさず農民への兵役の負担としてのしかかっていく。また武則天時代には、官職を売買する風潮があらわれはじめ、定員外の官僚が生まれていった。これは、本来、租税をおさめるべき人間が減ることを意味し、その分のしわよせが、裕福ではない農民におよぶことになった。こうした負担に耐えかねた農民たちは、本籍地から逃げだすという抵抗をしめしはじめたのだった。

武則天の時代は歴史的に見れば、旧来の唐朝のシステムを壊し、新しい世界を切りひらくものだったといえる。しかしその一方で、当時の人びとには「混乱」と映り、また律令による支配システムの崩壊という問題も見逃せない。

では唐朝は、どのように再編されていくのだろうか。

第3章　転換期——八世紀前半〜中葉

1　武韋の禍

中宗復辟

武則天が退位してから玄宗が即位するまでの七年間は、朝廷において、皇帝の親政をめざすグループと皇帝権力によりながら独自の勢力を確立しようとするグループ（皇室一族・外戚・寵臣など）の権力闘争が展開された。その様子を見ていこう。

武則天が歴史の舞台からしりぞくと、五〇歳の李顕が、ふたたび皇帝に即位した（在位七〇五〜七一〇年）。中宗である。彼は国号を「唐」にもどし、制度も高宗時代のものに改めた。

しかし、中宗は凡庸で優柔不断な人間だった。かつて、母である武則天に皇帝の位を追われて房州に幽閉されていたとき、洛陽から勅使が来るたびに殺されるのではないかとびくびくし、ときには自殺まで考えるような人だった。

一方、妻の韋《い》氏は肝っ玉のすわった人だった。韋氏は悲観しがちな夫を、「今のような状態がずっとつづくわけではありませんから、死んではなりません」とはげまし支えていた。李顕は「いつかふたたび復活できたときは、おまえのしたいことをさせてあげよう」と韋氏にいっていた。はたして、中宗が復位すると、皇后となった韋氏は武則天にならって、みずから政治に口出しするようになっていく。

武三思と韋后

ところで、宰相の張柬之がクーデタをおこし、武則天を退位においこんだとき、ほかの武氏一族も排除したのかというと、実はそうではなかった。クーデタの直後、ある洛陽の役人が「張易之と昌宗の兄弟は殺すことができましたが、まだ武三思（武則天の甥）らが生きのこっております。草を刈っても根をとりさらねば、また生えてくるものです」と武氏一族の誅殺《ちゅうさつ》を進言した。しかし、張柬之らは「大事はすでにさだまった。武氏一族などまな板の上の肉にすぎず、何もできはしない。すでに殺した者たちはかなりの数にのぼり、これ以上殺すことはなかろう」といって、その進言をとりあげなかった。そのため、悪運が強い武三思らは、武則天退位後も政界に生きのこっていったのだ（八九頁2-1）。

武三思の息子の武崇訓《ぶすうくん》は、中宗と韋后の愛娘の安楽公主《あんらくこうしゅ》と結婚していて、十分に皇室とつながっていたはずだが、武三思はさらに強固なつながりをつくりあげていく。そのパイプとなったのが上官婉児《じょうかんえんじ》という女性である。

話はさかのぼるが、かつて高宗が武皇后を廃そうとし、宰相の上官儀に相談したことを読者はおぼえているだろうか。この計画は失敗し、上官儀は獄にくだされ命をおとし、その子も殺された。そのとき、まだ赤ん坊だったのが、上官儀の孫娘の婉児である。

婉児は後宮にいれられ宮中奴隷になったが、祖父の文才をひきついだものか、成長するや、詩や文章に才能を発揮した。彼女をみいだした武則天は、上官婉児を政務に参与させていた。

復位した中宗も彼女に詔書の起草をつかさどらせていたが、ついには婕妤《しょうよ》の位をあたえて寵愛するようになる。ところが、なんと武三思は、この上官婉児と男女の関係になってまんまと後宮に入りこみ、韋后と知遇をえることに成功する。さらに武三思は中宗と政務を議論するようになり、ついには宰相の張柬之がうける命令は武三思から出るものとなったという。あげくのはて、武三思は韋后とも体の関係をむすんでしまう。こうして、武氏一族は勢威をもりかえしていった。

一方、韋后らは、中宗を復位させた張柬之たちが邪魔となり、その一派を中央政界からことごとく追放した。また、公主（皇女）たちは自分たちの「府《やくしょ》」をひらくことをゆるされたため、正式な手続きをふんでいない辞令を濫発《らんぱつ》して官職を「銭三〇万」で売り、自分たちを支えるための官僚を大量に生みだしていった。当時の人は彼らを斜封官《しゃほうかん》とよんだ。それらは定員外の官僚（員外官《いんがいかん》）であったため、余剰官僚が増え、財政に大きな影響をあたえることになる。

クーデタ失敗

当時の皇太子は中宗の第三子の李重俊《りちょうしゅん》だったが、韋后の子ではなかった。そのため韋后は皇太子をにくみ、また武三思も皇太子をきらっていた。安楽公主などは夫の武崇訓とともに皇太子を奴隷よばわりし、彼を廃して彼女自身が皇太女になろうとするありさまであった。

しだいにおいつめられた重俊は、左羽林軍大将軍の李多祚たちとともにクーデタをおこした。彼らは羽林兵と三〇〇人の「千騎」をひきい、長安城内にすんでいた武三思父子を殺すと宮城にとってかえし、韋后一派の居所をさがしもとめた。しかし、中宗は韋后、安楽公主、上官婕妤（婉児）とともに宮城を北へ逃げ、玄武門の楼にのぼって難をさけた。そして中宗は右羽林軍大将軍の劉景仁《りゅうけいじん》に命じ、羽林本隊の飛騎兵をもってまもらせた。

こうして両軍が対峙したとき、中宗につきしたがっていた宦官の楊思勗《ようしきょく》が、李多祚の婿《むこ》を一刀のもとに斬りすて、たちどころに皇太子軍の士気をくじいた。すかさず中宗が千騎兵にむかって「おまえたちは朕の親衛隊ではないか。どうして李多祚にしたがって反乱をおこすのだ。もし反乱分子を斬れば、富と名声は思いのままだ」と説いたため、千騎兵は寝返り、皇太子軍のおもだった将軍たちを血祭りにあげた。重俊は長安城外へ逃れたものの、やがて部下に殺され、クーデタは失敗におわった（七〇七年）。ちなみに、このクーデタのあと、「千騎」はその活躍をもって「左・右万騎」となり、増員された。

中宗暗殺

この事件で、武三思は殺されたが、韋后や公主たちは生きのこり、彼女たちの政界における勢力は、外朝の官僚の一部をもまきこんで、大きくなっていった。こうしたとき、ある者が中宗に「皇后は淫乱《ふうきをみだ》して国政に関与し、韋氏一族の勢力は強大になっております。また、安楽公主らは国家を危険な状態におとしいれようとしています」と上言し、皇后一派の政権奪取のたくらみをうったえた。中宗はこの言葉を聞くと、ようやく不安を募らせるようになった。

その韋后は、医術に長けた秦客《しんきゃく》と調理上手な楊均《ようきん》なる者たちを後宮にひっぱりこんで「火遊び」をしていたが、これが露見するのはまずい。また、娘の安楽公主は母親を皇帝とし、みずからは皇太女になろうとしていた。そのような状況と思惑が交差し、彼女たちは策謀し、毒をいれたモチを中宗にたべさせ、ついに殺してしまった。中宗、享年五五だった（七一〇年）。

太平公主と睿宗

このとき、韋后・安楽公主の前に武則天の娘の太平公主《たいへいこうしゅ》が立ちはだかった。彼女は、上官婕妤とともに中宗の遺言書をつくり、一六歳だった中宗の第四子の重茂《ちょうも》を皇太子にまつりあげた。さらに中宗の弟の相王《しょうおう》李旦《りたん》を政務に加え、韋后らの動きを牽制しようとした。

しかし、韋后一派は李旦をしりぞけて李重茂を皇帝とし（諡は殤帝《しょうてい》）、韋氏は皇太后として朝廷に君臨した。韋后のねらいは、太平公主と李旦をはじめとする皇室の李氏一族を排除し、革命をおこすことにあった。これに対し、李旦の子である李隆基《りりゅうき》が立ちあがり、太平公主らとともにクーデタの計画をたてた。李隆基は羽林軍の「万騎」をおさえると、ただちに兵士を宮城の太極殿にむかわせた。韋后と安楽公主は殺され、李隆基のクーデタは成功した。

その後、太平公主が主導し、四九歳の李旦を皇帝に即位させた。廟号をとって睿宗《えいそう》（在位七一〇～七一二年）という。李隆基は皇太子となるが、こんどは政治の実権をにぎろうとする太平公主と対立していく。彼女は、着々と政権奪取の準備をすすめ、息のかかった官僚を要職につけていった。一方、傀儡《かいらい》皇帝を自覚していた睿宗は、在位二年で李隆基に譲位してしまう。玄宗《げんそう》である（在位七一二〜七五六年）。

しかし、これをだまって見逃す太平公主ではない。彼女は、上皇となった睿宗に三品以上の高級官僚（宰相クラス）の任命権や「朕」の自称など重要な皇帝権の一部をのこし、玄宗の権限を弱めようとした。さらに当時の宰相七人のうち五人までもが公主派の官僚によって占められていた。それればかりでなく、公主派は北衙・南衙禁軍をおさえ、クーデタをおこそうとした。しかしこの計画は事前にもれ、玄宗みずから羽林軍をおさえると、公主派の主だったものをつぎつぎと殺し、政権を掌握した。太平公主は都から終南山《しゅうなんざん》へ逃れたが、三日後、都へもどり、自宅において死を賜った（七一三年）。

2　開元の治

玄宗の時代

太平公主一派をうちたおすと、玄宗は元号を先天《せんてん》から開元《かいげん》と改めた。ようやく親政をおこなう日がやってきたのだ。玄宗の治世は、唐の中ではもっとも長い四四年間にわたり、先天（七一二年八月～七一三年一一月）、開元（七一三年一二月～七四一年）、天宝《てんぽう》（七四二年～七五六年七月）と三回、元号が変わった。一見すると、天下泰平、人口も増え、国力も充実している時代だった。とくに、その治世のはじめの三分の二の時期は「開元の治」とよばれている。

玄宗が登場したこの時期は、ある意味、政治刷新にふさわしい時代だった。というのは、武則天時代に宮中で展開された権力闘争の結果、唐建国以来の支配集団のおもだった面々が、ことごとくいなくなっていたからだ。ときとして、彼らは私欲にはしり、政治をさまたげる者となるのだ。

そのかわり、玄宗の親政を助けたのが、武則天時代に政界へ進出してきた科挙官僚たちだった。ただ、この新興勢力の科挙官僚も、玄宗の時代には既成勢力になっていく。それに対抗する形で、古い門閥、とくに関隴集団につらなる者たちがあらたに台頭し、また皇帝個人の恩寵によって門閥でない者や非漢人も抜擢される。これとは別に内廷にいた宦官も力をもってくる。これが玄宗の時代の特徴であった。

阿倍仲麻呂と井真成

日本は唐へたびたび使節を派遣した。日本ではこれを遣唐使という。計画されたが実施されなかったものや、唐へいたらなかったものもあり、実際に唐までやってきた使節団は一五回だったという。玄宗が即位してはじめてやってきた遣唐使は、開元五（七一七）年一〇月に長安に到着した。長安までやってきた使節団としては八回目だった。

その中に留学生《るがくしょう》（長期留学）の阿倍仲麻呂《あべのなかまろ》がいた。仲麻呂は唐の国立学校（太学《たいがく》。四品・五品の官僚の子弟が入学できる）に入学して研鑽をつみ、そして科挙（進士科）に合格した。名も中国風に朝衡《ちょうこう》（晁衡）と名のり、唐朝の官僚となって玄宗皇帝に仕えた。盛唐の詩人として有名な李白《りはく》や王維《おうい》とも交友があったという。五三歳のときに帰国がゆるされ、遣唐使船に乗った。このとき彼が詠んだとされるのが、「あまの原ふりさけみればかすがなる　みかさの山にいでし月かも」である。しかし、仲麻呂を乗せた船は季節風におしながされてベトナム北部へ漂着し、長安にもどることはできたものの、二度と日本の土を踏むことはなく、七〇歳で唐に没した。というのが、通説である。

しかし、仲麻呂が科挙、とくに進士科に合格したことに疑念をいだく研究者もいる。進士科は唐の人びとですら合格するのが難しかった試験科目だったからである（第５章）。また、仲麻呂が科挙に応じたと伝える史料は宋代に記録されたものであることから、仲麻呂科挙合格説は考えにくいのだという。かりに科挙に合格したのだとしても、それは進士科ではなく、のち穆宗《ぼくそう》のときにはじまった賓貢科《ひんこうか》のような外国人のためにもうけられた特別な試験科目だろうという説が出されている。

ところで仲麻呂とともに唐へやってきたと思われる、もう一人の留学生も紹介しておこう。彼の名は井真成《せいしんせい》《いのまなり》という。実はこの人物は、文献史料には記録がなく、二〇〇四年に中国の陝西省西安市で発見された墓誌によって、はじめてその存在が明らかになった。墓誌によれば、開元二二（七三四）年正月に享年三六で亡くなったとある。彼の没年から推測すると、阿倍仲麻呂とともに唐へやってきて、そして亡くなった年にやってきた遣唐使の一行と帰国する予定だったのかもしれない。また墓誌には「学に強《つと》めて倦《う》まず、道を問うこと未《いま》だ終わらず」と記され、長期留学生として勉学し、唐の文物制度を吸収したが、帰国を前にして、志半ばで亡くなったことが想像できる。

井真成の墓誌のタイトルには「尚《しょう》衣《い》奉御《ほうぎょ》井公《せいこう》墓《ぼ》誌《し》文《ぶん》并《ならびに》序《じょ》」とあり、死後に尚衣奉御が贈られたことがわかる。尚衣奉御は、殿中《でんちゅう》省（宮内庁）に属す尚衣局の局長で、従五品上であった。これは、遠くから唐へ学びにきた外国人留学生が異国の地で亡くなったことに対する唐朝廷の配慮だったのか、あるいは玄宗個人の気持ちだったのか、今となってはわからない。私たちが現在、その名を知りうる遣唐使の人びとは、その多くは生きて故国へもどることができた人たちだが、名を後世にのこさず、かの地で、あるいは渡航の途中で亡くなった人びとも数多くいたのである。

政治刷新

玄宗が親政をはじめたときの課題は、武則天時代に改変された唐朝の姿をもとにもどし、負の遺産を払拭《ふっしょく》することにあった。この親政初期の時代を彩《いろど》るのが姚崇《ようすう》と宋璟《そうけい》の二人である。姚崇は特別科挙（下筆制章科《かひっせいしょうか》）に合格して官界にデビューし、宋璟は姚崇に遅れること二年で進士科にあげられた。姚崇は武則天から睿宗の時代、宋璟は睿宗のときに宰相となったが、ともに太平公主の逆鱗にふれ、地方に左遷されていた。

玄宗は親政をはじめると、ただちに姚崇を宰相としてよびもどした。姚崇は武則天の治世末期から蓄積していたさまざまな問題を解決するため、やつぎばやに政治を刷新していった。まず、中宗・睿宗の時代に生みだされた斜封官や員外官を廃止し、勝手に僧や尼となった者たちを還俗させた。官僚や僧尼は租税をおさめなくてよいという特権をもっており、財政を圧迫する原因の一つであったからだ。ついで、あらたな寺院の建立を禁止した。これは国庫から造営費がひき出されていたからである。そして、皇帝一族や外戚たちの活動、たとえば縁故者に官位をあたえるなどの行動を制限し、また賄賂も禁止した。

宋璟は、やや遅れて宰相にもどった。宋代に『資治通鑑』を著わした司馬光は、「姚崇は変化に応じて事務をおこない、宋璟はよく法をまもって公正を持した。二人の方向性はちがっていたが、税や力役をゆるやかにし、刑罰は公平で、人びとはゆたかになった」と評価している。この結果、ひきしまった政治がおこなわれ、財政も充実していった。これを唐朝が把握した戸数で見てみると、太宗のときは三〇〇万戸に満たなかったが、開元の半ばには倍以上の七〇〇万戸をこえ、人口は四〇〇〇万人以上となった。

天下泰平

「天下泰平」の風は、唐の領域外にも吹きおよんでいた。武則天時代に脅威をあたえていた突厥のカプガン・カガンは、反乱をおこしたバヤルク部族の討伐中に戦死した（七一六年）。あとをついだのが、ビルゲ・カガン（黙棘連《もくきょくれん》。イルテリシュ・カガンの子）である。カプガンからビルゲへの世代交代は、突厥内部に対立を生み、旧カプガン・カガン派の突厥人やソグド系突厥が唐へ「亡命」することになった。その中には、のちに唐帝国をゆるがすことになる安禄山がふくまれていた。

ところで、ビルゲ・カガンのもと、突厥は新しい時代をむかえる。彼が即位した直後は、唐との間に小競り合いがあったが、やがて唐と対立するのではなく、宥和《ゆうわ》的な関係を築きあげていったのだ。それは、このときの突厥には唐と互角に争えるだけの国力がなかったことや、突厥が唐との交易を重視していたことなどが背景にあった。

カプガン・カガンの死は、突厥にしたがっていた奚や契丹にも影響をあたえた。唐の人が「両蕃」とよんだこの二つの大きな騎馬遊牧勢力が、ふたたび唐に帰順してきたのである。唐は、七世紀末に契丹に陥《おと》された東北方面の要衝である営州を復活させ、ソグド商人らを誘致し、商業も振興させた。営州はのちに、軍事的にも重要な拠点となったので、ここの長官に平盧軍使《へいろぐんし》を兼任させて軍を配備していく。こうして玄宗時代の前半、唐とモンゴリア、マンチュリアをふくむ空間には「平和」が訪れた。

即位して一四年、国内外が安定したのを見て、玄宗は泰山で封禅の儀式をとりおこなった(七二五年)。伝統的な考え方によれば、封禅は王朝において一度だけのもので、くりかえしてはおこなわないというものだった。しかし、玄宗の封禅には、武則天にうばわれた天命を、唐がふたたびうけ、泰平の世が到来したことを天地に報告する必要があったのである。

この儀式をとりしきったのは、姚崇、宋璟につづく科挙出身の宰相張説《ちょうえつ》だった。しかし、詩文の才能をもってのしあがってきた科挙官僚を、玄宗は盲目的に信頼しきっていたわけではない。はやくも開元年間の前期には、これまでの制度上のさまざまな矛盾が一気にふきだしていく。すでに武則天の時代から見られていた農民たちの本籍地（原住地）からの逃亡問題があった。この問題は、玄宗が即位して一〇年もたたないうちに、さらに深刻となった。こういった現実に対応していったのが「財務官僚」といわれる実務に長けた者たちだった。

唐代前期の給田制と賦役

一般に唐代の土地制度は、農民に土地をあたえた「均田制」が有名である。しかしこのシステムが記されている『唐六典』や唐令（田令）では、「均田」という語句はみえず「給田」とある。実は「均田」の「均」とは、すべてを公平にしていきわたらせるという意味ではなく、「分、相応に」という意味である。その意味で「均田」を説明するのなら、上から下までそれぞれの身分階層に応じて、土地の保有する広さを規定する、ということになる。では、唐代の土地制度はどのようなものだったのだろうか。

それは百姓《ひゃくせい》の成人男性だけでなく、宗教身分の者や商工業者、そして官人にも給田されていた（3－1、3－2）。これらの人びとは「良人《りょうじん》（良民）」という身分である。それに対し、特定の官庁や「家」に属して役務に服す身分を「賤人《せんじん》（賤民）」といった。「賤人」のうち官賤人には給田されたが、私賤人には給田されなかった。官人には、永業田《えいぎょうでん》のほか官人《かんじん》職分田《しょくぶんでん》（在職期間のみの所有）も給田された。さらに地方の官庁には諸州公廨田《しょしゅうこうかいでん》（ここからの小作料が役所の経費にあてられた）が給田されていた。この給田の額は、それぞれの地位や等級に応じて差がつけられていたのだ。その意味において、唐代の給田制は「均田制」とい

	身　分	口分田	永業田
良	丁男（21〜59歳）、中男（18〜20歳）	80畝	20畝
	老男・障害者	40畝	—
	寡妻妾	30畝	—
	丁男・中男以外の戸主	30畝	20畝
	商工業者	40畝	10畝
	道士・僧	30畝	—
	女冠・尼	20畝	—
賤	太常音声人・雑戸（州県に戸籍あり）	80畝	20畝
	官戸（州県に戸籍なし。特定の官庁に属す）	40畝	—
	在牧官戸・官奴（家〔戸〕を持たない者）	10畝	—

3－1　唐代前期の給田規定

（備考1）80畝は約4.6ヘクタール（1畝は約5.8アール）、20畝は約1.2ヘクタール。ちなみに阪神甲子園球場のグラウンド部分の面積が1.3ヘクタール。

（備考2）口分田は返還義務あり。永業田は桑・楡（にれ）・棗（なつめ）を植樹。返還義務なし。

爵位	官品	給田額
親王		100頃
	正一品	60頃
郡王	従一品	50頃
国公	正二品	40頃
郡公	従二品	35頃
県公	正三品	25頃
	従三品	20頃
侯	正四品	14頃
伯	従四品	11頃
子	正五品	8頃
男	従五品	5頃
	六品・七品	2.5頃
	八品・九品	2頃

3－2　官人永業田の規定

えるのであり、今までのように、百姓成人男子に田地を給する制度のみを切りとって「均田制」というのは修正すべきだ、というのが最新の理解である。

ところで、こうして田地をうけた丁男《ていだん》（成人男性）は次の賦役を負担した（賦役令の規定）。

租……穀物二石《せき》（約一一九リットル）

調……絹織物二丈（約六・二メートル）と綿《きぬわた》三両（約一一二グラム）。江南の州などは麻布二丈五尺（約七・七メートル）と麻糸三斤（約二キロ）

正役《せいえき》（歳役）……中央政府が差配する二〇日間の重労働。本籍地とする州をまたいで、租税財物の輸送にあたる労役が主

雑徭《ぞうよう》……地方政府が徴発する四〇日以内の軽労働。州内での輸送、堰堤《えんてい》や橋梁《きょうりょう》の修築・修理など

これを租調役制という。玄宗の一時期、「正役」のかわりに「庸《よう》」として織物をおさめることもあったので、租調庸制ともいう。労役には、このほか次のようなものもあった。

兵役……都の警備（衛士《えいし》）や唐朝と周辺諸勢力との境界の警備（防人《ぼうじん》）

色役《しきえき》……末端の行政事務にたずさわる特別な労役

しかし、給田のシステムは、田令にあるような完全な姿では機能していなかった。ある専門家は、唐のはじめに百姓給田制が実施されたのは、北中国のごく一部の地方にすぎず、その時点ですでに虚構になっていたという。また、長安付近のように人口が集中し、土地が不足している地域では、すでに太宗の貞観年間のときから給田が不十分だった、という専門家もいる。稲作が中心であった旧南朝の領域では、このシステムそのものが、おこなわれなかったという指摘もある。

今のところ、出土した文書史料から、七世紀おわりから八世紀半ばにかけて、唐の領域の西方にあたる沙州《さ》(甘粛省敦煌)や西州《せい》で田地の受給と返還がおこなわれていたことはわかっている。しかし、沙州では口分田の面積が少ないとか、西州では永業田すら返還しているなど、規定通りではなかったことも明らかになっている。

こうしてみると、唐代の農民の多くは給田制による耕作地を規定通りにはうけることができなかったかもしれないが、賦役と兵役の負担は重くのしかかっていた。そのため、農民たちは対策をひねりだした。唐朝が把握する戸籍は、農民(戸主)が提出する家族構成の申告書(手実《しゅじつ》)によって、毎年、データベース(計帳《けいちょう》)がつくられ、それにもとづき三年ごとにアップデートされていくものだった。そこで、農民たちは申告するときに、いつわって丁男（成人男子）の数を減らし、あるいは丁男がいないことにした。賦役と兵役の負担から逃れるためである。さらに一歩すすんだ形が、土地をすてて逃亡し、本籍地とは無関係の土地に住みつくことだった。これを「逃戸《とうこ》」という。こうなると、戸籍にもとづく租税の徴収や労役の徴発は減り、唐朝の財政に大きな影響をおよぼすようになっていた。

括戸政策

この問題にたちむかったのが、宰相の源乾曜《げんけんよう》に引きたてられた宇文融《うぶんゆう》である。源乾曜は進士科をとおった科挙官僚であるが、その家系は鮮卑拓跋氏の流れをくんでいる。宇文融も、その姓から推測できるとおり、北周の皇室の子孫で、ともに新興の科挙官僚とは出身母体が異なっていた。関隴集団の子孫ということができる。

宇文融は、まず逃戸の実情を調査する必要性を上奏した（七二一年）。その調査結果をふまえ、玄宗は、逃戸に対し百日を限って自首することをゆるし、その逃亡先で戸籍につけるか、あるいは故郷へ帰るかをえらばせた。しかし、期限をすぎても自首しない場合は、処罰するという命令をくだした。

当初は、あらたに把握したこれらの農民から、租や地税《ちぜい》（もとは義倉米。玄宗時代、それを名目として徴収された税となった）をあつめていたが、やがてこの方針を変えることとなる。登録しなおされた農民は、六年間は租と調を軽減され、軽い税をおさめるだけになったのだ。この結果、唐の全土で逃戸を摘発し、八〇余万戸を戸籍（農民の所在地にあらたにつけた戸籍で、客戸《かくこ》という）に登録しなおすことができた。

このことが可能だったのは、後述するように、王都の警備にあたる南衙禁軍が募兵化することにより、本来、農民の兵役の一つである衛士として都へ上番する必要がなくなったからだ。逃戸たちは、その逃亡先で安心して再登録されたのである。また、この八〇万余戸という数は、当時、唐朝が把握していた戸籍総数の一割に相当するものだった。そして、それに相応する田地も王朝の把握するところとなった。これを、括戸《かっこ》政策という。

ただ、この政策は一時しのぎのもので、戸籍を正確に管理しなおすにはいたらず、農民に課していた租調役制と兵役が崩れていくことを防ぐことはできなかった。

律令軍制

唐前半期の軍制は、「府兵制」が有名である。府兵というのは折衝《せっしょう》府《ふ》の兵のことだ。折衝府とは、唐の内地の州におかれた軍事基地（治安維持の駐屯地も兼ねる）のことで、長安にある一二の南衙禁軍などに属していた。農閑期になると、折衝府がおかれた州に属する農民を折衝府にあつめて訓練し、兵士（府兵）に仕上げるのだ。折衝府は六〇〇前後おかれていたが、全国に均等におかれていたのではない。『新唐書』「地理志」によると、関内道（王都長安城をふくむ京兆府《けいちょうふ》と一八州。陝西省・寧夏回族自治区・内モンゴル自治区中部）に二七三府、ついで河東道（山西省）に一四二府、東都洛陽をふくむ河南府（河南省）に三九の軍府がおかれており、おおよそ、これらのエリアに全折衝府の約七〇%が集中していた。

今までの説では、この府兵が順番に都にのぼって禁軍の兵士として長安の警備の任務につき（衛士）、あるいは境界域にもうけられた鎮《ちん》（一〇〇〜五〇〇人規模）や戍《じゅ》（数十〜五〇人規模）という駐屯地におもむいて警備にあたる（防人《ぼうじん》）というものだった。

しかし、最新の理解では、王都の警備をする衛士は府兵なのだが、境界域の防衛の任にあたる防人は、全国の州（折衝府がおかれていない州もふくむ）から徴兵された兵士であるという。防人は折衝府とは関係なく、それとは別に要衝の地におかれた地方官庁の都督府によって統轄された。防人の徴兵は、法令上は全国の州が対象だったが、その多くは河北道や河南道（唐代の「山東」）からえらばれたという。

また、衛士と防人とは別に、宮城の北門に宿衛し、皇帝の警備を任務とする北衙禁軍があった。以上は、唐の平常時の軍制であり、非常時つまり戦争のときは、別の体制がとられた。

武則天のころから農民たちが本籍地から逃亡することが目立ってきた。そのことは、それまで唐を支えてきた軍制に影響を与えはじめた。折衝府をつうじて徴兵された、都をまもる南衙禁軍の衛士が足りなくなってきたのだ。そこで、科挙官僚の宰相張説は、募兵による南衙禁軍の再建案を建言した。その結果、再編成されたのが「彍騎《かくき》制」というものだった。それは、京兆府とその周辺の州の八等戸・九等戸といった下層の農民を対象として一二万人の兵士を得たもので、これを二万人ずつの六グループにわけ、一グループが年に二回、一回につき一か月勤務させるものだった。もとの衛士制は一〇万人体制だったから、彍騎制はその五分の一となり、南衙禁軍の縮小を意味していた。こうして王都を警備する衛士が律令の規定によらない募兵になっていった結果、折衝府をつうじて農民を徴兵するシステムはまったく機能しなくなり、ついに折衝府は完全に停止されることとなった（七四九年）。

一方、この時期から拡充していくのが、北衙禁軍であった。ここまでの唐朝の歴史をふりかえっただけでも、武皇太后による中宗の捕縛、張柬之と李多祚による張易之・昌宗兄弟暗殺、李重俊のクーデタ未遂、李隆基による二度のクーデタに北衙禁軍が動員されている。それは、宮廷クーデタの成否に、北衙禁軍の力が必要だったからである。北衙禁軍は、宮城北門に駐屯し、王宮の北側をまもるものと、皇帝が行幸する際に身辺警護を担当するものとにわかれていた。先述のとおり、前者を羽林軍といい、後者は羽林軍から選抜された「百騎」といった。「百騎」は、その後、「千騎」「万騎」と名を変え、玄宗の時代になると戸などの高い家柄（二等戸。一説では六等戸以上）から兵士を募り、その規模もより拡大し、ついに龍武《りゅうぶ》軍となったのである（七三八年）。

節度使の誕生

こうした常備軍とは別に、対外遠征の際に編成されるのが「行軍」である。行軍には衛士や防人、蕃兵《ばんぺい》が動員されることもあったが、その主力は各地の州で臨時に徴兵された兵士（兵募《へいぼ》。資装は州が負担）であった。行軍は、行先と任期が決まっており、その対外遠征の任務がおわれば解散し、兵士らも故郷に帰ることになるのが建前だった。しかし、前章で述べたように、七世紀後半から末年にかけて、モンゴリアの突厥やマンチュリアの契丹が自立してくる。また、西方のチベット帝国との緊張状態も依然としてつづいていた。こうして唐朝が周辺のエスニック集団を支配する体制は、しだいに崩れていく。

こうなると行軍は、征討がおわっても遠征先に駐屯し、そのまま境界域の警備につくようになっていく。その駐屯地として「軍」「守捉《しゅそく》」「城」がおかれ、これらを軍鎮《ぐんちん》といった。こうして、唐の境界域には、従来の鎮・戍と新設の軍鎮とを組みあわせた、あらたな防衛ラインが構築され、唐の国防の最前線となっていった。

いずれにしても、ここに配されていたのは、戸籍にもとづいて徴兵された農民たちであり、その負担が大きかったことは間違いない。そのため、農民たちが本籍地から逃げだすようになるのだが、そうなると、旧来の徴兵の制度で国防軍を維持していくのは困難になっていく。それに加え、七世紀末から八世紀にかけて、東ユーラシアの勢力図に大きな変化がおき、唐朝はそれに対し、新しいシステムによる軍事力を必要とするようになっていた。

国防の兵力が増大していった武則天時期から玄宗治世のはじめにかけて、その兵士の種類や性格も変わっていった。太宗のころ一〇〇〇ほどあった鎮や戍は、玄宗の開元のときには約半分に減っていた。動員できる防人の数が少なくなっていたのだろう。そのため、あらたに州によって徴兵された「防丁《ぼうてい》」という兵士（資装は個人で負担。募兵という説もある）が鎮・戍に補充された。一方、軍鎮には、外征の行軍を編成していた兵募や蕃兵、防人、府兵などが常駐していた。

彼らは、はじめ一年任期だったが、しだいに長くなり、ついに前半の三年は兵役、後半の三年は給与が支給される六年任期の「健児《けんじ》」という兵士があらわれた。しかし、軍鎮から逃げだす兵士はあとをたたず、玄宗はついに「長征健児《ちょうせいけんじ》」の導入にふみきった（七三七年）。長征健児とは、現職の軍鎮兵士と客戸の若者から希望する者を募り、家族の帯同をゆるし、軍鎮で家屋と土地をあたえ、給与を支給するもので、期限なしで軍鎮に勤務する完全な職業兵士である。

開元のおわりのころには、軍鎮は六〇くらいになり、六〇万人にものぼる職業兵士が配備されていた。この律令の規定外に生まれた軍鎮の兵士を指揮するために、あらたに節度使《せつどし》が出現した。「〇〇使」という名称の職は律令の規定外のもので、これを使職《ししょく》という。また日本では日本史の用語をつかって「令外《りょうげ》の官」ともいう。普通、節度使の名は、その任命の際に皇帝から賜る「旌節《しせつのはたじるし》」に関連づけられて説明される。一方、「用度《ひつようけいひ》を節《ほどほどにおさ》」えるというのが本来の意味であるという解釈もある。後述する牛仙客《ぎゅうせんきゃく》が地方の節度使から中央の宰相へ昇進した理由は、この節度使の本来の職務をはたしたことによる。

職業兵士の登場は、唐の軍制を労役（兵役）にたよっていたものから、財物で雇うことに大きく転換するものであった。そうなると、唐朝は彼らを雇うための費用を捻出《ねんしゅつ》する必要が生まれた。そのため、租税の徴収システムも変わりはじめ、やがて唐朝の性質も律令国家から「財政国家」へと変わっていくのだった。

漕運改革と和糴

ところで、王都長安のかかえる問題の一つに、関中で穀物が不足すると、朝廷はまるごと洛陽へ引っ越しをしなければならないことがあった。先に武則天が、洛陽を「神都」とし、都の機能の移転をおこなったことを述べたが、その理由の一つには、食糧供給の問題もからんでいたのだった。

この問題は、玄宗の治世の前半になっても、依然として解決されていなかった。太宗や高宗の時代は、官僚の数もそれほど多くなく、毎年、一〇万石から二〇万石を長安に運びこめば、俸禄も食糧もまかなうことができていた。開元になって輸送量は数倍に増えたものの、増大した官僚と職業兵士の雇用のため、穀物が不足しはじめていた。この問題を解決しようとしたのが、裴耀卿《はいようけい》である。

彼は河東の絳州《こう》（山西省新絳県《しんこう》）を本籍とするが、その祖先は南朝から北魏への移住者であった。その系譜がはっきりするのは隋代以降であり、その家系は関隴集団の一員とはいいがたい。童子挙《どうじきょ》（特別科挙の一つ）にあげられた裴耀卿は、玄宗時代の最大の財政改革者といわれ、宇文融の擁護もあって科挙官僚とは対立する存在だったという。

裴耀卿は、関中に運びこむ租米を増やすため、漕運《そううん》の改革を提言した（七三三年）。古い漕運システムでは、江淮から洛陽まで江淮の民が漕運をうけもっていたが、船の操作などに不慣れなため長時間かかり、また租米が盗まれるなどの問題があった。それにもまして、洛陽から長安への輸送が最大の問題だった。洛陽と陝州《せん》（河南省三門峡市《さんもんきょう》）の間には黄河の難所（三門峡）があり、この区間は法令で陸運と決められていた。そのため、輸送量に限界があったのだ。

彼の改革は、この陸運区間の輸送量を増大させることにあった。彼はこの黄河の難所の東と西にそれぞれ倉をおき、その区間の黄河北岸に約九キロの陸路をひらいて陸運した。これによって彼が任にあたった三年間の輸送量は七〇〇万石にまで増加させることができたのだ。また陸上運送費の三〇万貫を節約できたという。裴耀卿の漕運方法は、わずか二、三年でいったん廃止されるが、彼の後継者の代には一〇〇万石を都へ運びこんだという。この結果、関中の穀物の価格が一気に下落したといわれる。

この漕運方法は、唐代後半期の物流システムのモデルとなった点で見逃せない。もともと、唐の国内の物流圏は、大きく東西二つにわかれていた。一つは王都長安をセンターとし、現在の陝西・山西・四川・甘粛・寧夏にまたがる物流圏と、もう一つは、洛陽を物流の終着点とする現在の河南・河北・江蘇・浙江・湖北・湖南・江西・広東にまたがる物流圏である。この二つの物流圏は、基本的には分断されており、かろうじて洛陽から長安への物流が陸路と河川でほそぼそとつながっていた。この連結を強化・拡大したものが裴耀卿の漕運改革といえる。

もう一つ、彼の改革で見逃せないのは、輸送のにない手が変わったことだ。開元の当時、唐朝が把握していた成人男子は全国で約八〇〇〇万人おり、そのうち約半数の四〇〇〇万人は「正役」として、帝国各地で物資輸送にかりだされていた（輸丁《ゆてい》という）。洛陽から陝州までの陸運も、輸丁が動員されていたのだ。ところが、先に見たように逃戸の発生などによって、こうした労働力をあつめるのも難しくなっていた。そこで裴耀卿は、「正役」のかわりに一人あたり一五〇文をおさめさせ、そのうち五〇文は穀倉の設置などの整備にあて、一〇〇文で輸送人員を雇うことにした。また、開元時代には、「正役」という肉体労働が、しだいに「庸」という織物の納入へと変わっていく。裴耀卿の漕運改革は、それまでの正役にかわり、この「庸」などの代替財源をつかって人を雇うシステムの素地となったのである。

ところで、江淮の租米が大量に関中へ運ばれたことにより、食糧不足は解消できたが、こんどは関中の穀物の価格が下落する事態が生まれた。当時の宰相であった牛仙客は、関中と洛陽周辺地域で、国家による穀物の買い付け（和糴《わてき》）をおこなうように献策している（七三七年）。この結果、江淮の穀物を長安に運びこむことなく調達が可能となり、唐の朝廷は食糧をえるために洛陽に行く必要がなくなった。また、王都圏だけで財政を自立させることができるようになった。ただ、和糴は豊作のときには有効であるが、凶作のときには不向きである。これよりのち、唐朝は、江淮からの漕運と関中での和糴を組みあわせながら、財政と軍糧の調整をはかっていくこととなる。

仏教弾圧

中宗の時代の売官のことはすでに述べたが、僧侶の免許（度牒《どちょう》）の売買もおこなわれていた。こちらは売官の一〇分の一の値段、「銭三万」だった。彼らも賦役の負担を逃れたため、王朝の財政を圧迫する要因の一つだった。玄宗が姚崇の意見を聞きいれ、非公認の僧尼一万二〇〇〇人余り（三万余人ともいう）を還俗させたことは、租税の徴収不足に対する政策の一面でもあった。

玄宗の仏教対策はそれだけでなく、あらたな寺院の建立や官僚の邸宅へ僧尼が出入りすること、民間における仏像・経典の売買、そして民衆への教化活動などはすべて禁じ、古い寺院の修復には官庁の許可が必要となり、また寺院がもつ荘園を制限した。中国史上、王朝が仏教を弾圧した事件を「三武一宗《さんぶいっそう》の法難《ほうなん》」といい、北魏の太武帝、北周の武帝、唐の武宗、そして五代後周の世宗の四人がおこなった廃仏があげられる。しかし、玄宗の政策は、これらと遜色《そんしょく》ない規模と内容をもつもので、まさに弾圧とよぶにふさわしいという見方がある。

ただ玄宗の仏教政策は、弾圧するだけではなかったところがおもしろい。仏教を王朝のコントロール下におこうとしたのである。玄宗は、儒教・道教・仏教の代表的経典にみずから注釈を加え、それによって、それぞれの宗教の主導権をにぎろうとした。仏教では、広く民衆の間で読まれていた『金剛般若経《こんごうはんにゃきょう》』に注釈をいれた。のちにその御注《ぎょちゅう》は石に刻まれ、全国にたてられた。
そればかりでなく、玄宗は州ごとに開元寺をおき、地方の仏教教団を監督下にいれて情報網を全国にはりめぐらせた。かつて武則天は天下の諸州に大雲寺をおき、中宗は唐朝を復興して中興寺《ちゅうこうじ》（のち龍興寺《りゅうこうじ》と改名）をおいたが、玄宗もこれにならったのだ。そのうえ六年後には、玄宗の等身像を金銅で作製し、開元寺においた。これは、玄宗の仏教政策が、民衆の信仰までも弾圧するのではなく、その信仰を統治に利用しようとしたことのあらわれといえる。

玄宗の仏教を利用しようとする姿勢は、国内統治のためだけではない。彼は曽祖父の太宗を意識し、中央アジアのみならず、インドの情報まで収集し、国威発揚を考えていたふしがある。それは、仏教教団の粛清をしている最中に、シュバカラシンハというインド僧を国師としてむかえ、訳経させていることからうかがえる。唐に密教を伝えた善無畏《ぜんむい》のことである。玄宗は、彼のもっていた最新の仏教だけではなく、インド方面の諸情報を欲していたのかもしれない。

ところで善無畏がつたえたのは、七世紀の後半にインドの西南地域で成立した正純密教であった。善無畏は洛陽で『大日経《だいにちきょう》』を翻訳したが、彼の密教には灌頂《かんじょう》の儀式・祭祀《さいし》をおこなった形跡はないという。善無畏のあと、インド僧のヴァジラボーディが海路で唐にやってきて、密教を伝えた。漢名は金剛智《こんごうち》である。彼は長安で密教経典の翻訳をおこない、『金剛《こんごう》頂経《ちょうきょう》』などを訳出したほか、灌頂の儀式や密教の呪法もおこなったという。この金剛智の弟子が不空《ふくう》である。不空は、師匠の死後、スリランカとインドにおもむき、多くの密教経典をもちかえった。こうして密教のアップデートがはかられるのだが、不空の密教は唐の人びとが好んだ信仰にあわせて加工されたという。そのため、密教はしだいに唐の社会に広まり、やがて不空の密教教団は、唐朝の政治に組みこまれていくこととなる。

3　絢爛たる天宝時代

李林甫の登場

元号が開元から天宝に改まるころには、玄宗の政治に対する情熱はうすれていった。すでに統治年数は三〇年をこえようとし、二八歳で即位した彼も六〇歳を目前にしていた。そして、この時期の中央政界を牛耳ったのが李林甫《りりんぽ》である。

李林甫の曽祖父は李淵（高祖）のいとこにあたり、唐の皇室につらなる者だが、傍系だった。彼は恩蔭《おんいん》（父が五品以上の官にあった場合、その子は九品以上の官人〔流内官という〕になる資格があたえられた）と関隴系の宇文融のひきで中央官界において出世していき、ついに礼部尚書となり、同中書門下三品を授けられて宰相に列せられた（七三四年）。

李林甫が宰相の地位にのぼりつめたことに対し、のちにさまざまなうわさが流布した。たとえば、李林甫は宰相だった裴光庭《はいこうてい》の未亡人と私通し、その力をかりて宰相になったという。ちなみに、この未亡人は武三思の娘であったというのが唐代史のおもしろいところである。また、彼は玄宗の寵愛する武恵妃《ぶけいひ》にすりよった。武恵妃は自分の生んだ寿王瑁《じゅおうぼう》の立太子を強くねがっており、それを李林甫が支持したため、武恵妃の援助をうけたともいわれる。この武恵妃も武則天の一族である。李林甫が、宦官や武則天の一族の女性たち、とくに武恵妃と強い関係をもって政界で権力をにぎっていったことは『資治通鑑』を編纂した司馬光もみとめている。

ただ、彼が宰相に就任できた理由はそれだけではない。彼の官歴は宰相への就任が妥当だったことをしめしているし、彼の行政能力と関隴系につらなるという側面も、大きな理由だったとみなすべきだろう。彼が宰相になったとき、ほかに張九齢《ちょうきゅうれい》、裴耀卿が宰相の地位にあり、李林甫はこれらの勢力と対決していくのである。

張九齢との対決

関隴系で恩蔭出身の李林甫は、科挙出身の官僚をきらっていた。とくに、同じ宰相であった張九齢とは、ことごとく対立した。もともと、玄宗が李林甫を宰相にしようとしたところ、張九齢は「この人物を宰相にすれば、いつか国家の憂いとなるでしょう」といって反対していた。

両者は人事でも対立した。たとえば、朔方《さくほう》節度使の牛仙客を宰相にしようとしたときのことである。牛仙客が、以前、河西節度使の任にあったとき、うまく「用度《ぐんじひ》を節《ちょうせつ》」し、軍需物資を充実させて武器も精鋭化させるなどの功績をあげていた。このことから、玄宗は牛仙客に尚書（六部の長官）を兼任させて、昇進させようとした。

しかし張九齢は猛然とこれに反対した。牛仙客は、もともとは県の事務員（胥吏《しょり》）で、その実務能力によってのしあがってきた人物である。進士出身の張九齢は、「私は朝廷の中枢機関において長年にわたって詔勅の起草にあたってきましたが、牛仙客のごときは地方の役所の小役人にすぎず、文字を知りません」と言いはなち、牛仙客に宰相の任はつとまらないといった。このとき、牛仙客の肩をもったのが李林甫だった。

玄宗は、家格を背景にもたない科挙出身の官僚と、実務に長けた者、あるいは唐の皇室ともとは同じ仲間の関隴系の者をバランスよく宰相にして政務にあたらせていた。しかし、やがて詩文の才をほこる科挙官僚に嫌気がさしていった。それが決定的になったのが、皇太子廃立事件である。

玄宗の寵愛をあつめていた武恵妃は、なんとしても自分の子を皇太子にしたかったが、当時、張麗妃《ちょうれいひ》の生んだ李瑛《りえい》がその地位にあった。あるとき、李瑛が不満をもらしたところ、その言葉尻をとらえ、武恵妃はあることないことを玄宗にふきこみ、廃太子をせまった。玄宗が宰相たちに相談すると、張九齢は故事をあげて反対する。玄宗は、おもしろくない。一方、武恵妃は、ひそかに宦官を張九齢のもとへおくりこみ、彼を味方に引きずりこもうと画策した。張九齢はこの使者を追い返すや、そのことを玄宗に報告した。さすがに玄宗も顔色を変えて動揺し、廃太子の件は沙汰《さた》やみとなった。しかし、李林甫は日夜、張九齢の悪口を玄宗にふきこみ、また玄宗も張九齢の型にはまった諫言にうんざりしていく。

こうしたことがつみかさなり、ついに張九齢は裴耀卿とともに宰相の地位を罷免されてしまった。これ以後、玄宗の治世では科挙出身者は宰相に列せられなくなり、また朝廷の官僚たちは保身にはしり、玄宗に直言するものはいなくなったという。

張九齢をおいはらったあとの李林甫は、才能や声望が自分の右に出る者、皇帝の覚えめでたい者、勢力が自分にせまろうとする者などを、さまざまな手段を弄《ろう》してしりぞけ、自分の権勢を保持していった。外面は人あたりがいいが、裏では相手をおとしめる策を練っていたのである。世の人びとは李林甫を「口に蜜《みつ》あり、腹に剣あり」と評したという。

高力士の暗躍

ただ、すべてが李林甫の思い通りにいくとはかぎらなかった。新しい皇太子の擁立がそれであった。張九齢が朝廷を去った翌年、李林甫は腹心のものをつかい、皇太子の李瑛らが「異謀《むほんのけいかく》」をはかっていると上奏させた。まったくの無実であったが、玄宗は李瑛を庶人におとし、死を賜った。この機会をとらえ、かねてから武恵妃と約束していた李林甫は、寿王の瑁《ぼう》を皇太子にとすすめるが、玄宗はなかなか返事をしない。というのは、玄宗としては、三番目の子の忠王璵《よ》(のち粛宗)のほうが年上で、学問もできることから、これを皇太子にしようと考えていたからだ。ただ、なかなか決断ができない。玄宗は憂慮のあまり食もすすまず、よく眠ることもできなくなってしまった。

そばにはべる宦官の高力士《こうりきし》がそのわけをたずねると、玄宗は「おまえは我が家の老奴《ふるくからのめしつかい》、わしの考えをおしはかってみよ」という。高力士が「それは郎君《わかぎみ》となるべきお方がいまだ決まらないからでしょう」とこたえると、「そのとおりだ」と玄宗はうなずく。「大家《だんなさま》、どうしてそんなに聖心《みこころ》をそこなうことがありましょうか、ただ長子を推し立てるだけでいいのではないでしょうか」と高力士がいえば、「おまえのいうとおりだ、そのとおりだ」と玄宗はいい、たちどころに忠王の立太子が決まった。皇太子となった李紹《しょう》（璵から改名）は高力士のことを「二兄《にいさま》」とよび、ほかの王や公主たちは「阿翁《おとうさま》」とよんだという。ちなみに、李紹の母は楊氏といい、武則天の母の一族であった。武恵妃といい、この楊氏といい、玄宗のころまでの皇室と武則天の一族とが依然として婚姻によってつながっており、興味深い。

高力士は、彼の墓誌（一九九九年に発見）によれば玄宗より五歳年下だった（『新唐書』「高力士伝」では一歳年上）。唐の領域の南にある潘《はん》州（広東省高州《こうしゅう》県）の人である。もとは馮という姓で、武則天時代に嶺南から宦官として中央に献上された。のちに宦官の高延福《こうえんふく》の養子となったため、高姓を名のった。身長は二メートルもあり、性格は慎み深くてぬかりなく、政治にかかわる事務もよくこなしたという。このため、一時、ささいな罪で追放されたこともあったが、武則天に重用された。その後、玄宗がまだ臨淄《りんし》王であったときからずっとつきしたがった。太平公主をたおすクーデタに参加して功績をあげ、内侍《ないじ》省（宮内庁）を統括する職をあたえられたのみならず、右監門《ゆうかんもん》将軍を授けられた。この軍職は従三品の官であり、これは、唐代の宦官史上、画期的な出来事であった。

というのは、宦官は男性の生殖機能を断たれた者であり、性欲がない。そのかわりに、権勢や金銭などに対する執着心が強いといわれる。彼らは日夜、皇帝のそばにはべり、王朝の最高機密を口頭で宰相に伝える役割もあった。このため、皇帝の側近として重要な地位にのぼることがあった。

たとえば、漢と唐、そして明の時代は、宦官が暗躍した時代といわれる。ただ、唐代では、李重俊のクーデタ未遂の際に活躍した楊思勗をのぞいて、玄宗より前の時代では宦官はそれほど表立った活動はしていない。唐では、はじめ宦官が政治に口をはさむことをおさえるため、その役所である内侍省の長（内侍）を従四品上としていた。これは、唐の宰相が三品官であったため、これより品階を低くしたのである。

しかし、高力士は実質、三品待遇となってしまった。ここから、唐代の宦官の活躍がはじまったといえるのだ。ちなみに天宝年間のおわりには、内侍省の長官として正三品の内侍監《ないじかん》があらたにもうけられ、名実ともに宦官の頂点が三品官となる。こうして、唐後半期には、宦官が宰相になる道がひらかれたのだった。

「蕃将」の登用

ところで、科挙出身の宰相はいなくなったが、こんどは李林甫と同じ皇室の血をひく李適《りてき》之《し》が宰相となった。李適之は、太宗の長男、あの「奇行」で有名な李承乾の孫にあたり、李林甫よりも玄宗に近い血筋にあたった。権勢をひとりじめしようとする李林甫には、これが気にいらない。そこで、まず、李適之をわなにかけて玄宗の信頼をうしなわせた。ついで、李適之と仲のよかった者を罪におとしいれ、その連座で李適之を地方官に左遷した。李適之は、左遷後もなお李林甫の追及におびえ、その地で毒をあおいで自殺した。

ところで、李適之は宰相となる前、幽州《ゆうしゅう》節度使だった。開元から天宝のはじめにかけては、李適之のみならず、文官が地方の節度使をへて中央政界へもどり、宰相になるというコースがあった。玄宗の在位中、宰相になったのは二五人だが、そのうち節度使を経験したものが一〇人いた。李林甫は李適之を蹴おとすと、権力をおのれ一人の手ににぎろうとし、そのために節度使を経験した文官が宰相となる昇進ルートを閉ざそうとした。玄宗に、「寒族《かんぞく》」(門閥出身ではない者)や「蕃人《いみんぞく》」を用いるほうがよろしいでしょう、と上奏したのだ。

この上奏がなされた同じ年(七四七年)、河西節度使にソグド系突厥の武人である安思順《あんしじゅん》(安禄山の義理のいとこ)が就任し、テュルク系の突騎施《トゥルギシュ》人の哥舒翰《かじょかん》が隴右節度使となり、高句麗人の高仙芝《こうせんし》も安西節度使となった。安禄山はすでに七年前に平盧節度使となっており、三年前には范陽《はんよう》節度使(范陽は幽州の郡名)を兼任していた。このときをもって、唐の東北方面から西域方面まで、もっとも重要な軍区の節度使を「蕃将」が占めることとなり、この状態は「安史の乱」まで、ポストの異動や兼任はあるものの、つづいていくのだった。

国防の再編成

ところで節度使が文官から武人、とくに「蕃将」があてられていったのは、当時、西方ではチベット帝国の勢いが増し、モンゴリアでウイグル帝国が生まれ、マンチュリアでは奚や契丹が跳梁《ちょうりょう》するといった状況に対応したものといえる。先に見たように、八世紀のはじめには唐朝の境界地帯に鎮や戍のほかに軍鎮がおかれはじめていたが、それぞれの軍鎮には指揮官がおり、指揮系統が分散していた。これをいくつかの地域にわけ、指揮系統を一本化し、あらたに軍区をつくりあげた。この軍区の最高指揮官としてもうけられたのが節度使だった。

通説では、睿宗のときに河西回廊におかれた河西節度使（会府《かいふ》は涼《りょう》州〔甘粛省武威市〕。節度使などがかまえた庁舎〔使府〕のある州を会府という）が最初だという（七一〇年）。その後、唐とチベットをむすぶルート上に隴右節度使（会府は鄯《ぜん》州。青海《せいかい》省海東《かいとう》市楽都《らくと》区）がおかれ、この二つの節度使が一つの軍事指揮系統を構成し、チベット帝国を牽制した。

唐の東北方面の最大の脅威が奚と契丹だった。このため、唐とモンゴリア、マンチュリアとの交界域に范陽節度使（会府は幽州〔北京市〕）がおかれ、兵数九万人以上、六〇〇〇頭以上の軍馬が配備されていた。これは一〇節度使のうち、もっとも規模が大きかった。また室《しっ》韋《い》と靺鞨《まっかつ》をおさえる名目で、平盧軍節度使（会府は営州〔遼寧省朝陽市〕）がおかれたが、実際は范陽節度使と一つの軍事指揮系統をもち、奚と契丹の制御にあたった。

これら東西の両軍区の間に朔方節度使（会府は霊州《れい》（寧夏回族自治区呉忠市《ごちゅう》））と河東節度使（会府は并州《へい》（山西省太原市））がおかれた。この二つの節度使は、突厥の侵入ルート上におかれ、両者は連携してその防御にあたるはずだった。しかし、カプガン・カガンの死後、唐と突厥の関係が比較的良好となったため、その本来の役割は十分に発揮されず、むしろ、西の河西節度使と東の范陽節度使のどちらかの系統に加わることとなってしまった。「安史の乱」のとき、范陽・平盧・河東が安禄山軍団を構成し、河西・隴右・朔方が唐朝軍となって対立したのは、そのあらわれである。

このほか、唐と西方との複数の交易ルートがとおる「西域」のタリム盆地には安西《あんせい》節度使（会府は亀茲、のちに西州）、同じく天山北麓には北庭《ほくてい》節度使（会府は庭州）がおかれ、西南には剣南《けんなん》節度使（会府は益州《えき》（四川省成都市））、南方には嶺南《れいなん》五《ご》府《ふ》経略《けいりゃく》使《し》（会府は広州（広東省広州市））があった。

楊貴妃と楊国忠

ライバルの出現を封じこめた李林甫は、宰相の地位に一九年間居座りつづけ、そして宰相のまま亡くなった。異例の長さであり、宰相職を全うしたことも特筆される。ただその死後、官爵は剝奪、まだ埋葬されていなかった柩は開けられ、衣服などをはぎとられ、庶民として葬られることになるのだが。

その後、宰相となったのが、楊国忠《ようこくちゅう》である。彼の政界への進出は、一族である楊貴妃《ようきひ》と切りはなすことはできない。楊貴妃は玄宗の晩年のパートナーとして有名だが、もとは玄宗が寵愛した武恵妃の子、寿王瑁の妃だった。しかし、武恵妃をうしない悲嘆にくれていた玄宗の耳に、彼女の美しさをふきこむ者がいた。玄宗が召しだしてみると、これが意にかなった。しかし、息子の妃である。そこで彼女を女冠（女性道士）にして楊太真《ようたいしん》と名づけ、道観にいれた。そして、ほとぼりのさめるのを待って正式に貴妃としたのである（七四五年）。

いったい、唐朝前期の皇帝は、高宗にしろ、この玄宗にしろ、人妻を自分のものにしてしまうのだが、これはどうしたことなのだろうか。後世の儒教の教養をもつ知識人たちからは非難をあびることになるのだが、当時の宮廷では、これをゆるす雰囲気があったようである。

これは、唐朝がもともと遊牧民の出身者によって建てられた王朝であることと関係があるという指摘が、内陸アジア史研究者のみならず、中国史研究者からもなされている。遊牧民には、自分の親兄弟が亡くなったとき、その未亡人を妻にするという相互扶助の習慣（レヴィレート婚）があるからだ。ただそれだけでなく、武三思や李林甫に見られるように、他人の妻や、あげくのはて後宮の女性にまで手を出しているのを見ると、あまりにも性に対しておおらかすぎる気がする。それが当時の風俗であったのか、あるいは遊牧世界の影響なのか、

玄宗と楊貴妃のラブロマンスの舞台となった華清池（華清宮）
1985年発掘された玄宗の湯殿「御湯九竜殿（蓮花湯）」遺址

はたまた宮廷政治の荒波をわたっていく手段の一つだったのか、判然としないのだが。ただ、こういった人間臭さが、唐代前半の歴史をおもしろくしていることは確かである。

閑話休題。天宝年間の玄宗は、楊貴妃に耽《たん》溺《でき》するイメージがある。それを証明するのが、玄宗の華清宮《かせいきゅう》（陝西省西安市臨潼《りんどう》区）への行幸の長さだ。華清宮は、長安の都の東にある離宮で、温泉が湧《わ》いている。もとは「温湯」といわれ、太宗、高宗、中宗も湯治におもむいている。高宗のときに温泉宮となり、玄宗の天宝のときに華清宮となった。二〇世紀後半に一五回にわたって発掘がすすめられ、離宮の遺構や唐の皇帝たちが湯あみした石製の浴槽が発見された。

玄宗は、即位当初から、この温泉に毎年の

ようにでかけていた。行かなかったのは、洛陽に滞在している年くらいだった。開元のころは、冬の間に一週間から長くて二週間ほど滞在する程度だったが、開元末年から天宝にかけて、一気に長くなり、一か月から三か月も逗留《とうりゅう》するようになる。これは、楊貴妃と知りあってからの時期に符合する。

玄宗が楊貴妃を寵愛することを利用し、その一族であった楊国忠が台頭してくる。楊国忠の本名は楊釗《ようしょう》という。彼の舅《しゅうと》（母の兄弟、もしくは妻の父か兄弟）は、武則天が寵愛した張易之だった。若いころは、酒とばくちにうつつを抜かす輩《やから》で、一族の鼻つまみ者だった。そのような彼が四川で兵役につき、その地の県の役人になった。のちに、ふとしたきっかけで剣南節度使の知遇をえて、四川と長安をむすぶ連絡係の任務につくと、彼は、ばくちの才覚を発揮し、また経理にあかるいこともあって、やがて戸部の度支郎中《たくしろうちゅう》にまで出世する。これは、国家財政の会計を総領する部署のリーダーであった。また、一五にのぼる使職につき、国庫に貨幣を山づみにして玄宗をよろこばせたという。

楊国忠は、はじめは李林甫の下についていたが、やがて彼と対立し、そして李林甫の死後、宰相として政界に君臨していく。ただ、楊国忠と安禄山とは犬猿の仲で、ことあるごとに玄宗に安禄山の悪評をふきこんだ。この確執が、「安史の乱」につながる一因であったというのが、伝統的史観である。

道教信仰

玄宗が政治から逃避したのは、楊貴妃への傾倒だけではなかった。彼の道教趣味もその一つといえる。道教は、また「玄教」といい、道教の学問を「玄学」という。玄宗という廟号は、彼が熱心な道教の信者だったことを意味している。

第1章で述べたことだが、唐朝は道教を優遇した。唐の皇室の姓である「李」は、道教の始祖とされる老子の名、李耳《りじ》と同じであるばかりでなく、隋唐革命のときに道教（茅山《ぼうざん》派）が李淵に大きく貢献したからである。太宗は「道先仏後」の詔を出しているし、高宗は亳州真源県《こうしゅうしんげん》（河南省鹿邑《ろくゆう》）にある老君廟《ろうくんびょう》にみずからおもむき、老子に太上玄元皇帝《たいじょうげんげん》を追号している。唐は、帝国統治の原理として、道教を大いに利用していたといえる。武周革命をおこした武則天は仏教を優遇したが、「周」王朝の色《カラー》を払拭した玄宗は、開元の半ばころから、しだいに道教に熱中していく。

てはじめに、玄宗は五岳に老君廟（真君祠《しんくんし》）をおいた。ついで、家ごとに『老子』をそなえさせる命令を出し、科挙の科目に「老子策」を加えた。さらに長安と洛陽、そして全国の州に老子を祀る玄元皇帝廟をおき、きわめつきは玄宗みずから『老子（道徳経）』に注釈し、それを全国に頒布したのだ。各地におかれた玄元皇帝廟は、やがて「宮」となっていく。長安のそれは、太清宮《たいせいきゅう》とよばれ、長安城内の西北に位置する大寧坊《たいねいぼう》にあった。この道教の優遇は、長安の都市構造や王朝儀礼にも変化をあたえていく。

王朝儀礼は、第2章で見たように、儒教の王権論を目に見えるようにしたものである。隋から唐のはじめにかけて整備されていった王朝儀礼のうち、もっとも重要なものは長安城南郊で儒教の最高神を祭るものだった。このとき、利用されたのが、長安城の最北に位置する太極殿《たいきょくでん》と長安外郭城の南正門の明徳門《めいとくもん》をむすぶ、南北を貫く中心軸線（朱雀門街）だった。しかし玄宗のころには、政治の舞台は宮城（西内）ではなく、大明宮（東内）あるいは玄宗が即位以前に住んでいた屋敷を改築した興慶宮（南内）へとうつっていた。

大明宮は長安外郭城の東北外の高台の上にある。もとは太宗が引退させた高祖のためにつくったが、完成前に高祖は亡くなった。その後、病弱な高宗は、宮城の太極殿が低地にあって湿気がたまりやすく住みにくいため、大明宮（高宗のときは蓬萊宮《ほうらいきゅう》）へうつりすんだ。玄宗のとき、ここが政治の中枢になると、大明宮が南郊の祭天儀礼のスタート地点となる。儀礼は、大明宮の南にある大寧坊におかれた老子を祀る太清宮をへて南郊の円丘へ行くルートに変更された。

こうして、ほんらい多元的価値観が存在する帝国支配の正統性をアピールするための王朝儀礼に、道教的要素が加わることになり、唐皇室という私的側面が強調されることになった。

そして、かつての子午線を地上に投影した南北軸線をとおり、王都のシンメトリカルなプランにのっとっておこなわれた王朝儀礼が崩れてしまった。このように唐皇室が道教を崇拝する度合いを強めていくのと並行し、王朝儀礼の意味も変化していったのである。

4　嵐の前夜

ソグド系突厥の「反乱」

話はさかのぼるが、玄宗が即位して九年めのこと、長安の北方のオルドスの南縁にある蘭《らん》池《ち》州（蘭池都督府。もとの六胡州）で、ある事件がおきた。この地の民衆たちが賦役に苦しみ、「反乱」をおこしたのだ。首謀者は康待賓《こうたいひん》といい、その仲間には安慕容《あんぼよう》・何黒奴《かこくど》・石神奴《せきしんど》・康鉄頭《こうてつとう》らがいた。いずれもソグド姓をもつ者たちだ。その一方、康待賓は「葉護《ヤブグ》」を名のった。「葉護」とは突厥の官称号である。このことから、彼らが普通のソグド人ではなく、突厥の影響をうけた者たち（ソグド系突厥）だったことがわかる。

また、蘭池州（六胡州）の地は、馬の牧畜がさかんで、唐朝の官営牧場（蘭池監《らんちかん》）がおかれていた。一般に商人としてイメージされるソグド人が馬牧に関与していたことは、第１章で固原の史氏を紹介した。それだけでなく、玄武門の変で李世民についた武威の安元寿の一族も、軍馬の飼育と交易に従事していた。六胡州の住民たちも、同じような生業にたずさわっていたのだろう。ただ、固原の史氏や武威の安氏とちがったのは、唐朝にこきつかわれるという立場だったことと、彼らが突厥の影響をうけて半ば騎馬遊牧民化していたことである。彼らが苦しんだ賦役とは、馬牧にかかわることだったのだろう。

このときの叛徒《はんと》の数は、七万人にものぼったと『資治通鑑』は伝える。しかも、康待賓らは、オルドスにいたチベット系のタングート族と手を携えたため、騒乱の規模が大きくなった。唐朝は、張説らに命じて「反乱」を鎮圧させた。康待賓は、三か月後には捕縛され、長安の市場（西市）で処刑されてしまう。

しかし、そののこり火はまだ消えておらず、「可汗《カガン》」を名のる康願子《こうがんし》が「反乱」をうけついだ。ただ、翌年にはこれも鎮圧された。この「乱」の後始末は、五万余をこえる六州胡をオルドスから現在の河南省南部に移住させるという、大胆な徙民《しみん》政策だった。この政策は、長安北方の治安強化を意味したのかもしれないが、結果、河南省の南部にあらたな騎馬遊牧系の要素を植えつけることとなり、その影響は唐の後半になってあらわれてくる。河南省へうつった六州胡は、のちふたたびオルドスへもどされるが、その後の彼らは流動的になる。そして、その一部が安禄山のもとに吸収されていくこととなる。

ウイグル帝国の誕生

玄宗が政治への情熱をうしなったころ、モンゴリアでは大きな事件、いや「革命」がおきていた。突厥第二帝国の滅亡とウイグル帝国の誕生である。

突厥では、ビルゲ・カガンに仕えていた顧問役の老臣トニュククとビルゲ・カガンの弟が世を去り、その三年後、ビルゲ・カガンは大臣に毒殺された。このあと、突厥は混迷し、カガンの位をめぐる争いがつづく。その中、テュルク系のウイグル部族、バスミル部族、カルルク部族の連合軍が突厥のカガンを攻撃し敗走させた（七四二年）。そこでバスミルの長があらたなカガンに立てられたが、一方、突厥側もカガンを立てて争った。

結局、突厥のあらたなカガンもとらえられて殺され、さらにバスミルもウイグル・カルルクの連合によりたおされ、最終的には、ウイグルの長だったクトルクボイラ（骨力裴羅）がキョル・ビルゲ・カガンとして即位した。ウイグル帝国の誕生である（七四四年）。

モンゴリアでのこの「革命」は、大規模な人間の移動をひきおこした。突厥の阿史那一族や、それにつきしたがう突厥の将軍などが唐へ一斉に「亡命」したのである。唐の史料は、玄宗がこれら突厥からの「亡命」者を長安の宮殿で宴《うたげ》したと伝える。この突厥亡命集団は、突厥の有力者とそれにつきしたがう騎馬遊牧集団から構成されており、かなりの騎馬軍事力をもっていた。

たとえば、この中に康阿義屈達干《こうあぎくつタルカン》というソグド系突厥の将軍がいた。范陽節度使の安禄山は、この将軍と彼がひきいるソグド系突厥集団をまるごと手にいれ、軍備の強化をはかった。ちなみに、康阿義屈達干の事績は、唐代の政治家で著名な書家でもある顔真卿《がんしんけい》が撰述した「康阿義屈達干神道碑《しんどうひ》」によって明らかになる。

また、テュルク系の同羅《トングラ》の首領で、突厥第二帝国の西葉護《ヤブグ》でもあった阿布思《アフシ》という将軍がいた。唐は彼に李献忠《りけんちゅう》という名をあたえて朔方節度副使《さくほうせつどふくし》とした。彼の同羅集団を間接的に支配下に組みこんだのだ。毎年、唐はこの軍団に多くの絹織物をあたえて優遇し、その軍事力を対チベット戦に利用した。この阿布思の軍事力に目をつけた安禄山は、阿布思を自分の麾下《きか》に組みこもうと朝廷に奏請《そうせい》したが、これをきらった阿布思はモンゴリア北部へ逃亡してしまう。結局、阿布思は捕まって処刑され、彼の同羅集団は安禄山に吸収されることになった。その結果、「安禄山の精兵《せいへい》は天下におよぶものなし」となったことを、史書は記している。

アッバース朝との衝突

「安史の乱」が勃発する直前、帝国の西のはしでも、大きな事件がおきていた。東ユーラシアに君臨した唐朝と、西アジアから興ってきたイスラーム帝国アッバース朝との衝突である。両者が衝突したタラス河（現在のカザフスタンとキルギスとの国境近く）のあたりは古くは西突厥が根拠地としていた。玄宗が登場したころから、この地にはテュルク系のトゥルギシュ（突騎施）が西突厥にかわって勢力をのばし、蘇禄《そろく》という人物があらわれると、全盛期をむかえた。

八世紀前半に、この蘇禄が殺されると、トゥルギシュは二つのグループにわかれて争うようになり、その隙をついて、唐がふたたび支配をおよぼしていった。しかし、そこに横から干渉してきたのが、ソグディアナのオアシス国家の石国（シャーシュ）だった。石国は、唐朝が支援していたのとは敵対するグループを援助したため、唐は石国討伐にのりだした。このとき、唐朝軍の最高司令官として出陣したのが高句麗人で安西節度使の高仙芝である。

高仙芝の祖先が、いつ唐へやってきたのかは、はっきりしない。ただ、彼の父は唐に軍人として仕えていた。高仙芝は騎射技術にすぐれ、東トルキスタンで軍人として活躍していた。八世紀の前半、チベット帝国のパミール方面への進出が活発となり、唐に服属していた小《しょう》勃律国《ぼつりつ》（パキスタンのギルギット）もチベットの支配下に入ってしまった。これを高仙芝は討伐し、ふたたび小勃律国を唐朝に服属させることに成功した。パミール方面での唐朝の支配が安定したのだった。この功績により、高仙芝は安西節度使になった。

石国を討った高仙芝は、その王を捕虜として長安へおくった。慣例では、唐に背反した者でも国王や首長クラスは大赦されるのだが、石国王はなんと斬られてしまった。これによりソグディアナのオアシス諸国家は一斉に反発し、ちょうどそのころウマイヤ朝をたおしたアッバース朝に援助をもとめ、唐と対決する姿勢をしめした。高仙芝は、あらためて大軍をひきい、石国の勢力がこもるタラス河西岸のタラス城を攻めたところ、応援にかけつけたアッバース朝軍と交戦することとなった。しかし唐朝軍は、テュルク系のカルルク部族のうらぎりもあり、大敗北を喫してしまった。

この後の唐朝の戦後処理は不思議である。というのは、高仙芝は敗戦を問われ罰せられるどころか、長安にもどり、南衙禁軍の将軍になっているからだ。今のわれわれから見ると、八世紀半ばに、ユーラシア大陸の東西に君臨した二大勢力のぶつかりあったタラス河畔の戦いは、世界史上の重大な事件にように見える。しかし、唐朝もアッバース朝も、たがいを仇敵《きゅうてき》とみなし、ユーラシアの覇権をかけて一大決戦したのではなかったようである。

ちなみに、この戦いで、アッバース軍の捕虜となった唐軍兵士の中に製紙法を知っている者がいて、これをきっかけに、サマルカンドへ製紙法が伝わり、さらに西方へ紙が伝播《でんぱ》したという説がある。これには異説もあり、これ以前にサマルカンドに製紙法が伝わっていたという考えもある。

もう一人、アッバース朝の捕虜となった杜環《とかん》という人がいる。彼は一〇年余りのちに船で広州へ帰国することができた。彼は、この間の記録を著わしたが、残念ながら散逸してしまい、一部分のみ、彼の叔父にあたる杜佑《とゆう》が編纂した『通典《つてん》』（唐の天宝年間までの中国歴代王朝の政治制度の沿革を記した書）の中にのこっている。ただ彼の記録は、のちに影響をあたえたようで、玄宗のひ孫にあたる徳宗の時代、八世紀後半に宦官の楊良瑶《ようりょうよう》が海路でアッバース朝へおもむいたときに大いに参考になったともいう。

アッバース朝と唐との衝突は、この一度ですんだ。しかし、アッバース朝の成立によって生みだされた人間の移動は、この後の「安史の乱」の勃発を機に、パミールを東へこえて、唐の領域内へおしよせてくることになる。

第4章　帝国の変容——八世紀後半〜九世紀前半

1　「安史の乱」

安禄山

中国史上、いくたびもおきた「反乱」の中で、「安史《あんし》の乱」はもっとも有名な事件の一つといってもいいだろう。玄宗皇帝と楊貴妃のラブロマンス、それを悲劇に終わらせた張本人としての安禄山《あんろくざん》。この事件を歌った白楽天《はくらくてん》の「長恨歌《ちょうごんか》」は、つとに我が国の平安時代の知識人たちに読まれており、また、近代以降の歴史家たちは、この事件を境にして中国の社会の仕組みや、当時の東ユーラシア全体の「国際関係」も変わっていったことに注目している。

安禄山は、「営州柳城の雑種胡人《ざっしゅこじん》」（『旧唐書』安禄山伝）と伝えられる。このことから、安禄山は営州の出身といわれることがあるが、それはちがう。当時の漢人たちは本籍地と姓（氏族）をあわせて名のり、自分のアイデンティティをしめす習慣があった。安禄山は漢人ではなかったが、唐で活動するようになってからこの習慣にならい、所縁《ゆかり》のあった営州を本籍地として仮託したのである。実際は、カプガン・カガン時代の突厥第二帝国、おそらくモンゴリア南部で生まれたようである。

安禄山

安禄山の母は、突厥の名族である阿史徳《あしとく》氏族の出身であり、またシャーマンだった。もともと阿史徳氏族は、阿史那氏族とともに突厥の中核をになない、カトンを出す有力氏族である。また第2章で述べたように、突厥第二帝国が成立するまで、突厥人は三度の独立運動をおこしたが、それは阿史徳氏族が主導したといっても過言ではない。つまり突厥第二帝国における阿史徳の力は、かなり大きかったようだ。

また、遊牧民である突厥の民の信仰はシャーマニズムだったので、シャーマンの子としての安禄山は、母から宗教的権威をうけついでいたといえる。つまり、阿史徳の血をひく安禄山は、突厥の間では「俗」的権力と「聖」なる権威をそなえた特異な存在だった。このことは、のちに彼が唐朝に対し「独立運動」をおこしたとき、突厥遺民を糾合するのに大きく作用することになる。

安禄山は一四歳のころ、突厥から唐へ亡命した。カプガン・カガンが戦死し、カガンの位をめぐる突厥内部の政争にまきこまれたようだ。亡命後のおよそ二〇年の間は、彼がどこで何をしていたのかよくわからない。一時期、河西方面にいたふしもある。また彼は「六蕃語」あるいは「九蕃語」をよく解したといい、外国商人と唐の商人との仲介役（互市牙郎《ごしがろう》）になった。この話は安禄山がソグド人の血をひいていたことと、大きく関係あるのだろう。彼の実の父は康某《なにがし》（名前は不詳）というソグド人であった。安という姓は、母が再婚した相手のもので、いずれも突厥第二帝国にいたソグド系突厥人である。このソグド人の血をひき、語学と商才があったから、安禄山は互市牙郎として活躍できたのだろう。

彼の経歴ではっきりしているのは、開元年間（七一三～七四一年）の後期、営州で軍人として頭角をあらわしていったことである。安禄山は幽州節度使の張守珪《ちょうしゅけい》に仕え、平盧《へいろ》軍（営州におかれた軍鎮）の軍人として、契丹や奚を討伐して功績をあげた。軍功ばかりでなく、安禄山は朝廷の動きも視野にいれてたちまわった。

たとえば、天子の使者が営州に視察にくると、彼は下にもおかぬ饗応《きょうおう》をし、莫大な賄賂をおくった。使者は長安にもどると、安禄山をほめたたえ、玄宗もやがて安禄山を気にかけるようになる。このことが、彼の立身出世につながっていった。こういった根回しも功を奏し、安禄山はついに平盧節度使に任じられ、唐の東北方面の軍政を掌握することになったのである（七四二年）。ときに天宝へと元号が改まり、安禄山は四〇歳になっていた。

恩寵と出世

平盧節度使になった翌年、安禄山は入朝し玄宗にまみえた。その二年後には范陽《はんよう》節度使も兼ねることとなった。安禄山はのちに兵をあげるまで、何度か入朝したが、その機会を利用して玄宗にとりいっていった。

あるとき、玄宗が安禄山のひざまで垂れているお腹を見て「おまえの腹は、なぜそのように大きいのだ？」と問いかけたことがある。玄宗としては、「腹に一物をかかえている（二心がある）」という疑いがあったのかもしれない。すると安禄山は「陛下への忠義の心がぎっしりつまっているのです」とこたえたという。玄宗の疑念をさっとうちはらう頭の回転のはやさを物語るエピソードだ。ちなみに安禄山の体重は三〇〇斤（約一九八キロ）ないし三三〇斤（約二一八キロ）もあったという。にもかかわらず、「胡旋舞」というソグディアンダンスを得意とした。このダンスは小さな敷物の上に片足で立ち、かなりの速さで右に左にくるくる回るものだという。

後宮の情報にもつうじていた安禄山は、玄宗の寵愛をうけている楊貴妃に近づいていく。安禄山は玄宗に気にいられていることを利用し、楊貴妃の養子になることを願いでた。これがゆるされると、安禄山は謁見する際、玄宗をさしおいて楊貴妃に拝礼する始末。玄宗がおどろくと、「蕃人はまず母にあいさつします。その後で父にあいさつするのでございます」と安禄山はこたえたという。こうした諧謔《かいぎゃく》的一面をもちあわせた安禄山は、ますます玄宗の寵愛を一身にあつめ、その恩寵のもと、その地位を保っていた。

玄宗の恩寵が深ければ深いほど、それがなくなったとき、安禄山はその地位をうしなうこととなる。朝廷で安禄山を後押ししていた宰相の李林甫が亡くなり、楊国忠が宰相の位につくと、安禄山に逆風が吹きはじめる。楊国忠は安禄山をきらい、ことあるごとに安禄山はいつか謀反をおこしますぞ、と玄宗にふきこんだのだ。節度使の地位から追われるかもしれないという不安におちいった安禄山は、みずからが皇帝になるしかないと思いつめる。こうして、ついに安禄山は「反乱」をおこすにいたる、というのが従来の説である。

背景

「安史の乱」という事件を「反乱」とよぶのは、勝者である唐側の見方であるので、読者が勝者側の価値観を共有しないように、本書では「　」でくくることにする。では、安禄山の立場からすれば、この事件は何だったのだろうか。私は、この事件の本質の一つを、安禄山とそのまわりにあつまったさまざまな集団が唐からの独立をめざしたものと見ている。

そもそも、安禄山が拠点とした幽州をふくむ河北地域は、南北朝時代から唐代にかけての中国史のうえで、特別な地域だった。唐の建国より八〇年ほど前、北魏が東西にわかれたとき、河北は東魏、のちに北斉が支配するところとなった。その後の歴史は、関中によった北周が北斉をほろぼし、やがて北周は隋に、そして隋は唐に変わっていく。つまり、河北は、北周・隋・唐という関中から興った勢力に支配される地域となり、差別されてきたというのだ。

そのため河北では、ときおり大きな反関中的な動きがおこる。たとえば、隋末に竇建徳《とうけんとく》が河北南部に独立王国を建て、武則天は山東（河北をふくむ）に勢力基盤をおいて革命をおこしたことなどがそれである。安禄山も、河北の民衆がもつ反関中的感情を利用し、「反乱」をおこしたというのだ。この説に対しては、河北の民衆が安禄山を利用して「反乱」にみちびいたのだという見方もある。ただ、「安史の乱」の最中に、河北では安禄山軍に抵抗した集団もいたので、この見方は正しいとは一概にいえない。

河北と関中という地域対立を、種族と文化の対立と見る説もある。八世紀前半の河北には多くの非漢族がうつりすみ、後漢以来、中国古典文化の中心地の一つだった河北は、しだいに「胡化《非中国化》」していった。逆に、それまで中国古典文化圏の周縁にすぎなかった関中の長安が、伝統中国の漢字・儒教文化の中心地になっていく。こういう状況でおこった「安史の乱」は、「胡」と「漢」という種族と文化の対立であるというのだ。

たしかに、安禄山の軍内に多くの遊牧系・狩猟系のエスニック集団がふくまれていた。しかし、それを「胡」とひとくくりにしてしまうのは、安禄山軍の多様性を見失うことになる。安禄山のもとにあつまった人びとには、中央アジアからやってきたソグド系やテュルク系の傭兵たち、ウイグルにほろぼされた突厥の王族や将軍とその部族民、ソグド系突厥の武人、奚や契丹の首領たちとその部族民のほか、ソグド商人たちもいた。

これらさまざまな出自の人びとが東ユーラシア東端の幽州にあつまっていたのは、八世紀半ばの国際情勢と深くかかわっている。イスラーム勢力の中央アジアへの進出は、ソグド人を東方へつき動かし、モンゴリアで突厥第二帝国がほろぶと、多くの突厥遺民が唐の北辺へ移動した。また、突厥の支配下にあったモンゴリア東部の奚や契丹の動きも流動的となり、幽州の安禄山のもとにやってくる者もいた。

しかし、彼らは、漠然と安禄山のもとにあつまってきたわけではなかった。たとえば、ソグド商人を見ると、幽州に住む商人と外から交易のためにやってきた商人とがいた。彼らは唐の統制から自由に交易活動をおこなう希望を、同じソグド人の血をひく安禄山に託していたのかもしれない。

突厥の王族や将軍は、ウイグルにほろぼされた故国の復活を夢みて、実力者であり阿史徳の血をひく安禄山をたよったのではなかろうか。唐の支配を長くうけてきた奚や契丹の首領と部族民は、安禄山と婚姻関係や仮父子関係をむすんだが、それはやはり、唐の支配からの完全離脱をもとめていたからと見るのは、想像しすぎだろうか。ただ、安禄山がおこした「反乱」は独立運動というものであり、彼の個人的思惑だけでなく、まわりの環境が大きくかかわっていたという見方は、この動乱の本質を追究していくとき、重要な視点であろう。

安禄山、挙兵す

安禄山は、長安においた進奏院《しんそういん》という出先機関から入ってくる情報を得るにつれ、楊国忠との対立が日ごとに高まっていくのを感じていた。そして、ついに楊国忠を討つという名目をあげて、幽州で兵をあげた（七五五年）。

安禄山軍は河北平原を一気に南下すると、洛陽をおとした。安禄山はここで皇帝を名のり聖武《せいぶ》と改元した。大燕《だいえん》帝国の成立である。唐はもとの安西節度使の高仙芝ら起用し、ただちに出撃させたが戦果はなく、ついで河西・隴右節度使の哥舒翰《かじょかん》を長安の東にある潼関《どうかん》へおくりこんだ。哥舒翰麾下のテュルク系の蕃兵も動員され、安禄山軍をくいとめようとしたが、安禄山軍の勢いにかなわず、潼関はうちやぶられた（４‐１）。
二日後にその報告がとどいたとき、長安は混乱の極致にあった。朝廷に参内する百官は一〇人に一人二人のありさま。玄宗は親征の命令を出したが、誰も信じる者はいなかった。事実、玄宗は楊貴妃をともなって、長安から逃げだしたのだ。しかし、都落ちした玄宗一行を守る禁軍の兵士たちは、食べるものもなく疲れもたまり、不満が高まっていた。長安の西にある馬嵬駅《ばかいえき》（陝西省興平市《こうへい》）にいたったとき、ついにそれが爆発し、まず楊国忠を血祭りにあげた。さらにその矛先は楊貴妃にもむけられた。兵士の不満をなだめようとしたが、玄宗はいかんともしがたく、高力士に一切をまかせた。力士は近くの仏堂の中へ楊貴妃をいざない、そこで彼女を縊死《いし》した。享年三八。なきがらは、馬嵬駅の西の駅道の側に埋葬された。玄宗は悲しみの中、四川へおちのびていった。

一方、皇太子（李紹。李亨《りこう》と改名）は玄宗とわかれて霊武《れいぶ》（霊州の郡名。玄宗の天宝元〔七四二〕年に州が郡に改められ、粛宗《しゅくそう》の乾元《けんげん》元〔七五八〕年にもとにもどされた）へむかった。ここには朔方《さくほう》節度使がおかれ、名将郭子儀《かくしぎ》が指揮をとっていた。また、皇太子はかつて、この任についていたため多少の縁があったからである。そして、この地で玄宗のゆるしを得ず、皇帝の位につき、玄宗を上皇天帝とし、至徳《しとく》（七五六〜七五八年）と改元した。廟号は粛宗（在位七五六〜七六二年）という。こうして、唐は「反乱」軍を鎮圧する準備に入る。

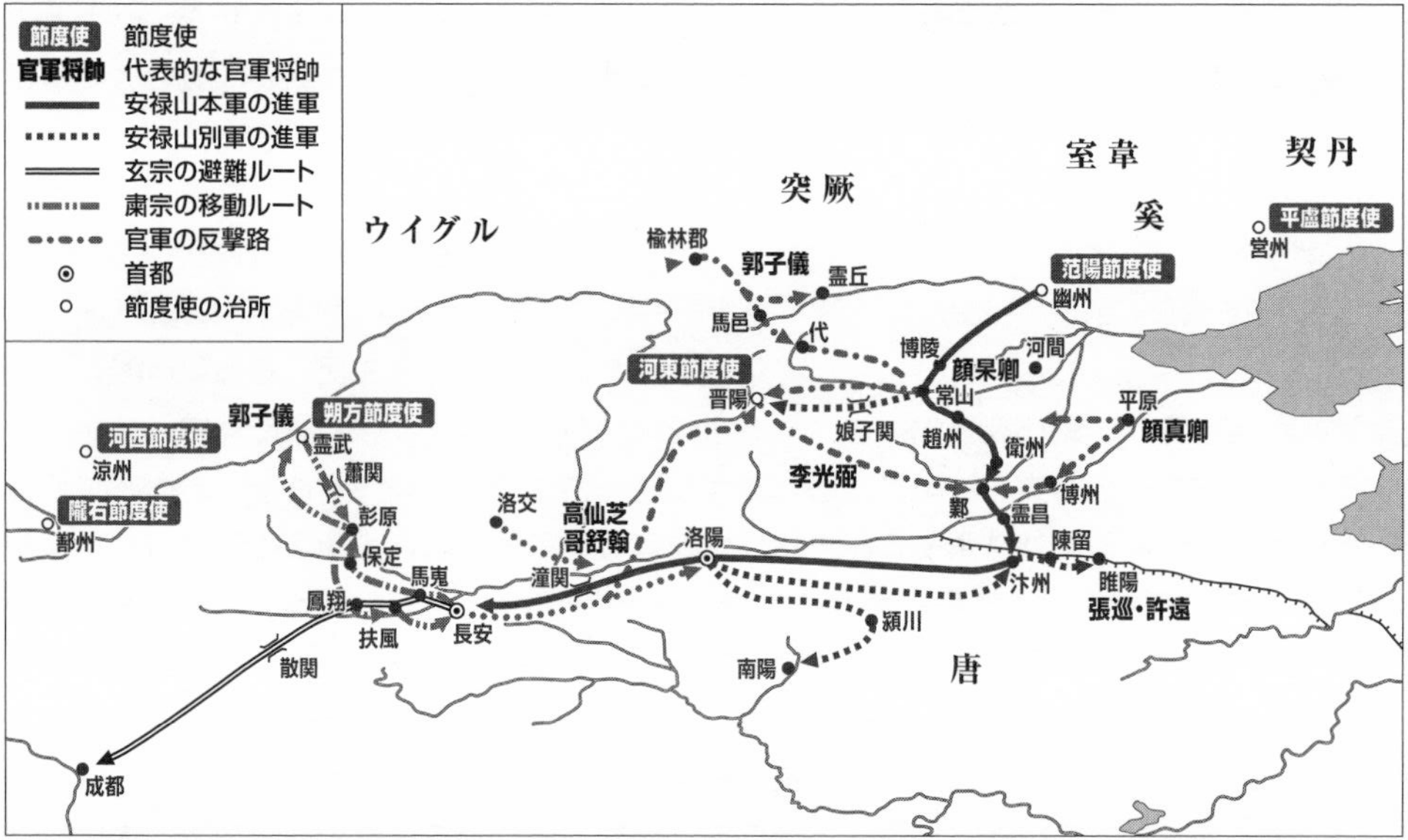

節度使 節度使
官軍将帥 代表的な官軍将帥
安禄山本軍の進軍
安禄山別軍の進軍
玄宗の避難ルート
粛宗の移動ルート
官軍の反撃路
首都
節度使の治所
ウイグル
突厥
室韋
契丹
奚
平盧節度使
営州
范陽節度使
幽州
楡林郡
郭子儀
霊丘
馬邑
代
博陵
河間
顔杲卿
河東節度使
晋陽
常山
娘子関
趙州
衛州
平原
顔真卿
李光弼
鄴
博州
霊昌
陳留
睢陽
汴州
張巡・許遠
洛陽
高仙芝
哥舒翰
洛交
潼関
潁川
南陽
唐
郭子儀
朔方節度使
霊武
蕭関
河西節度使
涼州
隴右節度使
鄯州
彭原
保定
馬嵬
鳳翔
扶風
長安
散関
成都

4－1　安史の乱

唐朝の反撃

そのころ、安禄山挙兵のニュースは国外にもいち早く伝わった。八世紀半ばの東ユーラシアには、ソグド人によるネットワークがはりめぐらされ、この情報網によって、現代人が想像する以上のはやさで、さまざまなニュースが伝播していたからだろう。この情報を得たチベット帝国とウイグル帝国があいついで唐へ使者を派遣し、救援を申しでてきたのは、「反乱」がおこった次の年の八月のことだった。ちなみに日本に「安禄山、挙兵す」の情報が伝わったのは、「反乱」がおきてから、まる三年後のことで、遣渤海使が渤海の使者とともに帰国したときのことだった。

粛宗は、唐が動員できる軍だけでは、この「反乱」を鎮圧することは難しいと考えていた。ただ、チベット帝国は玄宗時代からたびたび唐の支配圏に手をのばしていたので信用できない。そこでウイグル帝国に救援をもとめることとし、使者として皇族の敦煌王李承寀《しょうさい》（高宗の曽孫。章懐《しょうかい》太子李賢《りけん》の孫）とテュルク系武人の僕固懐恩《ぼくこかいおん》を派遣した。また、西域方面にも唐軍への参加をよびかけた。こうして、唐朝軍にはウイグルや「南蛮」「大食《タージー》」の兵士が加わり、蕃漢一五万とも二〇万ともいわれる勢力になった。粛宗は、長男で広平王の李俶《りしゅく》（のち代宗）を討伐軍の総司令官（天下兵馬元帥）とし、郭子儀とともに反撃を開始していく。

ここに、アラブを意味する「大食」が参加しているのは興味深い。このときすでにアッバース朝が成立しているので、一見するとアッバース朝カリフからの援軍のように見える。もしそうならば、タラス河畔の戦いの勝敗にかかわらず、東の大帝国が危機になったとき、西の大帝国が軍を派遣したという世界史上、特筆すべき出来事となるところだが、実はそうではない。この「大食」はホラーサーン（イラン北東部からアフガニスタン北西部）にいたアラブ兵であったようだ。このアラブ兵は、グラート（過激派）とよばれる反アッバース朝勢力であり、アッバース朝に弾圧され、ホラーサーンからソグディアナへ流入していた。この軍勢が、唐の粛宗のよびかけに応じ、パミール高原を東にこえて唐朝軍に参加していたのである。

アラブ兵だけでなく、中央アジアのソグド人やトハリスタン人なども唐朝軍に参加していた。その中に東方シリア教会（従来、ネストリウス派とよばれていた一派）のキリスト教信者がおり、その数は少なくなかった。粛宗は霊武など五つの郡に大秦寺《だいしんじ》（キリスト教会）をたてているが、それはこれらのキリスト教徒の兵士の歓心を得るためだった。ちなみに郭子儀の麾下に朔方節度副使の伊斯《いし》（イズブジッド）という人がおり、彼もキリスト教徒だった。のち徳宗の時代に、長安の大秦寺境内に「大秦景教流行中国碑《だいしんけいきょうりゅうこうちゅうごくひ》」がたてられるが（七八一年）、イズブジッドはその大施主だった。

また、粛宗をはじめとする唐朝廷は、長安を占拠した安禄山軍の情報を、不空の密教教団のネットワークをつうじて手にいれていた。先に述べたように不空の密教は、唐の国情にあわせて加工されていたが、その中の一つに呪力を強力に発するという側面があった。不空は皇太子時代の粛宗とつながりがあり、「安史の乱」によって長安から皇室が逃げだしたあとも都にとどまり、この呪力によって鎮護国家の祈禱《きとう》をおこなったのだ。不空は、自分のかわりに弟子を粛宗のいる霊武へおくりこんで、鎮護の祈禱をおこなわせると同時に、長安から安禄山軍の情報を流したという。この事件がおさまったあと、密教が興隆していく背景には、このような事情もあった。

大燕帝国との攻防

唐が反撃の態勢をととのえている最中、大燕帝国では、安禄山が息子の安慶緒《あんけいしょ》らに暗殺された。これをきっかけに、安禄山の盟友で、大燕帝国樹立に大きな功績をあげた史思明《ししめい》が安慶緒から離れ、独立していく。史思明もソグド人と突厥人の血をひくソグド系突厥だが、その来歴は安禄山以上にはっきりとしない。

「反乱」軍が一枚岩でないことは、唐に有利だった。唐軍はウイグルの援軍とともに安慶緒の軍をやぶって長安をうばいかえし、その勢いで洛陽も回復することに成功した（七五七年）。

このとき、唐はウイグルに褒美をあたえたほか、毎年、二万匹（一匹は長さ一一・七九二メートル、幅〇・五三メートル。二万匹の長さは二三五キロ八四〇メートル）の絹織物を支給する約束までした。また翌年には、ウイグルの要請により、粛宗の実の娘を寧国《ねいこく》公主とし、ウイグル帝国第二代の磨延啜《まえんてつ》カガンに嫁がせた。粛宗が娘を長安の北郊まで見送ったとき、寧国公主は「国家の事《こと》は重大で、私が死んでも恨《うら》むことはありません」と泣きながらいったので、粛宗も涙を流したという。

後日談だが、公主が嫁いだ次の年に磨延啜カガンが亡くなると、寧国公主は殉死をせまられた。しかし、彼女は唐にはそのような風習はないとこれを拒否し、剺面《りめん》（顔を傷つけて悲しみをあらわす騎馬遊牧民の風習）をしてカガンの死を哭《こく》する礼をしたという。一説には、彼女は幼女で嫁いだというが、実は唐で二度結婚し、二度離婚したのちにウイグルに嫁いでいる女性なので、あるいは成人で、また気性もはげしかったのかもしれない。

話はもどるが、唐とウイグルの連合軍が安慶緒を敗走させると、史思明は一時的に唐に帰順した。現在、北京市内にある法源寺《ほうげんじ》には、史思明が奉納した「無垢浄光宝塔頌《むくじょうこうほうとうしょう》（憫忠寺《びんちゅうじ》宝塔頌《ほうとうしょう》）」という石碑がのこっている。碑には「至徳二載（西暦七五七年）」という粛宗の元号がほられていて、史思明が唐に帰順していた事実を物語っている。

長安・洛陽をとりもどし、史思明までも帰順してきた粛宗のよろこびは、大きかっただろう。元号を乾元（七五八〜七六〇年）と改元し、農民の租と庸を免除した。しかし、それもつかの間、やがて史思明は唐との対決姿勢に変わっていく。史思明は安慶緒を助け、唐朝軍をおいはらうと、その手のひらをかえして安慶緒を殺してしまう。そして大燕皇帝を名のり、安禄山の大燕帝国をひきついだのである（七五九年）。史思明は、唐朝軍との攻防をくりかえし、ふたたび洛陽を占領することに成功する。

勢いをとりもどすように見えた史思明だったが、後継者をめぐって流れが変わっていった。史思明には長男の史朝義《しちょうぎ》がおり、彼が後継者であったが、晩年の史思明は末子の史朝清《ちょうせい》をかわいがり、これを長男にかえて後継ぎにしようとしたのだ。これを知った史朝義は史思明を殺し、また范陽（幽州。北京市）にいた史朝清とその一派を殺戮《さつりく》した（七六一年）。しかし、安禄山以来の武将たちは史朝義と一線を画したため、その勢いは急速に弱まっていった。一方、唐朝では、上皇となっていた玄宗がこの一年後に享年七八で亡くなり、その一一日後に粛宗も崩御した。享年五二だった。

玄宗と粛宗が亡くなった情報を得た史朝義は、ウイグルに使者をおくり、「今、唐の皇室は上皇と皇帝があいついで亡くなり、国は乱れて国主がおりません。出兵してともに唐朝の府庫（財物をおさめた国庫）を手に入れようではありませんか」とさそった。当時のウイグル帝国は、三代目の牟羽《ぼうう》カガン（移地健《いちけん》）の時代であり、この誘いにのって出軍し南下した。

一方、唐朝も史朝義をたおすために協力を要請する使者をウイグルに派遣していた。その使者はちょうど南下しているウイグル軍と遭遇したが、説得に失敗してしまう。幸いなことに、先にウイグルの移地健に嫁いでいた僕固懐恩の娘が、このときカトンとして夫の牟羽カガンとともに行動していた。彼女は、この機会に父母に会いたいと望んでいたので、唐朝は僕固懐恩をウイグルのもとへおくり、牟羽カガンを説得させた。これが功を奏し、ウイグルは唐朝側につくこととなった。

こうして僕固懐恩とウイグル軍は洛陽をうばいかえし、史朝義は幽州へ敗走した。その結果、史朝義軍の有力な将軍たちはつぎつぎと唐朝に降伏し、史朝義は自殺、その首は長安に献じられた。足かけ九年もつづいた「安史の乱」は、こうしておわった(七六三年)。

2 唐朝の混迷

代宗と宦官

「安史の乱」が終結する九か月ほど前、玄宗と粛宗があいついで亡くなると、長男で皇太子の李豫《りよ》(初名は俶《しゅく》。立太子のときに改名)があとをついだ。代宗(在位七六二~七七九年)である。代宗の即位に大きくかかわったのが、宦官の李輔国《りほこく》だった。これをきっかけに宦官が政治の表舞台に登場するようになることは特筆される。

宦官といえば、玄宗に仕えた高力士が寵愛をうけたことはすでに第3章で述べた。ただ、彼は外朝の国政には関与せず、まだ影の存在といってよかった。しかし、李輔国という宦官はそうではなかった。彼は、表向きは寡黙で慎み深い体《てい》を装っていたが、実は狡猾《こうかつ》であった。粛宗が皇太子のときからつきしたがい、粛宗が霊武で皇帝に即位すると、しだいに力をのばしはじめていった。粛宗が広平王の李俶を天下兵馬元帥にしたとき、李輔国はその討伐軍司令部の長官（判元帥行軍司馬《はんげんすいこうぐんしば》）となり、軍の実権をにぎった。また、粛宗が長安へもどったあとは禁軍を掌握し、制勅《せいちょく》（皇帝の命令）は李輔国の手から出るようになった。さらに李輔国は、粛宗が寵愛する張氏とも手をむすび、彼女とともに国政に大きくかかわっていった。あげくのはてに、長安にもどっていた上皇の玄宗を興慶宮から西内（太極宮）にうつして幽閉しようと画策するなど、その力は大きなものとなっていた。

李輔国と皇后となった張氏の関係はやがて不和となる。張皇后は李輔国をのぞこうとし、皇太子の李豫に話をもちかけたが、皇太子は泣きだしてしまい、まったく役にたたない。そこで張皇后は別の皇族に声をかけ、屈強な宦官二〇〇人余りを配し、李輔国一派をたおそうとした。この情報を部下の程元振《ていげんしん》から得た李輔国は、反対に皇太子の身柄をおさえ、張皇后を幽閉し、その一派を殺してしまった。その直後、粛宗が崩御したので、李輔国は皇太子を皇帝に立てた。これが代宗である。

こうして李輔国はつねに宮中に身をおき、専横をきわめた。代宗にむかって「大家《だんなさま》はただ宮殿にいればいいのです。外事《せいじ》は老奴《わたくしめ》の判断にしたがえばよいのです」という始末。代宗は、内心はおもしろくないが、自分を皇帝におしあげた立役者のいうとおりにせざるをえない。あげくのはてには李輔国の名をよばず、「尚父《しょうふ》」と父に喩《たと》えてうやまってよぶようになった。そして、ついに李輔国は中書令となり、念願の宰相の地位についたのである。中国史上はじめての宦官宰相が生まれたのだった。

しかし、代宗の不満は高まっていた。即位して二か月後、宦官の程元振が李輔国の権限をとりあげるように密奏すると、代宗はこれと組んで李輔国の職をうばい、宮中からおいだしてしまった。ただ、かつて張皇后を暗殺し、自分を皇帝に立てたという経緯から、おもてだって処断することはできないでいた。ところが、四か月後のある夜、李輔国の屋敷に賊が押しいり、李輔国を殺し、その首と腕を斬ってもちさるという事件がおきた。代宗は犯人の捕縛を命じるとともに、宦官の使者を派遣し、木で首をつくり、李輔国の葬儀をおこなわせた。一説には代宗が刺客を放ったのだという。

李輔国がいなくなると、こんどは程元振がのさばりだしてきた。彼も李輔国と同じく判元帥行軍司馬となり、また禁軍を掌握し、内侍監となって宦官の頂点に君臨した。その権限は李輔国をうわまわったという。こうして、「安史の乱」以降の政界で、宦官が活動する道がひらかれたのである。

長安陥落

「安史の乱」がおわった年の一〇月、唐の都長安が、チベット帝国軍に突如として占領されるという大事件がおきる。世界帝国である唐の衰退を象徴する出来事だった。これも「安史の乱」がのこした負の遺産だった。ただ、その淵源は八世紀のはじめまでさかのぼることができる。

その当時、チベット帝国ではツェンポ（皇帝）の継承をめぐって争いがおきていた。そこで唐から金城公主《きんじょうこうしゅ》（章懐太子李賢の孫）をむかえ（七一〇年）、唐と友好関係をむすんでツェンポの地位を安定させようとした。

チベット帝国は、その政情が安定すると、こんどはパミール方面や河西地域（甘粛省東部）へ進出しようと試み、唐と全面対立の状態となっていた（一八五頁）。しかし、チベット軍の侵攻は、玄宗時代の唐軍にはばまれていた。しかも「安史の乱」がおきる直前、ツェンポが暗殺され（七五四年あるいは七五五年）、チベット帝国は劣勢にたたされることとなった。

この形勢が逆転するのは、安禄山の「反乱」がきっかけだった。唐朝は、この「反乱」を鎮圧するために河西・隴右節度使の軍を動員して、東方へおくりこんだ。そのため、この地の防備が空白となったのだ。このころ、チベット帝国ではティソンデツェン（在位七五六〜七九七年）があらたにツェンポに即位した。のちに仏教を国教とし、また長安占領の武功をもってたたえられる人物である。

彼が即位したあと、内政を安定させたチベットは、河西と隴右（甘粛省東部）へ進出し、これらの地をことごとく勢力下にいれていった。チベットの勢力伸長をおさえるため、「安史の乱」がおわる直前、唐はチベット帝国と盟約をむすび（七六二年）、毎年、絹五万匹をあたえることを約束したという。しかし、唐にこの歳賜を準備する余裕などあるはずがなかった。逆に盟約違反を口実に、チベット帝国は、唐へ侵入したのだった。

さて、チベット軍が都にせまってきたとき、程元振は急をつげる報告をにぎりつぶし、代宗の耳にいれなかった。代宗がそれを知ったとき、チベット軍は長安の西北、一五〇キロほど離れた邠州《ひんしゅう》（陝西省彬州《ひんしゅう》市）を通過していた。あわてふためいた代宗は、雍王《ようおう》の李适《りかつ》（のち徳宗）を関内元帥《かんないげんすい》とし、副元帥の郭子儀とともに防戦をまかせ、一目散に都を抜けだして東へ逃亡した。このとき、たまたま陝州で神策軍《しんさくぐん》をひきいていた宦官の魚朝恩《ぎょちょうおん》が代宗を保護した。

ちなみに、この功績により、神策軍は天子直属の禁軍となり、魚朝恩は神策軍の力をバックに、内侍監にのぼりつめ、大きな権力をにぎることとなる。しかし、その反作用も当然あり、のちに魚朝恩は暗殺されることとなる（一説には自殺したともいう）。

それはともかく、チベット軍の勢いは強く、唐朝軍をけちらし長安に入城、占領してしまった（七六三年）。チベット軍は「府庫《そうこ》、市里《まち》を剽掠《ごうだつ》し、閭舎《かおくや》を焚」いたため、長安の街は「蕭然《がらん》として一《すべて》に空《なにもな》し」というありさまになった。そのうえ、チベットは傀儡政権まで樹立してしまう。皇帝にまつりあげられたのは広武王の李承宏《りしょうこう》である。彼は、かつて「安史の乱」がおきたとき、ウイグルに使者としておもむいた李承寀の兄で、また金城公主の兄弟であった。ただ、チベット軍は長居をする気はなかったようだ。唐軍が郭子儀を中心に態勢をたてなおすと、長安をあっさりとひきはらった。わずか一五日間の占領だった。チベット軍は隴右までしりぞいたが、ふたたび侵入する機会を虎視眈眈《こしたんたん》とねらっていた。

このチベット軍による急襲と長安占領は、もちろん「安史の乱」によって河西・隴右の兵力が東へ移動し、長安西方の防衛力が空白の状態になったことが要因だが、また、その責任の一端は、程元振の職務怠慢にあったことは明らかだった。この事件のあと、さすがの彼も宮中を追われ、帰郷させられた。ところが、代宗が長安へ帰還したことを聞くと、なんと程元振は女装して都へもどり、皇帝の慈悲にすがって復活しようともくろんだ。しかし、都に着くや、京兆府《けいちょうふ》（長安をふくむ一帯を管轄した地方行政機関）に捕縛されてしまう。その後、彼は地方へ左遷されたが、その途中で亡くなるという末路をたどった。

僕固懐恩の「乱」

チベット軍による長安占領事件の直後に、僕固懐恩が「乱」をおこした。「安史の乱」の最終局面で、去就さだまらないウイグルを説得し、唐朝を助ける側に引きずりこんだ最大の功績は、僕固懐恩にあった。しかし、出る杭《くい》はうたれる。事なかれ主義の朝廷の文官武官は、こぞって彼を排除していった。僕固懐恩はウイグルとつうじているとの嫌疑をかけられ、冷や飯をくわされたのだ。

そのため、チベット軍が長安を占領したとき、僕固懐恩はかつて郭子儀がそだてあげた朔方軍をおさえていたが、救援におもむこうとしなかった。しかし、朔方節度使の地位がうばわれそうになると、僕固懐恩は立ちあがったが、朔方軍の将士たちは郭子儀を慕っており、僕固懐恩のもとからつぎつぎと離れていった。そのため、彼は長安からしりぞいていたチベット軍やウイグルと連合し、長安へせまったのである。この攻撃は相当に熾烈なものであったが、唐朝にとって運よく僕固懐恩が戦陣にたおれ急死したため、「乱」は終息した。

しかしこれ以降、チベット軍は連年、唐へ侵攻するようになる。唐朝はこれにそなえるため、毎年秋になると、河南や江淮方面の藩鎮軍を徴発し、長安の北や西に配置して防衛の任務にあたらせた。馬が肥える秋に侵攻してくるチベット軍にそなえ、防衛の任務にあたったので、これを「防秋《ぼうしゅう》」といった。

藩鎮の跋扈

先に述べたように、「安史の乱」を平定できたのは、一つは「反乱」軍の有力な武将たちが、あいついで帰順したためであり、もう一つはウイグルが唐朝を助けたことによるものだった。このように、唐朝が主力となって、みずからの力で鎮圧できなかったことは、そののちに禍根をのこすことになった。

まず、「反乱」軍から帰順してきた武将を、唐朝は罰することができなかった。そればかりか、その有力な将軍に、幽州盧竜《ろりよう》軍節度使（会府《かいふ》は幽州〔北京市〕）、成徳《せいとく》軍節度使（会府は鎮州《ちん》〔河北省正定《せいてい》県〕）、魏博《ぎはく》節度使（会府は魏州〔河北省大名《だいめい》県〕）を授けてしまった。彼らは、表立っては朝廷の命を聞くふりをしたが、実際には戸籍を朝廷に報告せず、租税もおさめず、州県の官僚を勝手に任命し、自前の軍をもち、あたかも半独立王国のような態度をとりつづけた。この三つの節度使は河北の地（河朔《かさく》）にあったため、これらを後世「河朔三鎮《かさくさんちん》」とよぶようになった。河朔三鎮は、上は節度使から下は兵士まで、契丹人や奚人、テュ

ソグド系突厥の魏博節度使、何進滔《かしんとう》の徳政碑
河北省大名県

ルク人、ソグド人の血をひく者や、遊牧文化や習慣の影響をうけた漢人たちが多くを占め、また依然として安禄山や史思明を神聖視する風潮があって、完全に唐朝のコントロールの外にあった。

これとは別に、今の山東半島一帯を領有した平盧節度使（会府は青《せい》州〔山東省青州市〕。のち、鄆《うん》州〔山東省東平《とうへい》県の東北〕）も唐朝に屈しなかった。平盧といえば、読者は安禄山がついていた節度使の名だと記憶していることと思う。ところが、安禄山が「反乱」をおこしたとき、それにしたがわない将軍が平盧節度使を殺し、営州から山東半島へ移動したのだった。唐朝はこれを嘉《よみ》し、あらためてこの将軍を平盧節度使とした。

しかし、「安史の乱」がおわったあと、高句麗人の李正己《りせいき》がクーデタをおこして平盧節度使をうばい、唐朝から距離をおくようになっていた。平盧節度使は、唐代の河南道にあった藩鎮《はんちん》である。また、同じく河南道にあった淮西《わいせい》節度使（会府は蔡《さい》州〈河南省汝南《じょなん》県〉）も唐朝に対し、当初は半独立の態度をとったことから、これらを「河南二鎮」という。

唐後半期の藩鎮

この河朔三鎮や平盧節度使の影響もあり、河北・河南の周辺の節度使にも、唐朝の命にしたがわない態度をとる者があった。長江にそそぐ漢水《かんすい》流域の山南東道《さんなんとうどう》節度使（会府は襄《じょう》州〈湖北省襄樊《じょうはん》市〉）や大運河沿いにあった宣武《せんぶ》軍節度使（会府は汴《べん》州〈河南省開封《かいほう》市〉）がそうだった。節度使は民政をつかさどる観察処置使《かんさつしょちし》（観察使）も兼ね、管轄するいくつかの州の軍政・民政の長官として君臨した。この軍閥化した地方の支配機構を藩鎮という。藩鎮の中には節度使ではなく、それより一つ格下の防禦使《ぼうぎょし》の職をおびる者もあった。この場合も観察使を兼任したが、その規模は節度使より小さかった。こうした藩鎮の長官を藩帥《はんすい》ともいう。

藩鎮の呼び方についても説明しておこう。史料にあらわれる藩帥や藩鎮は、「使府」がおかれた州名をつけてよぶことがある。幽州節度使がその例である。また藩帥が領有する地域の名でよぶことがある。魏博節度使は魏州と博州という主要な州名を組みあわせた呼び名である。

これとは別に山南東道節度使などのように、道名でよぶものもあった。もともと唐代の「道」は州の上に位置する監察区画として、太宗のときに一〇道がおかれ、その後、玄宗のとき、一五道となった。このとき、各道に採訪処置使《さいほうしょちし》をおき、道内の行政を監督させた。これが、粛宗のときに、観察処置使におきかえられ、より権限が強くなった。

また、その地域の通称でよぶものもあった。玄宗のとき、四川におかれた剣南節度使の「剣南」は道名である。「安史の乱」の最中、これが剣南西川《せいせん》節度使（四川省西部）と剣南東《とう》川《せん》節度使（四川省中東部）にわかれ、その後、西川節度使、東川節度使とよばれるようになる。

節度使直属の親衛軍、すなわち牙軍《がぐん》に軍号があたえられることがあり、この軍号でよばれるものもあった。成徳（軍）節度使や宣武（軍）節度使がそれである。ややこしいのは、宣武節度使の場合、使府の名をとって汴州節度使ということもある。また、これらをふまえ、日本語の概説書では、藩鎮〇〇（〇〇は前記の使府、州名、軍号などが入る）とよぶこともある。

ところで藩鎮は、今まで述べたもの以外にも、唐の全土におかれていた。もともとの節度使は、唐の境界域におかれた国防軍だったが、「安史の乱」がおこると、「反乱」軍をおさえるために国内にもつぎつぎとおかれ、「乱」終結後もそのままのこることになった。王朝を守護する軍鎮、これが藩鎮の本来の姿であるが、しだいに彼らがもつ軍の力を背景とし、ときとして唐に対して不遜な姿勢をしめす藩鎮は少なくなかった。こういった藩鎮を「反側《はんそく》の地」とよび、八世紀後半、たびたび問題をおこし、唐はその対応に手を焼くこととなる。それに対し、唐の支配体制に組みこまれた藩鎮を「順地《じゅんち》」といった。

ウイグルと絹馬交易

唐に協力して「安史の乱」を平定したウイグル帝国は、八世紀後半から九世紀前半まで、およそ一〇〇年間にわたって東ユーラシアに君臨する。唐とウイグル帝国の関係は、絹馬交《けんば》易でむすばれていた。ウイグルの馬と唐の絹織物を交易するこの仕組みは、ウイグル側の強要ではじまった、と唐側の史料には記されている。

しかもウイグルの馬は、値段が高いわりにその品質は低く、実際の使用に耐えないものだったにもかかわらず、ウイグルは必要以上の馬を売りつけてくるので、唐は馬の代金として支払う絹を用意するのが困難だったともいわれる。また、絹馬交易で使者としてやってきたウイグル人は鴻臚寺《こうろじ》(外交機関)に滞在したが、そこを勝手に抜けだして、長安の街中で子女をさらうという狼藉《ろうぜき》をはたらき、あげくのはて、これを捕縛しようとした唐の役人を殴ったうえ、三〇〇もの騎馬兵で皇城の城門におしよせる事件をおこしたと記録される。しかし、事実はこれとはすこしちがい、これらは、ウイグルをわざとおとしめるように書かれたらしい。

そもそも、唐が必要とする馬は監牧という官営牧場で飼育・供給されていた（これとは別に厩舎で飼育する閑厩もあった）。監牧は水や草のある広大な牧地が必要で、そのような場所は現在の甘粛省東部から寧夏回族自治区、陝西省の北部をへて山西省中部に点在していた。ところが「安史の乱」を境に、長安の西北部はチベット帝国の勢力下に入り、多くの監牧がうしなわれた。その結果、唐は、必要とする軍馬をウイグルから輸入する必要にせまられたというのが実情である。馬の値段も、史料を丹念に読めば、妥当な値段であった。唐の問題は、馬をあがなう代金としての絹をどれだけ調達できるのかであった。では、唐の財政はどのような状態だったのだろうか。

3　財政国家へ

塩の専売と漕運改革

「安史の乱」がおきる前の玄宗の時代、すでに募兵制によって軍事費は膨張し、また官僚の人数も増えていて、莫大な給与の支払いをしなければならなかった。そこに「乱」がおき、唐は緊急に軍費をあつめる必要が生まれた。「乱」がおさまったあとも、唐の財政は改善されたわけではない。帝国の各地には藩鎮が跋扈《ばっこ》し、本来、地方から唐の中央政府へおくられるべき租税は藩鎮にうばいとられる始末であった。粛宗と代宗の課題として、財政をたてなおすことが急務だった。その施策を献じたのが、京兆府長安県に本籍をもつ文官の第五琦《だいごき》である。

「乱」がおきてから九か月ほど後、第五琦は成都で玄宗に謁見して江淮での軍事費調達の方法を献策し、そこで江淮租庸使《そようし》に任じられた。さらに彭原《ほうげん》（寧《ねい》州〔甘粛省寧県〕）にいた粛宗に謁見し、江淮地域の租と庸で、軽くて輸送に便利な高級特産品を購入し、これを長江・漢水のルートを利用して関中の扶風《ふふう》郡（岐《ぎ》州、のち鳳翔《ほうしょう》府〔陝西省鳳翔〕）まで運んで軍費にあてることを上奏した。その任務の遂行のため、第五琦は粛宗から山南等五道度支使と転運使《てんうんし》に任じられた。度支使は、もともと戸部に属していた四つの部局のうち、度支曹《たくしそう》が権限を強めて使職となったものだ。「安史の乱」の最中、唐朝は膨大な軍費の調達にせまられ、中央財政の業務も膨張して複雑になった。そのため、支出入の管理など具体的財務にたずさわっていた度支曹の力が増したのだった。また転運使は、江淮の財物を輸送するためにおかれた使職である。

ついで第五琦は塩の専売を献言した。その発想は「安史の乱」がおきたときにさかのぼる。当時、彼はある地方官の属僚として河北に赴任していた。そこで、安禄山に抵抗し、書家としても有名な顔真卿《がんしんけい》が塩の専売をおこなって軍費を調達したのを見たという。そもそも、中国は広大な領土にくらべ海岸線が短いうえに、塩を生産することができる沿岸部は、さらにかぎられていた。また内陸では、山西西南部の両池《りょうち》からとれる塩（池塩《ちえん》）と四川・雲南で井戸をほり、地下水をくみあげてつくる塩（井塩《せいえん》）があるくらいで、塩の生産流通を管理しやすかった。

第五琦は塩鉄使《えんてつし》に任じられ、塩の専売をはじめていく。その方法は、海塩・池塩・井塩のいずれも官が購入し、また販売も官がおこなうというものだった（官売法）。のちに劉晏《りゅうあん》が塩鉄使になると、官が買いあげた塩を商人に払い下げ、販売も商人にまかせる方法に変えた（通商法）。もともと塩の値段は、一斗（約五・九リットル）あたり一〇文だったが、第五琦はこれに一〇〇文の税をかけ、一一〇文で売った。当初は年間四〇万貫ほどの利益だったが、劉晏がひきつぎ、代宗の末年になると六〇〇余万貫の利益を得、中央財政の収入の半分が塩の専売によるものになった。

塩の専売と密接な関係にあったのが漕運だった。玄宗の時代に、江淮の穀物を長安へ運び込むために改革された大運河を利用する漕運システムは、「安史の乱」の影響で機能しなくなっていた。戦乱のため大運河の手入れができず、泥がたまったからである。そのため、江淮の物資の輸送は、長江をさかのぼり、途中で長江の支流の漢水を利用するルートがつかわれた。しかし、その漕運機能は、玄宗時代のそれを大きく下まわっていた。
そこで代宗は劉晏を転運使とし、漕運改革を命じた。このとき、運河にたまった泥さらい、堤防の修築、船や倉庫の修繕、輸送にかかわる労働者を、塩の専売によって得られた費用で雇ったのだ。これは、従来、農民を徴発して無償労働にあてていた労役から、雇用労働へときりかわったことを意味する。中国史上、画期的出来事だったといえる。また、劉晏は輸送ルート沿いの要地に役所（巡院《じゅんいん》）をおき、塩の管理を徹底した。

この劉晏の漕運改革をつうじ、転運使の権限が強くなり、また塩鉄使と密接にむすびつくようになった。一方、転運使と度支使の職掌がわかれはじめ、唐朝の支配領域を東西にわけ、それぞれが管轄するようになっていく。こうして度支使は長安から西北方面および四川方面の財賦を、そして転運使は江淮など東南部の財賦を分掌することとなり、この状態は黄巣《こうそう》の乱のときまでつづいた。

両税法

代宗が病死すると、長男の李适《りかつ》があとをついだ。第九代皇帝の徳宗《とくそう》（在位七七九～八〇五年）である。徳宗は即位当初から、あらたな財政改革をはかった。

すでに、「安史の乱」以前から租・調・庸などの税収入だけでは足りず、唐朝はさまざまな税目をたてていた。たとえば、租だけでは不足する穀物をあつめるため、地税《ちぜい》というものがあった。これは、もともとは凶作にそなえておさめさせた穀物（義倉穀《ぎそうこく》）だったが、中宗以降、しだいに本来の目的外に流用されるようになっていった。玄宗の開元時代には、江淮の義倉米が関中で不足する食糧にあてられ、その漕運に裴耀卿が活躍したことはすでに述べた。こうして、地税は中央財政に必要不可欠なものとなっていった。また膨張する官僚の俸給や役所の費用として、税銭《ぜいせん》（戸税《こぜい》）が徴収された。これは、資産によって格づけされた戸の等級に応じて貨幣で徴税するものだった。

「安史の乱」が終結したあと、租調役制による徴税体系は完全に崩れさった。すでにおこなわれていた地税・税銭に加え、作付面積に応じて貨幣をおさめさせる青苗銭《せいびょうせん》（対象は全国）や作付面積に応じて穀類をおさめさせる什一税《じゅういちぜい》（対象は京兆府）などがもうけられ、税目が乱立していた。塩の専売による収入は増えつつあったものの、各地で跋扈する藩鎮が勝手に課税をおこなうなどの混乱もあり、緊急に税制を改革する必要にせまられていた。

徳宗が即位すると、宰相の楊炎《ようえん》が徴税に関する抜本的改革案を上奏した。税目を一つにまとめ、藩鎮の恣《し》意的搾取をおさえようとするもので、これが両税法《りょうぜいほう》とよばれる、中国史上、画期的税法である。

両税法という名は、一年に夏と秋の二回、納税の期限をもうけ、税を徴収したことによる。

唐前半期の租・調が成人男子（丁）個人に課せられていたものに対し、両税法の課税の対象は、実際に労働に従事している「戸《こ》（世帯）」となった。その戸は、王公以下、すべての人びとが対象であり、その資産をはかって等級をさだめ、それによって納税額が決められ、それを一年に二回（三回の場合もある）にわけておさめた。これは貨幣でおさめるもので、両税銭という。また、これは定住者に課すものであり、定住しない行商人には、運んでいる商品価格の三〇分の一を、州や県において商税としてとりたてた。

これとは別に、農耕地を所有するものには、その面積によって負担額を決め、麦畑には六月納期の夏税を課し、粟田《ぞくでん》と稲田《とうでん》には一一月までにおさめる秋税を課した。これらは穀物でおさめるもので、両税斛斗《りょうぜいこくと》という。この徴税方法の背景には、唐代の半ばころまでには農業技術が発達し、また小麦の栽培が広まり、粟《アワ》と組みあわせた二年三毛作がおこなわれるようになっていたことがあった。

従来の両税法の解説は、銭納が原則であるが、貨幣が十分に普及していなかったため、穀物や絹織物・麻布などでの代納があった、と説明されてきた。しかし、近年の財政史研究者たちの見解では、貨幣と穀物による二本立ての納税制度だったという説が、支持されている。

両税法以前は、農民がおさめる租や調の額が決まっていたので、戸籍で人口をしっかりと把握しておけば、国家歳入の総額を割り出すことができ、それによって支出を決めていたのである。それに対し、両税法がおこなわれるようになると、唐朝はあらかじめ一年ごとの支出額を計算し、それによって税を徴収するようになった。しかし、実際にはせっかく年度予算をたてても、それほど財政がしっかりとしていなかったため、一度決めた税額が固定してしまうなどの事象も見られた。

また、両税法は、書類上の戸籍で把握された人びとではなく、実際にある場所に住み、土地をもっている者を把握して課税した。これは、農民の土地所有をみとめることになり、それまでの中国の歴代王朝がとってきた大土地所有を制限するという政策を、大きく変えるものだった。逆にいえば、土地をもたない人（小作人など）は課税されないし、また人びとは本籍地から自由に離れることも可能となる。このことは、唐の後半期、社会が流動的になっていく情勢と呼応するものであった。そして、大土地所有の公認は、荘園が発達していくこととなる。

この両税法をはじめるにあたって、徳宗はあるパフォーマンスをした。即位した翌年正月に建中《けんちゅう》（七八〇〜七八三年）と改元し、南郊で天を祭る儀礼をおこない、そこで天下に大赦し、その大赦文の中で両税法の内容を公表し、その実施を宣言したのである（七八〇年）。このことは、大赦の効力が律令のそれをうわまわったことを意味し、律令制崩壊のシンボリックな出来事としてとらえることができる。

こうして唐は、両税法と、これに先立つ第五琦と劉晏による塩の専売と漕運改革とをあわせて、従来の武力国家から財政国家へと大きく変質していく。財政国家というのは、あらゆる手をつくして財源を確保し、財政を充足させ、武力が必要になったときは、金銭でそれを買うという国家のことである。さらにつけ加えれば、武力のみならず、税の運送や大規模な土木工事などの労働力も、金銭で人を雇うことによって確保するようになったのだ。

また徳宗の時代には、戸部のもとにあった四つの部局のうち、戸籍などの編成にあたっていた戸部曹が中央官僚（京官）の給与を管轄する財政機関として権限を強めていく。唐末には、先に見た度支使、塩鉄使とともに統合され、これがのちに三司使《さんしし》といわれる財政機関となっていく。

河北・河南藩鎮の独立

三八歳で皇帝となった徳宗は、はじめは意気軒高だった。一時的に財政をたてなおした勢いで、念願の跋扈する藩鎮の勢力削減をはかろうとしたのだ。

即位して二年めのこと、河朔三鎮や平盧節度使の第一世代があいついで亡くなり、その子や親族が世襲をもとめてきた。しかし、財政再建によって自信を強めていた徳宗は、それをみとめなかった。一方、独立王国のようだった河北の成徳と魏博、そして平盧、山南東道の諸藩鎮は婚姻をつうじて結束し、たがいに協力しあって領土の世襲が成功するように密約をむすんでいた。そのため、ここに唐朝と河北・河南の諸藩鎮との争いの火ぶたが切られた。

徳宗は、まず山南東道節度使にねらいをさだめた。その東にある淮西節度使の李希烈《りきれつ》に命じて、これを討伐させたのだ。ところが、李希烈はもともと、先代の淮西節度使をおいだして節度使になったような人物だったため、こんどは淮西が朝廷の命令を聞かなくなってしまう。また、河北の藩鎮も一時的に降伏する姿勢も見せたが、徳宗の強硬な姿勢に不満をもち、ついには幽州節度使もまきこんで、唐との対立を深めた。そして河朔三鎮と平盧節度使はともに王を称して、唐からの独立を宣言する始末であった。

この間、唐は藩鎮対策に膨大な戦費を必要とし、その額は月あたり一三〇万貫にのぼった。そのため、唐朝は間架《かんか》（家屋税）と除陌銭《じょはくせん》（取引税）を課したが、これは相当評判が悪かったという。さらに、河北と河南の藩鎮の動きに乗じ、淮西の李希烈までもが王を名のった。淮西節度使の根拠地である蔡州は、洛陽のすぐ南に位置していたため、東都洛陽が脅かされることとなった。

東方におけるこの緊迫した情勢に対応するため、唐はチベット帝国と盟約をむすび、「国境線」をさだめた。これを建中の会盟という（七八三年正月）。こうして西方の安全を確保したうえで、徳宗はチベット軍の侵攻にそなえて長安の西に配備していた涇原《けいげん》節度使（会府は涇州〔甘粛省平涼《へいりょう》市涇川県〕の五〇〇〇人の兵士を東方へむかわせることにした。しかしここで、思わぬ形で事件がおきた。

涇原の兵乱

チベット帝国と盟約をむすんだその年の冬一〇月、河北・河南の動乱をおさえるために動員された涇原の兵士たちは、雨に濡れ、寒さに震えながら東にむかって進軍していた。兵士に対する扱いはひどかった。長安を通りすぎ、都の東を流れる滻水《さんすい》についたとき、ようやく軍をねぎらえという詔がとどいたが、そこで出されたのは粗末な食べ物だけだった。これに激高した兵士は、それを蹴飛ばすや長安へとってかえし、ついに反乱をおこしたのだ。

当時、長安には、地方の下級事務員出身の白志貞《はくしてい》がひきいる神策軍の一部がのこっていたが、反乱の対応にはまったく役にたたなかった（その他の神策軍は河北討伐に参戦していた）。徳宗はあわてふためいて長安から脱出し、西の奉天《ほうてん》〔陝西省乾県〕へ逃げこむ始末だった。父の代宗についで、自分も都落ちすることになってしまった。

反乱をおこした兵士たちは、もとの涇原節度使の朱泚《しゅせい》をリーダーにむかえた。朱泚はもともと幽州節度使だったが、代宗のとき、幽州の兵をひきいて防秋の任務につくため長安へやってきて、そのままとどまっていたが、一時期涇原節度使となったことがあった。一方、朱泚の実弟の朱滔《しゅとう》は節度留後《せつどりゅうご》（節度使代理）として幽州におり、やがて河北・河南の藩鎮の乱に加担していく。そのとき、朱滔は兄に協力してくれるようにと手紙をおくったところ、途中でこの使者が捕まって、ことが露見してしまった。そのため、朱泚は長安城内の邸宅に蟄《ちっ》居《きょ》させられていた。涇原の兵士らは、その朱泚を担ぎだしたのだった。

朱泚には何かしら兵士を引きつける魅力と、兵士によりそう心持ちがあったようだ。そして、涇原の兵士が彼をリーダーに推戴すると、彼はついに大秦皇帝を名のった。一方、奉天に逃れた徳宗は、自分のまわりに朱泚を討伐できるような将軍や軍がいないことがわかると、河北方面に討伐にむかっていた諸軍に檄を飛ばした。

これに呼応したのが、靺鞨人の武将である李懐光《りかいこう》や神策軍の一部をひきいていた李晟《りせい》だった。李懐光は河北から関中へ電光石火のごとくもどり、徳宗を奉天からすくいだすことに成功する。懐光の到着が、あと三日遅かったならば、奉天は落城していただろうと、人びとはうわさしあった。しかし、宰相が讒言《ざんげん》したことにより、李懐光は恩賞に与《あずか》れないまま放置された。不満を募らせた李懐光は、のちに朱泚につうじ、反乱に加担することとなる。

混乱の終息

徳宗は、自分の政策の失敗を自覚せざるをえなかった。いまだ終息が見えない河北・河南の諸藩鎮の反乱、朱泚の皇帝即位宣言。ついに徳宗はみずから反省することを表明した。建中から興元《こうげん》と元号を改め（七八四年）、大赦し、自分自身を罪するという詔をくだしたのである。また、その中で悪名高かった間架と除陌銭をとりやめた。

この詔を起草したのは翰林学士《かんりんがくし》の陸贄《りくし》だった。翰林学士は玄宗の時代におかれた皇帝直属の秘書官である。もともと詔勅の起草は中書舎人がおこなっていたが、しだいに最重要な内容の詔勅（内制）は翰林学士が、そのほかの詔勅（外制）は中書舎人が起草するようになっていった。陸贄は一八歳で進士に合格した逸材で、徳宗が皇太子時代からその名を知っており、翰林学士に任命したのだった。

陸贄が起草した詔は、意外にも効果があった。成徳、魏博、そして平盧の節度使が王号をとりさったのである。

しかし、朱泚は国号を漢とし、みずから漢元天皇と名のり、天皇と改元したばかりか、冷や飯をくわされた李懐光とつうじ、反乱の勢いは衰えを見せなかった。徳宗はやむなく奉天から秦嶺山脈を南にこえて梁《りょう》州（のち、興元府〔陝西省漢中《かんちゅう》市〕）へ逃げた。さらに淮西節度使の李希烈も国号を大楚とし、武成《ぶせい》と改元して皇帝の位につく始末であった。

それに対し、唐は李晟を中心に態勢をたてなおし、長安を回復することに成功した。おいだされた朱泚はチベット帝国へ逃れようとしたが、途中で部下に殺されて首を献じられた。

こうして徳宗は九か月ぶりに長安へもどることができた（七八四年七月）。また淮西の李希烈も部下に毒殺され、唐に降った。ただ、淮西の場合、その後、李希烈にかわいがられていた部下が立ちあがって節度使となり、徳宗の存命中、ふたたび朝廷の命を聞かない藩鎮となっていった。

こうして五年におよんだ藩鎮の乱はおわったが、唐がうけたダメージは思いのほか大きかった。また徳宗の心の傷も深かった。都落ちしたとき、徳宗の身辺にいたのは、皇太子のときから仕えていた宦官の竇文場《とうぶんじょう》と霍仙鳴《かくせんめい》がひきいるわずか一〇〇人の宦官たちだけだった。この逃亡生活で、徳宗はあらためて宦官を信頼するようになっていく。

また、徳宗は、自分を守ってくれる禁軍の強化をはかった。奉天から長安にもどったとき、神策軍は李晟がひきいていたが、徳宗は李晟を昇格させたうえで長安から外へおいやってしまう。そして、神策軍を左《さ》・右廂《ゆうしょう》の二軍にわけ、それぞれに宦官を監軍としておいた。神策軍を左右にわけたのは、たがいに牽制しあわせるためだった。のちに神策軍は左・右神策軍と名をかえ、長官としてそれぞれに護軍中尉《ごぐんちゅうい》をおいた。竇文場と霍仙鳴がそれぞれ初代の左・右神策護軍中尉となり、以後、宦官がこの職を独占していった。こうして神策軍の力をバックに、宦官の勢威が唐末までつづくことになる。

西域の喪失

「安史の乱」のとき、唐が河西から隴右の地をチベット帝国にうばわれたあとも、西域における唐朝の支配はかろうじてつづいていた。先に述べたように、太宗以来、唐は今のトゥルファンに西州をおき、また焉耆《えんぎ》・亀茲《きじ》・疏勒《そろく》・于闐《うてん》に軍団（安西四鎮）をおいて支配していた。玄宗時代には、天山南麓に安西節度使を、天山北麓に北庭節度使をおき、天山山脈をはさんで東西南北にはしる交易路をおさえていた。しかし、「安史の乱」で唐の兵力が東へ移動した結果、唐の本土と西域をむすぶルートである河西回廊がチベット帝国の勢力下に入ってしまう。そのため、唐の朝廷と西域におかれた軍鎮との連絡は絶たれていた。

唐の国内が騒乱にあけくれた八世紀の後半、チベット帝国はその隙に乗じ、念願のタリム盆地へと進出をはかった。チベット軍の進出はタリム盆地を北にこえ、さらに天山北麓にある北庭に達した。こうなると、モンゴリアのウイグル帝国との衝突はさけられない。当初、チベットが優勢で北庭をうばい、この付近にいたテュルク系の沙陀《さだ》族も支配下にいれた。その後、ウイグルがまきかえし、両者は一進一退をくりかえしながら、最終的にはウイグル帝国が勝利し、北庭を支配することになった。

こうして、河西からタリム盆地にかけての勢力範囲がさだまった。ウイグルはトゥルファンをふくむ天山東部地域からタリム盆地の北辺を支配し、一方のチベットはタリム盆地の南

庭州故城（北庭節度使の会府）、のちの西ウイグル王国の都ビシュバリク
ウイグルとチベットの北庭争奪の舞台となった

辺をおさえ、さらに敦煌から河西回廊、そして隴右にいたる空間を支配した。八世紀前半まで唐が支配していた「シルクロード交易」の主要ルートは、南北にわかれ、それぞれ当時の東ユーラシアに君臨した二大勢力があらたに支配することになり、唐はこの方面の支配を完全にうしなうことになったのだ。

李泌の献策

このとき、唐朝はチベット帝国とウイグル帝国のなすがままになっていたのだろうか。実は、そうとは言い切れない。徳宗の治世は、一見すると国内でおきた事件に翻弄されているかのようである。しかし実はその間にも、対外的政策は、しっかりと練られていたのだ。

徳宗が奉天から都の長安へもどった三年後、宰相の李泌《りひつ》が北のウイグル、西南の南詔、さらに遠く天竺や西アジアのアッバース朝とむすんで、チベット帝国を封じこめるプランを建言した(七八七年)。西アジアのアッバース朝までもまきこむこの壮大なプランがどこまで具体的に実行されたのか、またアッバース朝が実際にこの同盟に参加したのかは不明である。

ただ、李泌の戦略については、一九八四年に陝西省涇陽《けいよう》県で見つかった「楊良瑶《ようりょうよう》神道碑」によって、興味深い事実が明らかになっている。この碑文によると、李泌が建言する直前、楊良瑶という宦官が、聘国使《へいこくし》として国信詔書を携えて海路でアッバース朝におもむいていたという。楊良瑶の使命が、アッバース朝との同盟関係をむすぶものであったのかは定かではない。しかし、李泌の建言は楊良瑶の帰国後にあたり、彼がもたらした情報をふまえたものであった可能性は高い。

また、南詔を唐側に引きずりこむ策には、当時、朱泚の乱の鎮圧に功績があって西川節度使に任じられていた韋皐《いこう》の働きが大きかった。南詔は、玄宗の開元のとき、チベット帝国の四川西部や雲南西北部への侵入を防ぐため、唐の援助をうけて成立した王国だったが、天宝の時代になると、南詔は唐と対立するようになり、やがてチベット帝国に与《くみ》してしまう。

しかし、徳宗のころになると、南詔はチベット帝国の圧政に苦しみはじめ、それから脱しようとしていた。そこで、南詔は韋皐をつうじて唐との通好を回復しようとし、一方、唐も対チベット政策とのかねあいからこれをゆるし、南詔はふたたび唐に帰属し、唐は異牟尋《いぼうじん》を南詔王として冊立した（七九四年）。この李泌の献策の効果はしだいにあらわれていき、やがて、唐とチベット帝国との間に盟約がむすばれることになっていく。

徳宗の時代、藩鎮を唐朝のコントロール下におこうとしたが失敗におわった。しかし、外交面ではあらたな試みをはじめたときだった。そのような中、徳宗は二六年におよんだ治世を終えた（八〇五年）。享年六四だった。そして彼の政策は、次世代にもちこされるのだった。

空海と最澄

徳宗が亡くなるわずか一か月前、日本からやってきた遣唐使の使節団が長安に到着した。この中には真言宗の開祖となる空海《くうかい》がいた。最澄《さいちょう》もこの遣唐使のメンバーだったが、すでに日本で内供奉十禅師《ないぐぶじゅうぜんじ》となって宮中に参内する身分にあり、通訳随伴の請益僧《しょうやくそう》としての渡唐だった。これは遣唐使とともに往復するだけで、短期間の視察・見学しかできない。最澄は八か月余りしか唐に滞在せず、その間に台《たい》州（浙江省台州市）と同州にある天台山で天台教学を、越《えつ》州（浙江省紹興市）で密教を学び、およそ二三〇部四六〇巻におよぶ経疏《きょうしょ》やさまざまなものをもちかえり、日本天台宗の開祖となる。

一方、空海は、当時はまだ日本でも有名ではなく、遣唐使が出発する直前にようやく正式な僧侶となっている。しかし、唐における知名度では、空海のほうが高かったようだ。唐側の史料には「〔徳宗の〕貞元《ていげん》年間のおわり、日本の王は桓武《かんむ》といい、使者を派遣し朝貢してきた。その学子の橘逸勢《たちばなのはやなり》、浮屠《ふと》（僧侶）の空海は〔長安に〕とどまって学ばんことを願った」（『新唐書』巻二二〇「東夷伝・日本条」）と記録されている。唐の日本に関する記録は歴代の天皇の名や遣唐使の大使の名は記されるが、それ以外の人員の名がのこるのはわずかだ。その中で空海が記されたのは、それなりの理由があったのだろう。

留学僧《るがくそう》として二〇年間ほどの留学期間があった空海は、長安の日本人僧の拠点となっていた西明寺《さいみょうじ》に寄宿した。当時の西明寺には、不空の弟子でカシュガル出身の慧琳《えりん》がおり、また、新訳の密教経典も集中して所蔵していた寺院だったらしく、長安における密教情報センターのような拠点であった。このような寺院に滞在した空海が、密教に関する最新の情報を手にいれたことは、容易に想像できる。やがて空海は、青竜寺にいた不空の弟子にあたる恵《けい》果《か》と邂逅《かいこう》し、師事した。そして短期間に『大日経』系と『金剛頂経』系の両部の密教を伝法され、阿闍梨《あじゃり》位の灌頂《かんじょう》をうけた。と同時に恵果も亡くなり、空海は二年足らずの留学をきりあげ帰国するのだった。

ちなみにこの最澄と空海が渡航した遣唐使の長安到着は貞元二〇年一二月二三日であり、

これを西暦換算で八〇四年とする書籍もある。しかし、西暦八〇四年は貞元二〇年一一月二六日でおわっているので、正確には八〇五年である。

第5章　中国型王朝への転換——九世紀前半〜中葉

1　唐朝の「中興」

順宗即位

徳宗のあとは、長男で皇太子の李誦《りしょう》がついだ。このとき、彼はすでに四五歳。脂がのりきった皇帝の登場かと思われたが、残念なことに即位する数か月前に「風病」、今でいう脳卒中を患い、話すことができなくなっていた。そのため、徳宗の死から三日の間、皇太子李誦を立てようとするグループと皇太子の長男の李純《りじゅん》（のち憲宗《けんそう》）を推すグループとの対立があったようだ。結局、皇太子派が政権をとり、李誦が第一〇代の皇帝に即位した。廟号をとって順宗《じゅんそう》（在位八〇五年正月二六日〜八月四日）という。

順宗は皇太子だったときから、増長する宦官をうちたおして国政を正しい姿にもどそうと考えていたが、病気による言語障害のため、物事を決することができなかった。そこで順宗は、皇太子時代の侍読《じどく》（家庭教師）だった王叔文《おうしゅくぶん》を翰林学士（皇帝直属の秘書）に抜擢し、信任していた翰林学士の韋執誼《いしつぎ》を宰相として外朝をおさえ、また内廷では宦官の李忠言《りちゅうげん》と寵愛する牛昭容《ぎゅうしょうよう》（昭容は女官の官名。九〇頁）を身辺にはべらせ、皇帝と外朝、そして内廷をつなぐ新しい政治体制をつくりあげ、改革運動をはじめた。その実務の中心人物は王叔文だった。

永貞革新

改革の第一弾は「宮市《きゅうし》」を廃することだった。「宮市」とは、宮中で必要なものを長安の街で調達することだが、徳宗のころから宦官が使者となり、長安の東西の市などで買いあげるようになっていた。しかし、宦官らは適正な代価を払わないばかりか、品物を強奪するありさまだった。そのため長安の商人たちは、宮市の宦官がやってくると、店先には粗悪品をならべ、店主は奥へ隠れたと伝えられている。さらに宦官たちは、宮中へ品物を納入させる料金までふんだくっており、宮市の弊害はきわまりなく、その対応が急務だったのである。

ついで皇室のための狩猟用の犬やハヤブサ、タカなどを宮中で飼育する五つの「坊《やくしょ》」で働く小役人（五坊《ごぼう》の小児《しょうじ》）をとりしまった。彼らは街中で餌《えさ》となる鳥や雀《すずめ》を捕まえるのが仕事の一つなのだが、それにかこつけて、他人の家の門や井戸に捕獲のための網を張り、近づく人を殴打して銭物を出させるなど、ゆすり、たかりをおこなっていた。順宗は皇太子時代からこれらのことをにがにがしく思っていたのだ。

また、塩鉄使や地方の藩鎮からの上納をやめさせた。「安史の乱」後におかれた塩鉄使は、唐朝による塩の専売を一手にになう使職であり、物資流通をつかさどる転運使《てんうんし》も兼任し、宰相の次に重要なポストに成長していた。徳宗の治世には、地方の藩鎮のみならず中央官である塩鉄使までも、正規の税のほかにとりたてた税を「羨余《あまりもの》」として上納するようになっていた。これを「進奉《しんぽう》」という。進奉された財物は、国庫に入らずに宦官が管理する内庫に入り、皇室財政にくみこまれた。順宗はこれらを国庫におさめるようにさせたのである。また、宰相の杜佑《とゆう》を名目上、度支使と塩鉄転運使とし、王叔文がその副長官となって国家財政の実権をにぎった。さらに、王叔文は宦官の手から禁軍の指揮権をうばおうとした。当時、長安にいる神策軍のほか、関中の各地にも神策軍がおかれていた。王叔文は、范希朝《はんきちょう》という老将をひっぱりだし、彼に都の西方に駐屯していた神策軍を統べさせようとしたのだ。しかし、この計画は宦官側にもれ、失敗におわる。

ちょうどそのころ、王叔文の母が病気となり、間もなく亡くなってしまった。親の死に際しては、いったん職を辞するという当時の慣習にしたがい、王叔文も改革途中で職を辞さざるをえなかった。彼の母の死は、そのあまりのタイミングのよさに宦官の仕業だったかもしれないという研究者もいる。

それはともかく、王叔文がいなくなった朝廷において、彼の改革をにがにがしく思っていた宦官と徳宗朝時代の元老や旧臣らは、順宗が病気であることを理由に皇太子に政務をまかせ、ついで譲位させることに成功した。順宗の在位はわずか六か月余りという短さだった。順宗は太上皇として長安城内の興慶宮《こうけいきゅう》にうつり、「永貞《えいてい》」と改元した。王叔文らの改革は、この元号をとって「永貞革新」とよばれるが、わずか一四六日で失敗におわったのである。

その背景には、順宗・王叔文の改革に反対する宦官たちの暗躍があったことは注意しなければならない。これを裏付けるように、順宗は退位のあと、わずか五か月後に崩御する。宦官の手がおよんだとみられるが、宮中奥深くの出来事で、今では確かめることはできない。

ちなみに、王叔文の一党には、唐宋八大家の一人、古文復興運動で有名な柳宗元《りゅうそうげん》がいた。この政争に連座した柳宗元は、生涯、都にもどることはなく、左遷先で名文をしたため、また唯物主義的思索にふけったという。

順宗のあとは皇太子の李純がついだが、それには宦官の働きがあったことは間違いない。二八歳の青年皇帝で、廟号を憲宗（在位八〇五～八二〇年）という。

憲宗は、各地に割拠する藩鎮勢力をおさえ、唐朝の威光をふたたびとりもどそうとした。とくに安禄山以来の旧将を多くかかえる河朔三鎮や河南の平盧節度使は、半独立王国のようであった。これに打撃を加えようとした徳宗の藩鎮政策が失敗におわると、唐朝の権威はますます低下し、唐朝の命にしたがわず、勝手に後継者を決め、自立をはかろうとする藩鎮があらたにあらわれはじめていた。

憲宗

蜀（今の四川省）の成都におかれていた西川節度使もその一つだった。この藩鎮は、チベット帝国に対してにらみをきかす雄藩であり、また西川節度使が領する蜀の地は、戦乱などで天子が都から逃げだす先、いわゆる蒙塵《もうじん》の地として重要だった。徳宗のとき、文官出身の韋皐が西川節度使に任じられた。

韋皐はチベット帝国の侵入をおさえ、雲南にあった南詔をチベットから離反させて唐に服属させることに成功するなど、対外的に辣腕《らつわん》をふるっていた。また彼は蜀の人びとに重い税をかけ、その財物を進奉して皇帝の寵愛を得た。そのため、蜀の地は空っぽになったという。彼は麾下の兵士の待遇を厚くして歓心を買い、節度使の地位を保った。ただその後、倉庫が満たされると、領内の民衆の支配をゆるやかにし、三年に一度、租税と賦役を免除するようになった。蜀の人びとは彼の像を描いて土地神とし、家ごとに祭る風習が後世までのこったと伝えられる。

八〇五年、二一年の間、節度使の地位にあった韋皐が亡くなると、彼の部下で、進士出身の劉闢《りゅうへき》という者が勝手に留後《りゅうご》（次期節度使候補）を名のった。はじめ、憲宗はこれをゆるそうとはしなかったが、即位して間もないころであり、つい劉闢に節度使の地位をあたえてしまった。驕《おご》った劉闢は、となりの東川節度使までも兼任することをもとめ、これがゆるされないと知るや、東川（四川省東部）を攻撃しはじめた。さすがに憲宗もこれはみとめず、ただちに軍をおくって劉闢をとらえ、この動きを封じこめることに成功（八〇六年）。また、この事件と同じころ、オルドスにおかれていた夏綏銀《かすいぎん》節度使も自立の動きをしめした。長安の北方にあるこの藩鎮は、チベット帝国やウイグル帝国に対する最前線の重要な藩鎮だった。そのため、憲宗はただちに手をくだし、その動きを封じこめた。

こうして、唐朝のコントロールから離れようとした四川とオルドスの藩鎮をおさえこんだ憲宗は、こんどは東南に目を転じた。ここにあった浙西《せっせい》節度使の李錡《りき》も唐朝に反抗しようとしていたからである。浙西（浙江西道《せっこうせいどう》）の地は長江下流域の南岸、今の江蘇省南部と浙江省北部にあたり、肥沃《ひよく》な田地のほか、塩や茶も産し、唐朝の重要な財源地帯の一つであった。そのため唐朝は、この地の藩帥に文官を任命していた。

李錡は宗室の血をひく文官で、父の恩蔭《おんいん》によって浙西地方のある州の長官となった人物である。彼は、そこで手にいれた財富を賄賂として宦官に贈り、その見返りに浙西観察使と諸道塩鉄転運使の地位を手にいれた。すると、こんどはその地位を利用して天下の利権を掌握し、余剰の財物を進奉した。それらの財物は国庫に入らず、皇帝の私的財産となったので、当時の皇帝だった徳宗は李錡を寵愛したという。

こうして李錡は皇帝とむすびつくと、次は私兵軍団をつくりあげた。強弓を引くことができる者をあつめて「挽硬随身《ばんこうずいしん》」とよび、また江南の地に流されていた「胡《ソグド》」人や騎馬遊牧民の奚人を「蕃落健児《ばんらくけんじ》」と名づけ、他の兵士の一〇倍もの給与をあたえて優遇した。のちに李錡は「永貞革新」のため、塩鉄転運使の職を解かれ、その職から得られる利権をうしなったが、そのかわりに浙西観察使から鎮海軍《ちんかいぐん》節度使（順宗のとき、浙西の潤州《じゅんしゅう》〔江蘇省鎮江市《ちんこう》〕に鎮海軍がおかれた）となり、軍事権を掌握できたことに満足したという。

ところで先述のように、憲宗の時代になると自立をはかろうとする西川や夏綏銀に対し、毅然《きぜん》と対応するようになる。それまで朝廷を軽んじていた節度使たちは、それを見て、服属の意思をあらわそうとした。節度使となって有頂天になっていた李錡もそうせざるをえない状態においこまれた。そこで彼は、表向きは部下を留後に指名したが実際は入朝せず、親兵にこの留後を殺させ、さらに腹心の者に命じて浙西領内の州の長官を殺すことを謀り、自立しようとした。しかし、この計画は失敗し、一か月ほどで李錡は鎮圧されてしまった(八〇七年)。

財政改革

李錡の事件に片がついたその年の一二月、宰相だった李吉甫《りきつほ》が『元和国計簿《げんなこくけいぼ》』という書を編纂し、憲宗に献上した。これは、当時の唐朝全域の行政区画と戸口の数をしめし、中央政府におさめられる租税の状況が一覧できるものだ。これによると、全国には四八の藩鎮があったが、それらはすべてが同じタイプだったわけではない。もともと唐朝の支配から半独立割拠していた河朔三鎮や河南二鎮などは中央に租税をおくっていなかった。また、長安の西方と北方におかれ、チベット帝国やウイグル帝国に対する防衛の任にあたっていた諸藩鎮も上供《じょうきょう》しないばかりか、逆にその軍事費は中央から支給されていた。

そうした唐朝の財源を支えていたのが、長江の中下流域と東南海岸沿いにあった淮南、浙《せっ》西《せい》、浙東《せっとう》、宣歙《せんしょう》、鄂岳《がくがく》、江西《こうせい》、湖南、福建の八つの藩鎮だった。当時の唐朝が把握していた全国の戸数は二四四万強で、この八つの藩鎮には全体の六六%にあたる一四四万戸があっ

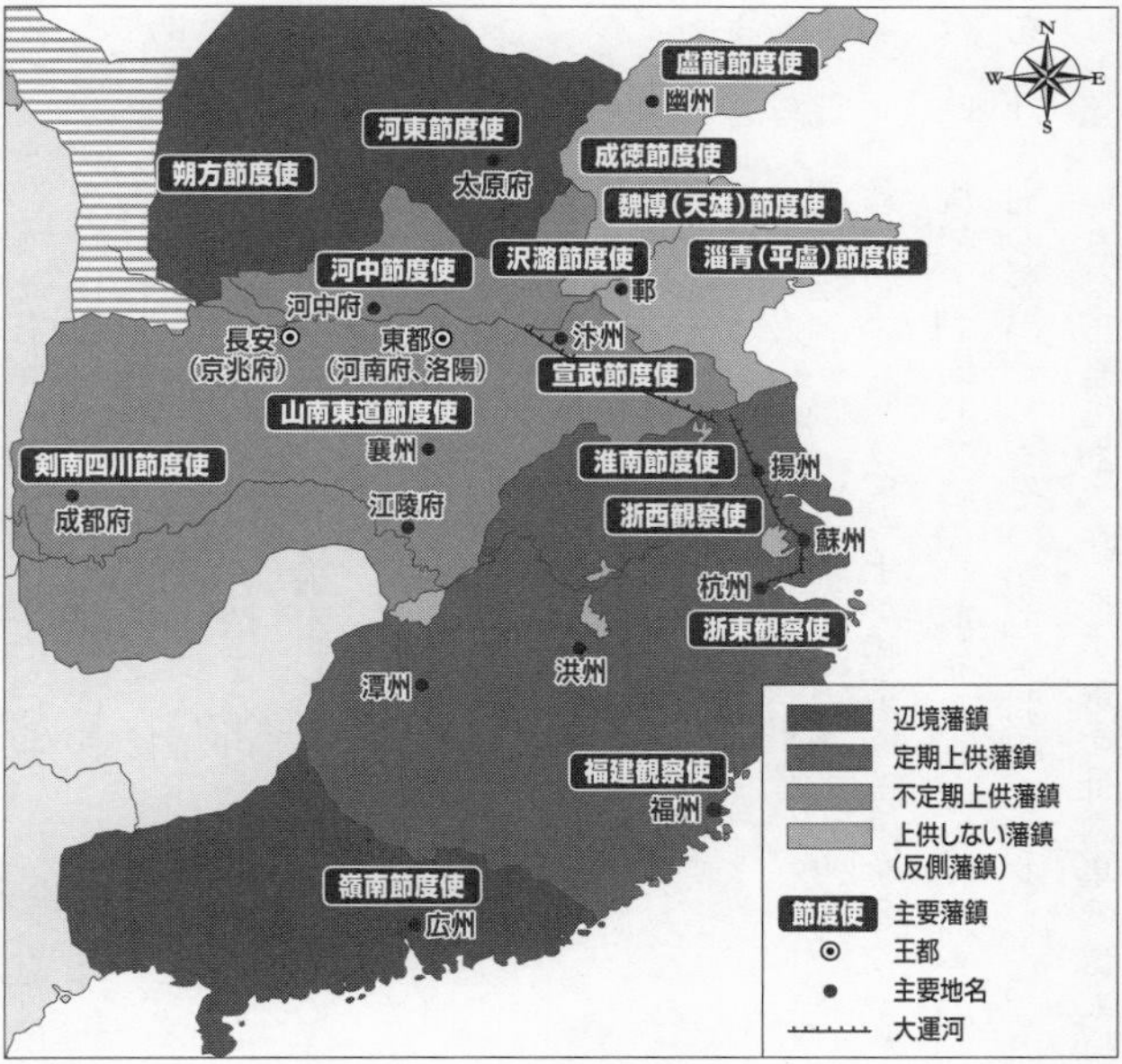

5－1　藩鎮の上供・不上供図

た。唐朝の中央財政を支える根幹が、これらの地域にあったわけで、李錡の浙西節度使も、そういう意味で最重要な財源地帯の一つだったわけである（5－1）。

ところで、各地の藩鎮はいくつかの州を管轄していた。節度使がいる州には直属の軍がおり、また管轄する州にも軍（外鎮《がいちん》軍《ぐん》）がおかれていた。藩鎮の財政は、その軍隊を維持する費用がもっとも大きなウェイトを占めていた。両税法が施行されて以来、藩鎮は、管轄する州ごとにあつめた租税を三つにわけ、一つはそのまま各州の費用にあて（留州）、一つは節度使の倉庫へおさめ（送使）、そしてのこりの一つを中央へおくっていた（上供）。藩鎮は、かなりの額を中間搾取していたわけである。そこで当時の宰相だった裴垍《はいき》は両税法改革をおこない、節度使がいる州の租税をまるごとその藩鎮の財政にあて、管轄する州の租税の送使の分を上供にくみいれた。こうして藩鎮財政は直属州の租税のみに限定したのである。そのおもな対象が、江淮など八つの藩鎮にあったことはいうまでもない。それは、唐朝の統制から自立しようとしていた李錡をおさえこんだことから可能になったともいえるだろう。

藩鎮の平定

西川、夏綏銀、浙西の各藩鎮の自立化をおさえこんだ憲宗は、いよいよ河朔三鎮を平定しようとした。

李錡の事件から一年余りあと、成徳軍節度使が亡くなると、河朔三鎮の慣行（「河朔の旧事」という）にならい、その子が勝手に留後を名のった。憲宗は、河朔三鎮をおさえこむのは、時期尚早と判断してこの世襲をみとめたが、その一方で成徳が領有する州のうち、二州をわけて別の藩鎮とし、その勢力を弱めようとした。成徳は当然これを拒否したので、憲宗はお気にいりの宦官である吐突承璀《とつしょうさい》を征討軍の総大将とし、諸藩鎮にも号令し成徳征伐の軍をおこした。しかし、これはうまくいかなかった。また成徳も帰順を申しでてきたので、それを機に、征伐を中止してしまった（八一〇年）。

ところがその二年後、河北と河南に跋扈する藩鎮を激震させる大事件がおきた。河朔三鎮の一つだった魏博節度使が朝廷に帰順する姿勢をしめしたのである。魏博節度使は、創建以来、安禄山の武将であった田承嗣《でんしょうし》の子孫が世襲してきた。憲宗が立って七年目、当時の魏博節度使が亡くなると、魏博内部の軍政が乱れた。そのため、魏博の牙軍は、傍系の田興《でんこう》を推戴しようとした。これに対し田興は、節度使就任の条件として、「安史の乱」以来、約半世紀にわたる半独立王国の姿勢を放棄することを兵士たちに申し渡し、牙軍もこれに応じたのだった（八一二年）。これを嘉《よみ》した憲宗は、田興に弘正《こうせい》の名を賜り、あらためて魏博節度使に任じた。

憲宗は、この勢いにのって、河南二鎮の淮西節度使を討とうとした。淮西は第４章で見たように、徳宗のときから自立化がすすみ、節度使の世襲がおこなわれてきた。ちょうど魏博が唐朝に帰順したころ、淮西節度使も亡くなり、その子が留後を名のった。しかし、憲宗はこれをみとめず、諸藩鎮に命じて淮西討伐の軍をおこした（八一四年）。この淮西をひそかに支援したのが成徳と平盧だった。

当時、平盧節度使だった李師道《りしどう》（李正己《りせいき》の孫）は刺客や工作員をやしなって優遇していた。

彼は、その工作員に大運河と黄河の結節点にある河陰《かいん》（河南省滎陽《けいよう》市東北）におかれていた転運院を襲撃させ、ここにたくわえられていた絹織物三〇余万匹、穀物三万余石を焼き捨てさせた。また、都の長安へ刺客を放ち、宰相の暗殺をはかった。当時、中央で軍務を担っていた宰相が、早朝のまだ暗い中、参内しようと屋敷を出たところを襲われ暗殺された。また、対藩鎮強硬論者の別の宰相も襲われ、首を斬りつけられて側溝に落ちた。ただ、彼の場合、幸い防寒用のフェルト製のかぶりものが厚かったため、死をまぬがれた。この事件は長安の都を震撼させ、宰相が外出するとき、金吾衛《きんごえい》（長安城内の警備担当の南衙禁軍の一つ）が護衛としてつくようになった。さらに李師道は、史思明の旧将で僧となって洛陽の南の山中にいた者と組み、その徒党に洛陽の街を襲撃させる計画を立てたが、これは未遂におわった。

淮西の鎮圧にてこずっていた唐朝は、あらたな将軍をおくりこんだ。彼は淮西の会府である蔡州を直接攻撃するという作戦にでた。徳宗のとき以来、三〇年以上にわたって蔡州城が攻撃されたことはなく、備えも不十分だった。そのため、蔡州城は陥落し、ついに淮西は平定されたのだった（八一七年）。

元和の中興と憲宗の暗殺

淮西の平定に大きな衝撃をうけたのは、平盧節度使の李師道だった。平盧は、安史の乱の混乱に乗じ、高句麗人の李正己が自立して以来、四代にわたって世襲し、半独立王国をつくりあげ、山東半島一帯の一五州（のち一二州）を領する大藩だった。しかし、ここにいたって李師道は、長男を宮中にいれて宿衛させ、三州を献じることを朝廷に申しでた。

ところが、李師道は妻や家奴、側近の小者たちの進言をうけ、将軍や幕僚の言葉をいれず、唐朝と対決する姿勢に転じてしまった。そのため、憲宗は平盧を討伐することを決める。しかも、時勢は唐朝側にあり、平盧は内部から崩れ、その結果、平盧は三つの藩鎮にわけられ、その勢力は削減されるにいたった（八一九年）。

平盧をたいらげると、憲宗は全国の藩鎮の軍政改革にふみきった。もともと、節度使はいくつかの州を領有し、節度使がいる州（会府）の軍とそれ以外の州においた軍の指揮権を統括していた。そのため、節度使の軍事権は強大なものだった。憲宗は、節度使の軍事権を会府の軍隊のみに限定し、その他の州の軍は、その州の長官に指揮させた。つまり、節度使が直接指揮できる兵力を減らしたのだった。また、あらたに任命する節度使には文官をあてて任期を短くし、また、つねに宦官を監軍使《かんぐんし》として藩鎮におくりこんで、直接、皇帝に藩鎮の情勢を報告させるルートを確立した。

こうして、藩鎮に対する強硬策をとった憲宗の時代、唐朝はふたたび威光を輝かせることに成功した。そのため、彼の治世は、その元号をとって「元和《げんな》の中興」とよばれる。また憲宗は、祖父の徳宗が宰相をしりぞけて、自分一人で政務を決めるようにした結果、佞臣《ねいしん》がはびこった前例を反省し、宰相を復活させ、国家の重要政務をともに議論した。

このように政治改革に意欲をみせた憲宗であったが、平盧を降してからわずか数か月のち、とつぜん崩御してしまう。享年四三。憲宗も、歴代の一部の中国皇帝が熱中した不老長寿にあこがれ、道士のつくった金丹《きんたん》という不老不死の薬（水銀とほかの鉱物をまぜたアマルガム）を飲んだのが死因だという。しかし、実際は、金丹の毒にあたった憲宗は怒りっぽくなり、まわりの宦官たちにあたりちらし、ときには死にいたらしめることすらあった。そこで宦官たちがしめしあわせて憲宗を暗殺した、というのが真実に近いらしい。

2　遊惰な皇帝たち

穆宗即位

憲宗のあとは、三男で二六歳の李宥《りゆう》（皇太子即位後、恒《こう》と改名）がついだ。廟号を穆宗《ぼくそう》（在位八二〇～八二四年）という。母は、名将郭子儀の孫である。穆宗を擁立したのも宦官たちだった。この後、唐の皇帝は、敬宗《けいそう》と最後の哀帝《あいてい》をのぞいて、すべて宦官が立てることになる。

憲宗は、最後は不老不死の夢にとりつかれ、あげくのはて、宦官に弑逆《しいぎゃく》されるありさまだった。しかし、その国政の手腕は、藩鎮に対し強硬策をとり、唐朝の威厳を回復したことは評価される。それにくらべ、穆宗は単純に遊び好きだった。

父の憲宗は正月に亡くなったが、喪に服すべきその年の九月九日の重陽《ちょうよう》の節句に大宴会を計画する始末だった。唐代の重陽の日は、官僚には一日の休暇があたえられ、人びとは高い丘にのぼり、菊をうかべた酒を飲んで、宴会を催すならわしがあった。穆宗もこれにちなんで宴会をひらこうとしたのだろうが、本来ならば、喪中であり、父の憲宗の元号である「元和」ですら改元していないときに大宴会をひらこうなどとは、礼節に反することである。臣下は考えなおすように上奏したが、穆宗はまったく聞く耳をもたなかったという。

河朔三鎮の帰順と離反

憲宗が暗殺された年の一〇月、成徳節度使の王承宗《おうしょうそう》が亡くなった。成徳の部将たちは、その弟に世襲させようとしたが、彼はこれを拒否する。唐朝はこれを機に、となりの魏博節度使の田弘正《でんこうせい》を成徳節度使に任命しておくりこんだ。また、翌年二月、幽州節度使の劉総《りゅうそう》が節度使の地位をすて僧になることを願い出てきた。彼は、かつて父と兄を殺して節度使になったのだが、その罪にさいなまれ、また魏博と成徳が唐朝に帰順したのを見て帰順を決心したという。幽州節度使は、時代によってちがいはあるが、九つの州を領する大藩鎮だった。唐朝は、この「反側《はんそく》」の雄藩たる幽州節度使に、ついに唐朝が直接任命する者をおくりこむことに成功し、「安史の乱」以来、半独立割拠していた河朔三鎮がすべて帰順したのである。

ところで、幽州の地は安禄山以来、尚武の気風を有し、歴代の節度使は暑さや寒さをものともせず、士卒と同じような生活をしていた。ところが、新任の節度使はまるで貴族のようだった。彼は兵士を動員して輿《こし》をかつがせ、それに乗って幽州に入城した。幽州の人びとは「これが我らの新しい節度使なのか」と大いにおどろく始末。さらに幽州の人びとを失望させたのは、この節度使が安禄山の墓を暴き、その柩をうちこわしたことだった。新任の節度使からすれば、安禄山は唐朝にそむいた反逆者であったが、幽州の人びとにとっての安禄山は英雄であったことに、彼はまったく気づいていなかった。

また新任節度使の部下たちは、毎晩、酒を飲んで酔って帰り、幽州の街中を灯りで満たすありさまだった。このような習慣は、本来、質実剛健だった幽州のものではなかった。そのため、ついに幽州の軍民の不満が爆発し、この節度使を幽閉し、もとの幽州軍の軍将の中から節度使を選びだすことになった。こうして幽州節度使は、ふたたび唐朝の統制から離れてしまう。

これにつづいて、藩鎮成徳でも軍乱がおこった。穆宗はただちに幽州と成徳の討伐を命じたが、憲宗時代に財力を使いはたしており、また朝廷軍は統率がとれず、この計画は失敗におわった。のみならず、朝廷では平和論者が台頭してきており、穆宗もそれに同調する素振りをみせた。結局、朝廷は幽州と成徳の自立をみとめてしまう。追い打ちをかけるように、さらに唐朝に打撃をあたえたのは、魏博でも兵乱がおき、唐朝から自立してしまったことである。こうして河北の地は、ふたたび唐朝の統制から離れ、それは唐朝が滅亡するときまで、あたかも独立王国のように存続することとなる。

唐、チベット、ウイグルの三国会盟

憲宗の時代、朝廷では藩鎮抑圧をおしすすめる強硬論者が宰相の地位にあったが、憲宗が亡くなって穆宗が立つと、平和論者の一派がしだいに勢力をのばしていった。そもそも、強硬論者は、それによって皇帝の権威を回復し、王朝の威信をとりもどそうとする者たちだったが、いかんせん、理想主義に近かった。それに対し、平和論者たちは、きわめて現実主義であった。彼らからすれば、河朔三鎮はふたたび自立はしたものの、その他には唐朝を脅かすような強大な藩鎮は存在しなくなったのだから、現状を維持するので十分だというのだ。

しかし、こうした平和論者の考えは、国際関係にも影響をおよぼすこととなった。

安史の乱以降、唐は連年ともいえるチベット帝国の侵入をうけてきた。しかし、穆宗が立つころには、チベット帝国をとりまく国際環境は大きく変わっていた。徳宗の時代に宰相の李泌が献策したチベット包囲網がしだいに功を奏し、穆宗の時代になると、唐はウイグル、南詔と連携し、オルドスと雲南・四川にいたチベット軍をしりぞかせることに成功していた。

こうした状況のもと、チベットが唐に対し講和条約の締結をもうしこんできた。平和路線をとっていた穆宗もこれに応じ、両国は長安で和平の儀式をとりおこない（八二一年）、翌年にはチベットのラサ近郊でも儀式をおこなった。これを穆宗の元号をとって長慶《ちょうけい》の会盟という。そのとき、記念して建立された石碑（唐蕃会盟碑《とうばんかいめいひ》）が、今もラサのトゥルナン寺（ジョカン寺）に現存している（長安の石碑はうしなわれたようである）。以後、唐とチベット帝国の間で国境を画定し、チベット帝国がほろびるまで、両国の間で戦争はおきなかった。

この長慶の会盟は東ユーラシア史上、特筆されるべきものの一つだが、実はこのとき、ウイグル帝国とチベット帝国の間にも講和条約がむすばれていた。この事実は、フランスのパリとロシアのサンクトペテルブルクにそれぞれ所蔵される敦煌文書（一九〇〇年に甘粛省敦煌にある莫高窟《ばっこうくつ》の第一七窟から発見された古文書群の総称）の断片をつなぎ合わせ、それを解読した結果、浮かびあがってきたものである。これにより、九世紀前半、唐、チベット、ウイグルの三国の間で講和条約がむすばれ、三国間の国境がさだまったことが明らかになったの

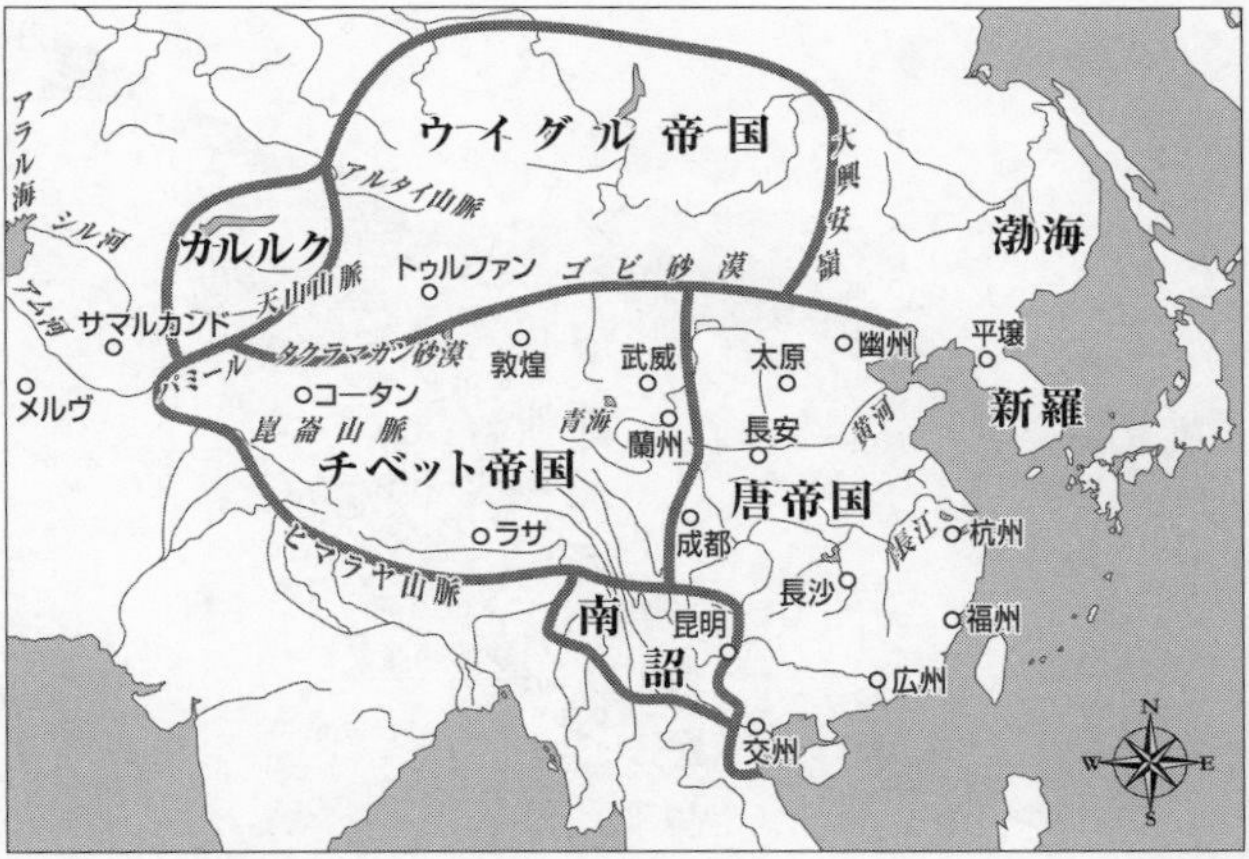

5－2　唐、ウイグル、チベット三国会盟

だ（5－2）。

ところで、このときの三国会盟以降、唐とチベットとの戦争がおわり、それまでチベット勢力に圧迫される形で、唐の領域内に移動していたエスニック集団の移動もほぼとまっていた。チベット帝国の侵攻がはげしかった八世紀後半から九世紀初頭にかけて、テュルク系の沙陀が天山東部から甘粛・オルドスをへて山西北部へ移動し、またチベット系といわれるタングートも青海から甘粛をへてオルドスへ移動していた。さらに吐谷渾やテュルク系の契苾《けいひつ》といった集団も山西北部へ移動した。これらの集団が移動したのは、唐が直接支配する農耕世界と、その北側に広がる草原世界との境界地帯で、農耕と遊牧がモザイク状に見られる農業・遊牧境界地帯（以下、農

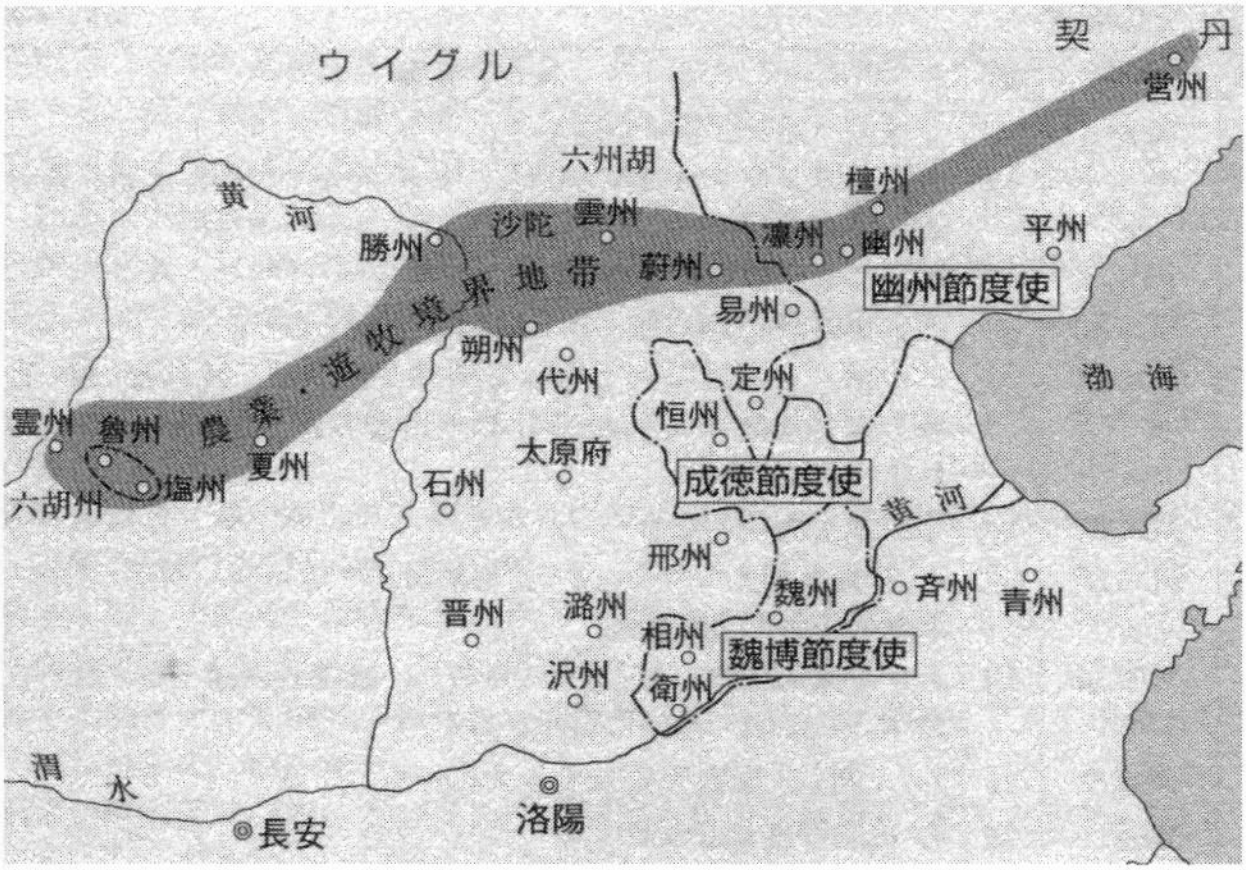

5-3　農業・遊牧境界地帯

牧境界地帯）とよばれるベルト地帯だった（5-3）。

　農牧境界地帯とはユーラシアの東部地域では、遼寧省の南部と北京の北側からはじまり、山西北部、オルドスを東西にとおっているベルト地帯だ。後漢や唐は、このベルト地帯に帰順してきた遊牧集団をおいて、王朝北辺の防衛ラインを構築した。中国王朝が安定しているときは、この機能も効果があるが、ひとたび中国国内の情勢が不安定になると、この遊牧勢力はときには独立した勢力を形成する。いわゆる「五胡十六国」の時代や北魏の誕生、さらにこの地にあった武川鎮から北周、隋、唐が生まれたことも、この流れで説明することができる。

　このベルト地帯に移動したさまざまなエス

ニック集団は、もはやチベット勢力に脅かされることなく、唐朝のゆるやかな支配下に入り、遊牧生活をおくりつつ雌伏して、やがて来《きた》るべきときを待つことになった。一世紀後のことだが、このうち沙陀は唐の後継者として軍閥政権を樹立し、タングートは宋の時代、西夏を建国することになる。わずか四年の穆宗の治世であったが、その間におこなわれた長慶の会盟、そして三国会盟が、その後の東ユーラシアの歴史にあたえた影響は大きなものだった。

青年皇帝から少年皇帝へ

穆宗という皇帝は、平和主義者の側面もあったが、それよりとにかく遊びが好きだった。そして、心も弱かったのではないかと思われる。というのはあるとき、穆宗が宦官たちとポロに興じている最中、一人の宦官が落馬し、それを見た穆宗はおどろき、それが原因で「風疾」となり、歩くことができなくなってしまったのだ。その後、穆宗は完全には回復することなく、わずか四年の在位のあと、崩御した。

話はすこしもどるが、穆宗の症状が悪化したとき、皇太子がまだ少年であるという理由で、宦官たちは穆宗の母の郭皇太后に政務を代行してもらおうと願いでた。ところが郭皇太后は「昔、武后が政務をとったため、国家存亡の危機になった。我が家はこれまで忠義を守ってきたもので、武氏とはちがう。皇太子は年少であるが、賢明な宰相に補佐をさせ、おまえたち宦官が政務にかかわらなければ、国家の不安を患うこととはない」といって拒否した。こうして、女性が摂政となることがなくなったという。

穆宗のあとをついだのは長男の李湛《りたん》で、このとき、一六歳の少年皇帝だった。廟号は敬宗(在位八二四〜八二六年)という。少年だったということもあるかもしれないが、敬宗も父親と同じように遊び好きで、即位して一か月後には、もうポロに興じる始末だった。また、敬宗は夜通しの宴会を催し、次の日は太陽が高くのぼっても出御しないため、百官は宮殿の門外で並んで待たされ、老人や病気の者はうずくまってしまうありさまだった。また、ポロのほかにも、手搏《しゅはく》(相撲と柔術を組みあわせたような武術)を好み、左・右神策軍の兵士たちを競わせたという。敬宗の変わった趣味では、深夜にキツネやタヌキを捕りに行くというのもあった。敬宗は心狭く短気な性格で、宦官たちがすこしでも過ちを犯すと、たちまち鞭で打ったため、みな、敬宗を恐れ、うらんでいた。

とある冬の真夜中、敬宗は趣味の夜の狩猟から宮殿にもどり、お付きの宦官やポロの仲間たち二八人と酒を飲んでいた。敬宗が着替えをしようと部屋に入ったところ、蠟燭《ろうそく》の灯りがとつぜん消えたかと思うと、一緒に飲んでいた者たちが敬宗を弑《しい》した。わずか一八歳だった。

敬宗弑逆の首謀者は、下級の宦官たちだった。彼らは憲宗の皇子を擁立し、当時の宦官の大物で、枢密使だった王守澄《おうしゅちょう》らを追い落とそうとした。しかし、この計画を察知した王守澄は穆宗の次男で、敬宗の異母弟であった李涵《りかん》（即位後、昂《こう》と改名）を擁立し、神策軍を出動させて敬宗暗殺の犯人らを斬り殺した。こうして李涵が一九歳で即位した。廟号は文宗《ぶんそう》（在位八二七～八四〇年）という。文宗は、即位の翌年、大和《たいわ》と改元した。この敬宗暗殺事件は、宦官の世界でも、下剋上《げこくじょう》の風潮がおしよせはじめたことを物語っている。

激化する朋党の争い

官僚制が古くから発達した中国では、官僚たちの派閥争いが見られた。こうした派閥を中国史では「朋党《ほうとう》」という。唐の初期には、関隴集団と山東門閥、江南門閥といった派閥があり、また科挙をつうじて政界に進出してきた新興集団もあって、それらの間には、政争があったにちがいない。しかし、官僚間の争いが激化したのは唐の後半期であり、これが唐朝を衰亡させた一つの要因だともいう。

唐後半期に見られたのは、牛僧孺《ぎゅうそうじゅ》・李宗閔《りそうびん》を領袖《りょうしゅう》とする派閥と（牛党）、李徳裕《りとくゆう》を領袖とする派閥の対立で、この宮廷闘争を「牛李《ぎゅうり》の党争」とよんでいる。ただし、この呼び名は唐滅亡後の五代から宋の時代にかけてつくりあげられたもので、実際には、牛僧孺と李宗閔が徒党を組むのをきらった李徳裕が彼らを「牛李党」とよんだ、という説もある。

この争いのはじまりは、一般には憲宗の治世の初年、牛僧孺と李宗閔が制挙《せいきょ》（皇帝がみずから題目を出して政策を問う試験。科挙の合格者や任官者が、昇進のためあらためて受験した）に応じ、李徳裕の父で当時の宰相であった李吉甫を批判したことにあるといわれる。ただ、後述する「維州《いしゅう》事件」が両派の対立の直接の契機という考えもある。そして、この対立は、九世紀半ばの宣宗《せんそう》の時代に李徳裕が左遷先の海南島《かいなんとう》で没するまでつづいた。

両派の争いは、李徳裕が山東門閥の出身で藩鎮抑圧政策をとり、かたや牛僧孺・李宗閔は科挙出身で平和論者だったことにあるといわれてきた。しかし研究がすすんでくると、牛党にも門閥出身者がおり、李徳裕の派閥にも科挙出身者がいるなど、従来の見方では説明つかないことがうかびあがってきた。

現在まで、研究者たちの一致した見解はないが、おおよそ次のように整理できる。まず官界で勢力をのばそうとした牛僧孺・李宗閔ら関隴系の出身者が中核となり、科挙のネットワークを利用して結束を固め、平和路線や現状維持という政策を理念とし、派閥ができていった。この牛党の動きに反応し、まとまったのが山東門閥出身の李徳裕らの李党である。李党は、牛党の科挙をつうじた朋党の結束をきらい、牛党の政策に反発し、古き強き唐朝の復活をめざした。しかし、牛党に対抗する形でできあがった派閥であったため、その結束は弱かった。また両派の争いは、片方が政権の中枢につくと、相手方を根こそぎ中央から追放するというもので、その激烈さは、文宗をして「河朔の藩鎮をとりのぞくことは簡単だが、朝廷の朋党をとりさるのは難しい」と嘆かせたほどだった。

唐代の科挙

では、牛党の結束を強くした科挙のネットワークは、どのようにつくられたのだろうか。そもそも科挙は、試験によって官僚を登用しようとするもので、隋の文帝が南北朝時代以来の門閥勢力を排除するためにつくったシステムだった。しかし、なかなか現実には機能せず、唐の武則天の時代になって、ようやく科挙による人材登用が本格化してきた。

科挙とは、科目による選挙のいいであり、唐代では秀才、明経《めいけい》、進士《しんし》、明法《めいほう》、明書《めいしょ》、明算《めいさん》の六科目があった。そのうち、秀才は難しかったため、応じる者がいなくなって、初唐の早い段階で廃止された。明法は法律、明書は文字学、明算は数学という一芸を試みるもので、評価は高くなかった。明経は、儒教の経書に明らか、の意味であるが、試験自体は暗記ものが多かった。それに対し、進士は経書の試験に加え、詩《し》と賦《ふ》という二種類の韻文と、策《さく》という散文が課せられた。経書につうじているのはあたりまえとされていたので、それではあまり優劣の差がつかない。そこで詩文を加えて、そのオールラウンドな才能が試されたのである。このため、明経合格者は三〇歳でも年寄りといわれるほど容易な試験である一方、進士合格者は五〇歳でも若いといわれるほどの難関だった。

唐の科挙は、はじめは吏部が担当していた。吏部は尚書省に属す六部の一つで、官僚の人事をつかさどる。吏部には長官・次官のもとに四つの部局がおかれ、そのうちの一つの部局の次長（勤務評定をおこなう考功曹《こうこうそう》の員外郎《いんがいろう》。従六品上）が科挙の試験官となっていた。ところが、玄宗の時代、ある受験生がこの試験官と議論してやりこめてしまう事件がおきた。その結果、科挙の試験を同じく尚書省に属す礼部《れいぶ》へうつし、礼部の次官（礼部侍郎《れいぶじろう》。正四品下）が試験監督官をつとめることになった。これは受験生の数もレベルもあがってきたので、部局の次長クラスでは不適任となったという時代背景もある。

ところで、礼部が科挙をつかさどるようになると、科挙の性格も今までの任用試験から資格試験へと大きく変わった。そのため、科挙に合格した者は官僚になるために、吏部がおこなう試験をあらためて受験することとなったのである。場合によっては、進士に合格し、官僚に任用されるまで、「浪人」することもあった。こうした人材に目をつけたのが地方の節度使で、彼らはこの「浪人」をスカウト（辟召《へきしょう》）し、自身の幕僚に加えたのである。

話を、科挙の試験にもどそう。科挙の試験監督官を知貢挙《ちこうきょ》という。毎年の進士の合格者はだいたい三〇人ほどだった。合格発表のあと、新進士たちは知貢挙の屋敷を訪れ、合格のあいさつをもうしあげた。知貢挙の屋敷への表敬訪問は、三日目に知貢挙の辞退によっておわり、その後、大明宮《だいめいきゅう》で勤務する宰相へのあいさつと皇帝のオフィシャルな秘書官である中《ちゅう》書舎人《しょしゃじん》にあいさつをおこなった。

こうした堅苦しい行事がおわると、長安城の東南隅にあった曲江池《きょくこうち》で大宴会をおこなった。この宴会には、長安の街が空っぽになったというくらいに多くの見物人が訪れ、皇帝や高貴な家柄の人びともやってきたという。そのなかには将来の有望株の婿をえらぼうともくろむ者もいた。こうして大宴会がおわると、新進士たちは近くの慈恩寺《じおんじ》におもむき、大雁塔《だいがんとう》の下の壁に名前を書き記した。

科挙の合格者たちは、その年の知貢挙を座主《ざしゅ》とよび、自分たちを門生《もんせい》と称し、師弟関係をむすんだ。また同年の合格者同士のつながりも強かった。これが唐後半期の朋党を形づくる一つの淵源だった。

牛李の党争

牛僧孺は穆宗のとき、宰相に列せられたが、敬宗のとき、新設の節度使に任じられ、地方に出向していた。文宗が即位したころ、朝廷では平和論者の官僚が主流を占めていた。こうした中、その代表というべき牛僧孺が中央へもどされ、ふたたび宰相としてむかえられた。

ちょうどそのころ、幽州で軍乱がおこり、節度使が部下の軍将に追われる事件が発生した。幽州に派遣されていた監軍からの報告をうけとるや、文宗は宰相を召して対策を練った。このとき、牛僧孺は、幽州の自立を黙認するかわり、契丹や奚に対する唐の東北辺の国防の任をまかせるべきだとこたえた。

しかし、こうした牛僧孺の平和論は、別のところで大きな波紋を広げることになった。当時、李徳裕は西川《せいせん》節度使として成都に赴任していた。そのとき、唐とチベット帝国の境域にあった維州《いしゅう》（四川省阿壩藏族羌族《アバ・チベットぞくきょうぞく》自治州理県。成都の西北二〇〇キロ）を守備していたチベットの将軍が李徳裕のもとへやってきて、帰順を申しでてきた。李徳裕が朝廷にどう対応すべきか上奏したところ、牛僧孺は、この将軍をうけいれると長慶の会盟以来の唐とチベット帝国との友好関係がそこなわれるという理由から、帰順をうけつけなかった。その結果、将軍はチベットへ送りかえされ、かの地で残虐な刑に処せられた。こうして面目をつぶされた李徳裕は、この事件から、ますます牛僧孺を敵視するようになっていったという。

この事件について牛僧孺の肩をもつならば、唐とチベット帝国は、すでに長慶の会盟をむすんでおり、その意味からチベット帝国を刺激しないという対応は非難されるべきものではない。しかし、姑息《こそく》な平和主義は唐朝の威光を失墜させると考える人びともおり、これらの声が朝廷でしだいに高まっていった。また、文宗の牛僧孺に対する信頼もうすれていった。そのため、牛僧孺は、ふたたび地方へ転出することをねがいでた。かわりに李徳裕が中央政府へ復帰したが、朝廷にはもう一人の平和論者である李宗閔が宰相として君臨していたため、李徳裕の意見はなかなか朝廷で反映されなかった。こうした朋党の争いとは別に、長安の都では、大きな動きがはじまろうとしていた。宦官抹殺計画である。

王守澄暗殺

文宗は、優柔不断な性格であったが、祖父の憲宗と兄の敬宗を暗殺した宦官に対するうらみを忘れず、宦官を撲滅するという執念をもちつづけていた。ただ、相談相手がいない。朋党の領袖らと宦官はたがいに手をむすんでおり、とても宦官掃討の相談などできるはずもなかった。そこで文宗は朋党に属さない宰相の宋申錫《そうしんしゃく》と宦官を誅滅することをはかった。しかし、この計画は、宋申錫が引きたて信頼していた京兆府《けいちょうふ》の長官からもれてしまい、宋申錫は左遷され、失敗した。この事件後、宦官たちはますます専横をきわめた。

そのような折、文宗の側近となったのが鄭注《ていちゅう》と李訓《りくん》という二人の官僚だった。鄭注は、もともと薬術に長けており、宦官の王守澄がその技をもって文宗にすすめた結果、文宗に気にいられた人物である。李訓は関隴系の隴西の李氏一族で、進士出身であった。おじは、憲宗・穆宗・敬宗のときに宰相をつとめた李逢吉《りほうきつ》である。李訓は、一時、地方に左遷されていたが、『易』につうじていたため、王守澄と鄭注によって文宗に推薦され、やがて翰林侍講《かんりんじこう》学士《がくし》となり、文宗の側近となった人物である。このように二人とも、宦官の首魁《しゅかい》であった王守澄の推薦で文宗に近づいた外朝の官僚だった。ところが、機を見るに敏な二人は、文宗が宦官を撲滅しようとしていることを知り、これに協力するようになっていく。

文宗が彼らをひいきにした理由の一つは、二人ともに李党とも牛党とも距離をおいていたことがある。のみならず、鄭注と李訓は文宗の朋党に対する嫌悪を利用し、両派閥の官僚たちを中央官界から地方へおいやったのである。また、鄭注と李訓ともに宦官の内情につうじていたことも、文宗にとって好都合だった。そこから、宦官勢力は一枚岩ではないという情報を文宗は耳にする。文宗擁立に加担した宦官たちの中には、冷や飯をくわされ、不満をもっている者たちがいるというのだ。そこで、王守澄と対立関係にある宦官の仇士良《きゅうしりょう》を左神策軍の長官(護軍中尉)に任じて、右神策軍をおさえていた王守澄と対立させ、宦官の間の争いをあおった。そして、王守澄に毒酒を賜り、ついに彼を殺すことに成功した。文宗の宦官撲滅作戦の第一幕だった。

甘露の変

第二幕は、仇士良ら、のこった宦官勢力を排除することだった。先に仇士良に神策軍の指揮権をあたえてしまったことは、ある意味誤算だった。鄭注、李訓ともに兵をもっていなかったからである。そこで、鄭注は長安の西にある鳳翔《ほうしょう》節度使(会府は岐州〔鳳翔府〕。陝西省

大明宮の正門、丹鳳門　復元、中は門の遺構を保存展示している

鳳翔県）に転出して、この軍を動員し、長安にのこる李訓と呼応して宦官を誅滅しようとした。もともとの計画は、長安郊外でおこなわれる王守澄の葬儀にあつまる宦官を、鄭注の軍が討つというものだった。しかし、そうなると李訓は自分の出番がなくなってしまう。そこで李訓は計画を大きく変更し、宦官撲滅の実行日も早めることにした。

それは、大明宮の左金吾衛の庁舎のザクロの木に、瑞祥《ずいしょう》である甘露《かんろ》が降りたという上奏からはじまった。文宗は、ことの真偽を確かめるため、まず宰相たちに見に行かせた。もどってきた宰相のうち李訓が代表して、「どうも本当の甘露ではないようです。慎重に判断されるのがいいでしょう」と報告した。文宗は、「本当にそうなのか」といって、再確認させるため、宦官の仇士良らに見に行かせた。実は、これはすべて文宗と李訓の芝居で、甘露が降りたのか確認にいった宦官たちを、一網打尽にせんとしたのである。

ところが、仇士良らが左金吾衛の庁舎に着き、ザクロの木を見ようとしたところ、風が吹いて、ザクロの木のまわりに張られていた幕がまくれあがった。すると、幕の向こうに武器を手にする多くの兵士の姿が見え、武器のふれあう音も聞こえてきた。仇士良はたちどころに宦官暗殺の計画を察し、あわてて宮殿にもどるや、文宗を担ぎあげ、後宮へ逃げこんでしまった（5-4）。

こうして、宦官誅滅の機会は失敗におわった。この事件を、「甘露の変」という。仇士良は、この事件に文宗がかかわっていることを知ると、大いに怒り、皇帝に対し不遜な言葉をなげかけたが、文宗は何も言い返すことができなかったという。仇士良ら宦官の反撃ははげしかった。神策軍を繰りだすと、大明宮内にいた金吾衛の兵士や諸官庁の官吏ばかりか、酒売りの庶民までも殺してしまった。その数、あわせて一六〇〇人以上におよんだ。事件のあと、長安を脱出した李訓と鳳翔にいた鄭注は首を斬られて献じられ、大明宮の外へ逃れた宰相たちもことごとく捕まって処刑された。

この事件後、文宗は命こそあったが、政治の実権は完全に宦官に掌握されてしまった。文宗は亡くなる直前に、「朕は家奴（宦官）に抑えつけられている」といって涙を流したという。

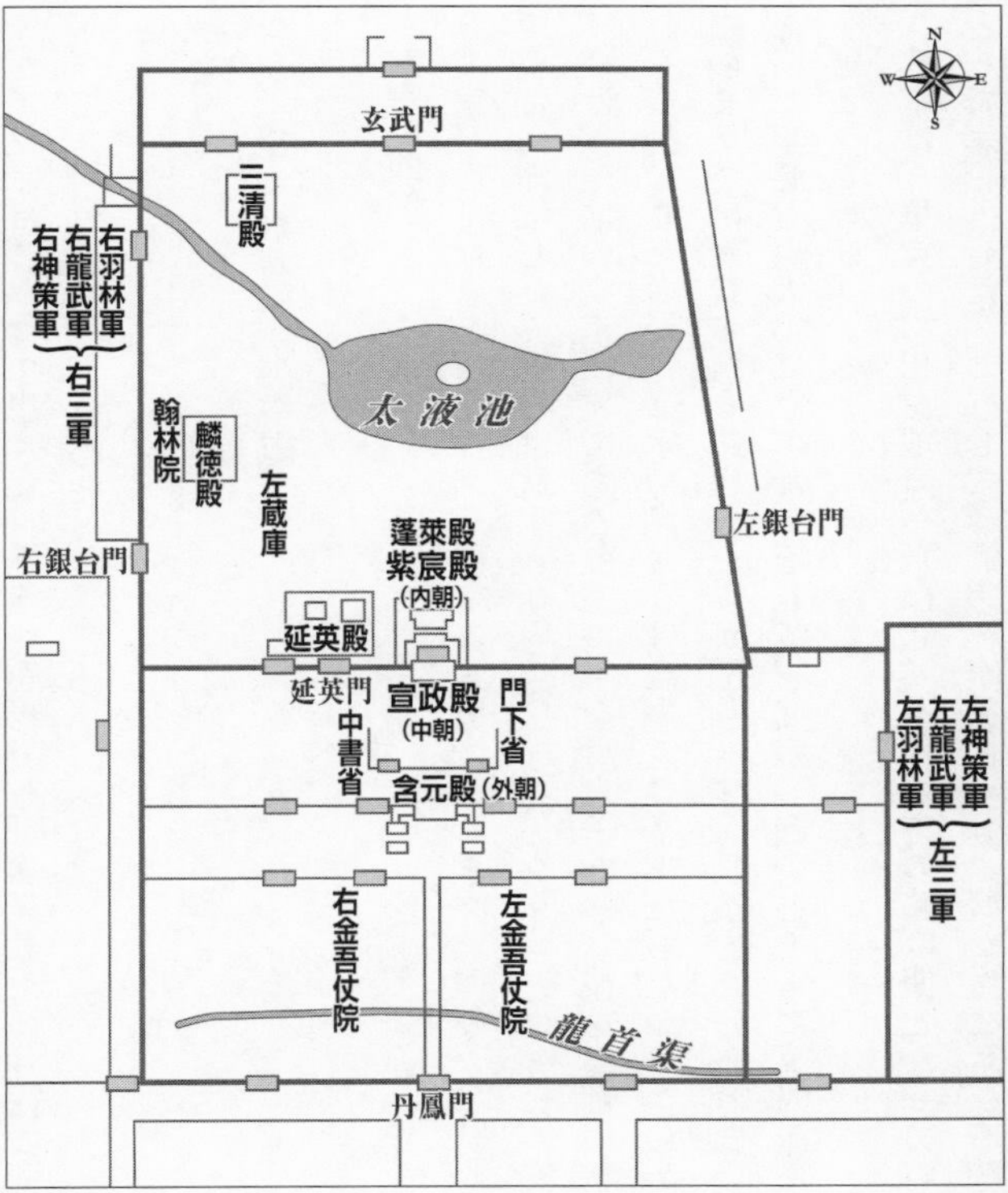
玄武門
三清殿
右羽林軍
右龍武軍
右神策軍
右三軍
太液池
翰林院
麟徳殿
左蔵庫
左銀台門
蓬萊殿
紫宸殿
(内朝)
右銀台門
延英殿
延英門
宣政殿
(中朝)
門下省
中書省
含元殿(外朝)
左神策軍
左龍武軍
左羽林軍
左三軍
右金吾仗院
左金吾仗院
龍首渠
丹鳳門

5－4　大明宮

やがて文宗は、かつて患った「風疾」を再発し、病死した。甘露の変から四年後のこと、享年三二（史料では三三と）の若さだった。

3　宗教弾圧の嵐

武宗の即位

文宗が亡くなると、その弟で穆宗の五男である李瀍《りてん》（崩御する直前に炎《えん》と改名）が、二七歳で皇帝に即位した。廟号は武宗《ぶそう》（在位八四〇〜八四六年）という。

実は、生前の文宗は兄である敬宗の子を皇太子とし、彼を皇帝にしようと考えていた。これを後押ししたのが、文宗の意をうけた牛党の宰相たちだった。しかし、宦官の仇士良らは、このままでは新皇帝擁立に自分たちが関与せず、功績をあげられないと不安におちいり、いそいで李瀍を皇太弟に立てた。そして、文宗の崩御とともに反対派に死を賜い、李瀍を即位させたのである。

武宗は、牛党の宰相を地方へ飛ばし、逆に地方の節度使となっていた李徳裕を都へよびもどして宰相とした。こうして、武宗・李徳裕のコンビが生まれ、李徳裕は武宗の治世七年をきりまわしていくのだった。

東ユーラシア再編の胎動

武宗が即位したその年、モンゴリアにあったウイグル帝国がほろんだ（八四〇年）。すでに第4章で見たように、ウイグル帝国は、唐朝、チベット帝国と鼎立し、東ユーラシア世界に君臨する大国だった。しかし九世紀前半の三〇年代、ウイグルでは連年、自然災害がつづいていた。また、カガン位をめぐる内部の争いが絶えなかった。そうした中、ウイグル内部の抗争にキルギスの援軍を引きこんだ結果、逆に一〇万ものキルギス軍がウイグルの都だったオルドバリク（モンゴル国アルハンガイ県ホトント郡。カラバルガスン〔ハル・バルガス〕遺跡）を攻撃して焼きはらい、こうしてウイグル帝国はほろんだ。

武宗

国をうしなったウイグルの人びとは、大きく二つのグループにわかれた。そのうち一五の部族は西走して中央アジアをめざし、途中、一部分は甘粛のチベット勢力圏に入り（のち甘州ウイグル王国）、もう一部分は焉耆《カラシャール》付近に入った（のち天山ウイグル王国）。ウイグルカガンの本営近くにいた一三の部族は烏介《うかい》テギン（ウイグルのカガンの息子たちにあたえられた官称号）をカガンとして南走し、唐の北境へやってきた。この南走ウイグルは唐に攻められ、また仲間割れをくりかえすなどして、あしかけ九年の間に歴史から消えていった。

またチベット帝国では、ツェンポのダルマ（在位八四一～八四二年）が暗殺された。チベット語の仏教史書では廃仏をおこなったため、ある僧に殺されたと記され、漢文史料では、ある廷臣が殺害したと記されている。彼の死後、ソンツェン・ガムポがひらいたチベット帝国が崩壊していったことは確かである。こうして、八世紀半ばより一世紀近くにわたって東ユーラシア世界を唐とともに鼎立した勢力の二つが、九世紀半ばに消滅した。

モンゴリアでは、それまでは一つの有力な遊牧国家がほろびると、すぐさま次の遊牧国家が誕生していた。匈奴にはじまり、鮮卑、柔然、突厥、ウイグルとつながる一連の遊牧王朝である。ところが、興味深いことに、ウイグル帝国がほろんだあと、モンゴリアには諸遊牧民を統合する勢力はあらわれなかった。チベット高原でもチベット帝国にかわる強い力をもった勢力は台頭してこなかった。この結果、旧来のこれらの勢力圏の周縁にいたエスニック集団が、しだいに勢力をのばして統合しはじめる。山西北部にいた沙陀、オルドスにいたタングート、モンゴリア東部にいた契丹などがそれであり、これらの諸勢力の興起が、一〇世紀に見られる新しい東ユーラシア世界のはじまりであった。

昭義の自立

唐の後半は、藩鎮が跋扈したというイメージが強いが、実のところ、すこし話がちがう。たしかに、河朔三鎮のように、憲宗の一時期をのぞいて半独立割拠の姿勢をとりつづけたものもあった。しかし、憲宗以降、おおむね藩鎮は唐朝に恭順な姿勢をとり、ある意味均衡が保たれていた。

その中で唯一、あやしげだったのが昭義《しょうぎ》節度使だった。昭義は、現在の河北省南部と山西省東南部にまたがっていた藩鎮で、唐朝から見ると河朔三鎮にクサビを打ちこむような形だった。そのため、唐朝が河朔三鎮をおさえるうえで、重要な役割をはたす藩鎮だった。しかし、ときおり、唐朝に反抗する姿勢をしめすこともあった。

代々の昭義節度使は中央が任命したが、憲宗のころまでは、内部の将軍が昇進するパターンが多かった。しかし、その後は朝廷が節度使をおくりこむようになる。穆宗が山東にあった平盧を三分割したとき、それに功績のあった劉悟《りゅうご》という、もと平盧節度使麾下の部将が昭義節度使となった。ところが、彼が亡くなると、河朔三鎮にならって、その子の劉従諫《りゅうしょうかん》が節度使を世襲し、半独立の態度をとるようになっていく。そのため、甘露の変で宦官の迫害から逃れた朝廷の官僚の一部が、難をさけて昭義へ逃亡することも見られた。甘露の変の首謀者の一人、鄭注がかつて昭義節度副使だったことも関係あるのだろう。そのため、劉従諫と仇士良とは、仲が悪かった。

武宗が即位したとき、劉従諫は、お祝いとして馬を献上したが、武宗はこれをうけとらなかった。これを仇士良の仕業と考えた劉従諫は、軍備をととのえ、税を課し、塩と鉄の専売をおこなうなど、公然と昭義の自立をしめしはじめた。そして、劉従諫が亡くなると、甥の劉稹《りゅうしん》が勝手に留後を名のるにいたった。

しかし、当然のことだが、武宗と李徳裕はこれをみとめない。ただちに昭義討伐の軍をおこしたのだ。このとき、唐朝は、討伐軍に河朔三鎮の成徳と魏博をひきいれることに成功し、三代にわたって世襲をはかろうとした昭義は、結局、鎮圧されてしまった(八四四年)。

こうして外寇と内乱をおさえることに成功した武宗は、いよいよ有名な廃仏を実行していく。

崇仏と廃仏

唐の歴史を通観してみると、歴代の皇帝たちは、崇仏と廃仏の間でつねにゆれうごいていたように見える。高祖と太宗は道教を重視したが、武則天が仏教の論理を利用してクーデタに成功したことにより大きく修正される。しかし、その武則天の勢力を一掃した玄宗はふたたび道教に傾倒した。

ところが、玄宗の末年に勃発した安史の乱によって、唐王朝は存亡の危機に立たされた。その機に乗じて鎮護国家をとなえる不空の密教が台頭し、唐の皇室もこれを保護するようになる。粛宗と代宗は、度をこえた仏教保護をおこなった。そのため、代宗をついだ徳宗は、はじめは仏教に対し冷淡だった。しかし、徳宗は藩鎮抑制政策の失敗から都落ちする羽目となり、その中で仏教を信仰するようになっていった。

内廷における皇后と宦官も、熱心に仏教を崇拝しており、彼らの動きも無視できない。というのは、彼らは、安史の乱という混乱をきっかけに政治の世界で力をもちはじめていくからだ。彼らは外朝の儒教イデオロギーに支えられた官僚集団に対抗するために、仏教を政治的に利用しようとした。のちに政治の世界から皇后の勢力は排除され、宦官が神策軍の力を背景として政治の実権をにぎるようになっていく。

その宦官がより仏教とむすびついていくのは、徳宗のときに神策軍の長官（護軍中尉）が左《さ》・右街《ゆうがい》功徳使《くどくし》を兼任したことからだ。もともと功徳使は、寺院の造営や仏像の造像、写経などの修功徳事業をつかさどるにすぎなかったが、徳宗の時代には、長安における仏教・道教をはじめとする宗教界をとりしきる権限があたえられたのだ。ちなみに「左・右街」とは、長安の中心軸線である朱雀門街を境とし、東を左街、西を右街ということによる。左・右神策護軍中尉がそれぞれ左・右街功徳使を兼任し、長安城内の東西の街区を監督したのである。

武宗が即位したころ、この左街功徳使だったのが、左神策軍護軍中尉の仇士良である。仏教の保護者でもあった仇士良は武宗の即位に大きな功績があった。そのため、宦官嫌いの武宗であったが、彼には遠慮していた節がある。こうした理由により、宦官が大きな力をもっていた八世紀後半から九世紀前半にかけて、仏教を排撃しようとする大きな動きはなかった。しかし、ほどなくして仇士良が引退すると、武宗は遠慮なく仏教を排斥していくことになるのだった。ただちに仏教に手がおよんだわけではなく、その前哨戦があった。

マニ教弾圧

その嚆矢はマニ教の弾圧だった。サーサーン朝のマニを開祖とするマニ教が唐へ伝来したのは、武則天のときと伝えられる（六九四年）。その後しだいに漢人の間に広まったため、玄宗は、漢人がマニ教を信仰することを禁止している。しかし、漢人の信仰はつづいていたようである。というのは、安史の乱が終息する直前、洛陽まで出兵していたウイグルの牟羽カガンが四人のマニ教僧侶と出会い、モンゴリアにつれて帰ったのだが、そのうちの一人が漢人のマニ僧だったからである。

その牟羽カガンはマニ教に改宗し、国教化しようとした。その理由は、マニ教徒のソグド人をとりこみ、その商業ネットワークを利用するためだとか、もともと信仰していたシャーマニズムから脱皮し、マニ教を支柱とした唐に対抗できる帝国の建設をめざそうとしたからといわれる。ただ前者については、多くのソグド人はゾロアスター教徒であり、また仏教徒やキリスト教徒もいたから、ウイグルがマニ教を国教とした理由は、実はまだ謎が多い。

ウイグル帝国は圧倒的な力を唐朝に見せつけるため、八世紀後半から九世紀のはじめに三回にわたり、自分たちの国教であるマニ教の寺院（大雲光明寺《だいうんこうみょうじ》）の建立を唐に要請してきた。これをうけ、長安をはじめ、荊州《けい》（湖北省）、揚州《よう》（江蘇省）、洪州《こう》（江西省）、越州《えつ》（浙江省）、河南府（河南省）、太原府（山西省）の各地にマニ教寺院がたてられたことが史書に記されている。ただ、唐でのマニ教信仰はある程度おこなわれていたようだが、ウイグルの力が大きかった時代でも、唐の領域内でのマニ教寺院の数はわずかだったという。そして、ウイグル帝国がほろぶと、唐は、ただちに江淮地域のマニ教寺院を閉鎖してしまう（八四一年）。

ちょうどこのころ、ある日本人が長安の都に滞在していた。日本の天台宗の開祖、最澄《さいちょう》の弟子であった円仁《えんにん》である。円仁は四三歳のとき、遣唐使とともに唐へわたったが、当初は長安へ行くことができず、そのまま帰国する運命だった。ところが、それに納得できなかった円仁は、途中で日本へ帰る船から下り、山東半島に聚落《しゅうらく》をつくって住んでいた新羅人の助けを得て、唐にとどまることとなった。その後、山西省にある仏教の聖地である五台山《ごだいさん》へ

五台山、南禅寺大殿
782年建立、現存する中国最古の木造建築といわれる

行き、文宗の末年に長安に到着し、この地で密教を学んでいた。

円仁は、唐の滞在記録を日記としてのこしている。『入唐《にっとう》求法《ぐほう》巡礼《じゅんれい》行記《こうき》』とよばれる全四巻の日記は、アメリカ人の日本史研究家だったライシャワー博士（一九一〇～九〇年）をして、その記録はマルコ・ポーロよりも四〇〇年以上早く、かつ円仁自身が毎日見聞したことを、事細かく記録しており、その正確さは『東方見聞録』とは比較にならないといわしめたものである。

その円仁は、武宗による宗教弾圧の様子を書きのこしており、その中でマニ教の迫害も記録している。それによれば、武宗は仏教弾圧に先立ち、マニ教の僧侶の髪を剃《そ》り、袈裟《けさ》を着させて仏僧の姿にしたうえで彼らを殺した、という。その理由として円仁は、ウイグル人がマニ教の僧侶をうやまっていたからだと述べている。

会昌の廃仏

武宗の仏教に対する弾圧は、彼の元号をとって「会昌《かいしょう》の廃仏」という。いわゆる「三武一宗の法難」の一つだが、その規模と徹底ぶりから、北周武帝の廃仏とならんで、その後の中国仏教の性格と命運とを決定づけたといわれる。「廃仏」という言い方から仏教の排斥が強調されるが、実は道教をのぞく、すべての宗教が弾圧の対象となった。

武宗はもともと道教が大好きで、不老長生などの方術に心酔し、即位するとすぐに文宗のときに追放された問題のある道士を宮中にまねくほどだった。やがて、この道士が武宗に仏教の排斥をたきつけていく。武宗自身、「夷狄《がいこく》」の宗教である仏教の隆盛をこころよく思っていなかった。仏教寺院がもつ荘園が増えることによって王朝の収入が減り、また勝手に僧尼となる者たちの増加は、租税をおさめるべき労働力の減少をまねくからである。そのため、こうしたことへのとりしまりがおこなわれた。

武宗の仏教弾圧のすさまじさは、「三武一宗の法難」の中でも突出しているといっていいだろう。長安と洛陽に四寺とそれぞれの寺院に三〇人の僧をのこし、全国では節度使や観察使がいる州のほか、王都圏にあった四つの州に寺院が一つずつのこされるだけであった。全国で廃棄された寺院の数は四六〇〇余り、還俗をしいられた僧尼は二六万五〇〇人、没収された耕地は数千万頃《けい》（一頃は一〇〇畝。約五・八ヘクタール）、解放された奴婢は一五万人にのぼったと、当時の祠部《しぶ》（礼部に属す四つの部局の一つ。僧尼の戸籍などをつかさどった）の報告がある。また、あわせてキリスト教、イスラーム教、ゾロアスター教も排撃された（八四五年）。

こうして、唐代に「三夷教《さんいきょう》」といわれた「景教（東方キリスト教）」「祆教《けんきょう》（ゾロアスター教）」「明教（マニ教）」は中国本土から姿を消し、あるいは福建で、またあるいはモンゴルの草原でのこっていくこととなる。

排外思想の台頭

この時代の変化は、中国社会内部の変容だけでは説明できない。話はさかのぼるが、「安史の乱」によって、唐朝の国力は弱まった。同時にウイグル帝国とチベット帝国という両勢力の台頭により、唐朝は東ユーラシアに君臨する大帝国から、中国本土のみを支配し存続する国家へと変貌したのである。それにともない、漢族と非漢族の対立から「華夷思想」が生まれていき、隋から初唐に見られた国際性や普遍性がうしなわれていった。

九世紀前半におこった会昌の廃仏とは、このような初唐の王朝の性格がうしなわれ、排外思想が台頭してくることと、パラレルにおこった必然的現象であったといえよう。このように見たとき、多様な価値観が存在する中国世界を統治する原理として、初期唐朝が機能させようとした道教や仏教は、「安史の乱」を境として、その意味をうしなったといえる。

ところで、宗教の大弾圧をおこなった武宗は、その翌年、崩御した。道教に傾倒した武宗は、道士のすすめる金丹を口にしていたが、その毒が体をむしばんだのだろう。先に紹介した円仁は、廃仏のため還俗させられ、追われるように日本へもどる途中、武宗が崩御した情報を聞いた。彼は日記に「天子は体がただれ崩れてお亡くなりになった」と記している。享年三三であった。

第6章　次なる時代へ――九世紀後半～一〇世紀初め

1　立ちあがる軍人と民衆

「小太宗」の治世

武宗が体調を崩して危篤におちいると、またしても宦官たちが暗躍しはじめた。彼らはひそかに話しあい、憲宗の一三番目の子で武宗の叔父にあたる李怡《い》（即位後、忱《しん》と改名）を皇太叔とし国政にあたらせることにしたのだ。

幼いころの李怡は「不慧《かしこくない》」と宮中で思われており、成長してからも寡黙で、自分の才能を隠していた。しかし武宗は、李怡がなにかしらの才を秘めているのではないかと感じとり、彼に対して非礼な態度をとっていたという。ところが宦官たちは、この凡庸な感じのする李怡を好んだようだ。武宗が亡くなると、その翌日、こうして李怡が即位したのである。廟号は宣宗《せんそう》（在位八四六～八五九年）という。

穆宗以来、一〇代、二〇代といった少年、青年皇帝がつづいたが、宣宗は分別盛りの三七歳で、また彼は、周囲の評価とは反対に聡明な人物だった。宣宗は即位するや、武宗時代に専権をほしいままにした李徳裕とその一派を中央政界からおいだした。朝廷には牛党のみがのこり、文宗朝以来、政治の混乱をまねいた「牛李の党争」はようやくおわったという。

こうして宣宗は、政治改革にのりだしていく。宮中の規律をただし、出費をおさえ、さらに武宗が排撃した仏教をふたたび保護して寺院をたてなおし、僧尼の免許状の発行を祠部《しぶ》（礼部に属す部局）に命じた。また、収入を増やすため、塩や茶に関する法をととのえ、密売のとりしまりを強化した。このような政策をおしすすめた宣宗は、「小太宗」と評価されている。

またこの時代、それまで約六〇年にわたってチベット帝国に支配されていた敦煌の地が唐朝へもどってきた。九世紀の半ばにチベット帝国が崩壊すると、この地にいた漢人豪族の張議潮《ちょうぎちょう》が立ちあがり、敦煌にのこっていたチベット軍をおいだしたのだ。宣宗はその功績をよろこび、彼に節度使の地位をあたえた（八五一年）。これを河西帰義軍《きぎぐん》節度使という。

しかし、敦煌がチベット帝国から唐の支配下に入ったというのは名目上のことで、実は、この地は独立王国であった。というのは、張議潮は敦煌で独自の軍団をつくりあげ、この地方の有力者をとりこみ、自立する体制をととのえていったからである。帰義軍節度使の地位は張氏一族の間で世襲されていき、のちに唐朝がほろんだときには、そのどさくさにまぎれて西漢金山王国《せいかんきんざん》（九一〇～九一四年）として独立することとなる。

あいつぐ軍乱

小太宗と評された宣宗だったが、その治世のおわりころから、唐朝の支配がしだいにゆらぎはじめていく兆候が見えるようになる。

それは、浙東観察使（浙江省）が麾下の軍人たちに追放された（八五五年）ことからはじまった。その二年後には容州で軍乱がおき容管《ようかん》観察使（広東省）が追放され、その翌年には嶺南節度使（広東省）、湖南観察使（湖南省）、江西観察使（江西省）、宣歙《せんしょう》観察使（安徽省）が部下の将校に追われ、あるいは捕縛されている。容管と嶺南をのぞくと、これら軍乱が発生したのは、『元和国計簿』で見た唐朝を財政面で支えた八つの藩鎮のうち、江淮にあった藩鎮と一致する。九世紀半ばになって、江淮の藩鎮で軍乱がおこるようになったのは、なぜなのだろうか。

ここで、史料が比較的のこっている宣歙の軍乱を見てみよう。この軍乱の首謀者は康全泰《こうぜんたい》とされる。彼は、もとは二度も杖刑をうけるほどの「凶賊無頼《アウトロー》」だったが、やがて傭兵になって藩鎮にもぐりこみ、将校に昇進した者だった。しかし彼は利用されただけで、実際の黒幕は、同じ傭兵の李惟真《りいしん》と余雄《よゆう》だったという。李惟真は地元の富裕な商人で、余雄は大地主だった。彼らが藩鎮の傭兵になっていたのは、それによって納税や徭役から逃れることができたからである。これを傘の影に入るという意味で、「影庇《えいひ》」という。康全泰の乱で追放された宣歙観察使の鄭薫《ていくん》は進士出身の文人官僚で、清廉実直な人物だったという。おそらく彼は、影庇によって納税・徭役から逃れる者たちを摘発しようとしたのだろう。そして、そのことが、軍にいることを隠れ蓑《みの》にしていた富商や大地主の権益をそこねることになり、軍乱がおきたのである。

江淮藩鎮の搾取

しかし、江淮で見られた軍乱の原因は、それだけではない。藩帥たちは、鄭薫のような清廉実直な者ばかりではなかったからだ。江淮という唐朝の財源地帯に中央政府からおくりこまれた藩帥たちは、なんとしてでも成績をあげ、中央の官界にもどることを考えていた。その成績というのは、藩鎮の倉庫にどれくらい余剰な財物をたくわえられるかであった。この余剰分が宮廷に進奉されたからである。

ただ、藩鎮財政の支出額は決まっており、そこから余剰をどのように蓄積するのかが問題となる。藩帥たちは、兵士をリストラするだけでなく、兵士の給与をピンハネして余剰を生みだしたのである。さらに藩帥たちは、民衆からの両税の徴収も苛酷におこなっていた。こうした情勢がより強まっていったのが宣宗の時代なのである。

では、中央政府がこれをとりしまらないのかといえば、とてもそのような財政状況ではなかった。当時の中央では、神策軍にあてる軍費、増大する官僚の人件費、宮廷の奢侈《しゃし》などで、支出はどんどん膨らんでいった。一方、九世紀半ばの塩の専売による収入は九世紀はじめにくらべて半分になっており、国庫全体の収入は大きく減っていた。宣宗の治世の財政は、両税、酒と茶への課税、塩の専売で九二二万緡《びん》（一緡は銭一千枚）の収入があったが、支出ではなお三〇〇余万緡の不足が生じていた。そのため、不足分は将来徴税する分まで先取りする始末であったという。こうした国庫の不足分は、進奉された財物をストックしておく内庫から補塡《ほてん》する仕組みができあがっていた。そのため、進奉による収入は、唐朝にとって必要不可欠なものであったのだ。

この進奉の弊害は、藩鎮の兵士だけにとどまらず、民衆にまでおよんでいく。とくに、第5章で見たように、江淮の民衆たちは唐朝や現地の藩帥による苛酷な収奪をうけていた。こうした民衆の不満が、新しい形の抵抗運動を生みだしていく。

浙東の裘甫

唐末の皇帝の中では明君と評された宣宗だったが、晩年、これまた道士らが処方した薬を飲んで背中に疽《はれもの》ができ、それが原因で亡くなった。享年五〇。宣宗はもともと三男を後継ぎにと考えていたが、宦官たちの策謀によって、長男の李温《りおん》（即位直前に漼《さい》と改名）が擁立された。これが二七歳で即位した懿宗《いそう》（在位八五九〜八七三年）である。懿宗は凡人で、その一四年にわたる治世の間、一つの取柄もなかったという。そして、この時代から目立ってくるのが、藩鎮の兵士のみならず、民衆たちの抵抗運動である（6－1）。

懿宗が即位した年の一二月、咸通《かんつう》と改元する前のことである。東シナ海に面する象山《しょうざん》（浙江省）で裘甫《きゅうほ》（仇甫）という者がわずか一〇〇人で決起した。裘甫は「浙東の賊」とか「草賊《そうぞく》」といわれる。しかし、その生業が何だったのかはよくわからない。彼が立ちあがった浙東の地（浙江省の東部の海岸地帯）は、塩の生産地であったから、それとかかわるものだったのか、あるいは漁民、もしくは海賊だったのかもしれない。

この地を管轄するのは浙東観察使であった。ただ、ここはとなりの浙西《せっせい》とともに、ひさしく平和だったので兵士は戦いになれておらず、軍の装備も貧弱だった。そのため、藩鎮軍が裘甫の討伐に出むいても、敗北するのは目に見えていた。その結果、裘甫のもとには、この地の山賊・海賊のみならず、ほかの地域の無頼の徒や逃亡していた人びとまでもが雲集し、その数は三万人にもふくれあがった。裘甫はみずから天下都知兵馬使を名のり、元号を羅平《らへい》とした。

6−1　唐末反乱図

羅平というのは浙江にあらわれた瑞鳥《ずいちょう》の名で、民衆たちはこれを画いて信仰していたという。裘甫は、この民間信仰を利用し、人心を掌握しようとしたのだろう。ちなみに、唐末にこの地方で独立政権をたてた董昌《とうしょう》という者が大越羅平《だいえつらへい》国と号したのも、同じ理由である。

こうした裘甫の威勢は

中原にとどろくほどに大きくなっていた。あわてた朝廷は、先に安南《あんなん》（ベトナム北部）での軍乱を鎮める功績のあった王式《おうしき》を浙東観察使に任命した。すると裘甫軍では、これにどう対応するかで意見がわかれてしまった。一つは、長江下流の全域に戦線を拡大すれば、呼応する者が立ちあがり、唐朝の財源地帯をおさえることができるという積極的意見だった。これは、民衆たちの代表の意見だった。

もう一つは、いまだ唐の世は平和であって、戦線拡大は非現実的であるから浙東の地によって自衛し、いざとなったら海にうかぶ島へ逃げこむのが万全の策であるという消極的なものだった。これは裘甫軍に客分として参加していた知識人崩れの者の意見だった。裘甫軍には、地方で進士受験資格をえたが科挙に失敗した知識人の不満分子がふくまれていた。これは唐末の「反乱」に広く見られる現象だった。

この異なる意見に裘甫は判断をくだすことができず、ぐずぐずしている間に、情勢は唐朝に有利に展開してしまう。王式が県の倉庫をひらいて飢えた民衆に穀物を分けあたえて人心をつかんだのだ。さらに彼は、この地域に配流され差別されていたチベット人やウイグル人を起用して騎馬隊を編成した。こうして、王式は裘甫の軍を各地で撃破しておいつめていった。兵をおこして七か月後、ついに裘甫は降伏した。枷《かせ》をはめられ長安におくられた裘甫は、東市で処刑された（八六〇年）。

裘甫のおこした抵抗運動は、はじめて民衆が広範囲に立ちあがったものだった。それまで、江淮では、藩鎮内部で兵士らが藩帥を追う軍乱はおきていたが、裘甫の運動はそれらと一線を画す事件であったところに大きな意味があったのである。

武寧軍節度使とその軍隊

裘甫の乱がおさまったあとのこと、武寧軍《ぶねい》節度使（会府は徐州《じょ》〔江蘇省西北部〕）が軍乱によって追放される事件がおきた。朝廷はただちに、王式を武寧節度使としておくりこんだ。

この藩鎮はもともと、徳宗の時代に中央にたてつく河南の平盧節度使などを牽制し、唐朝にとって、財政上、きわめて重要な江淮と汴州《べん》をむすぶ漕運ルートを守るためにおかれたものだった。「武寧軍」という名は、憲宗の時代にこの藩鎮の牙軍に下賜された軍額である。

しかし穆宗のとき、王智興《おうちこう》という軍将が文官の節度使をおいだし、みずから節度使になる事件がおきた。王智興は、漕運によってこの地をとおる進奉や商人の財物などをうばい、その利を用いて二〇〇〇人にものぼる牙軍をつくりあげた。この牙軍は七つの部隊に編成され、それぞれに銀刀都《ぎんとうと》などといった名がつけられた。ちなみに、武寧軍節度使全体では、三万人の兵士がいたという。

この牙軍の兵士たちは、親から子へ世襲していき、特権集団となっていった。その結果、朝廷から派遣されてくる文官の節度使をおどし、多くの給与を得て、ぜいたくな生活をおくるようになる。そのため、ある節度使などは、兵士たちにまじって酒を飲み、肩をだきあい背中をさすり、ときには兵士のために拍子木を手にとり歌い、機嫌をとったという。そして彼らはついに、気にくわない節度使を追放するという事件をおこしたのだった。

王式は赴任すると、たちまちこの牙軍を粛清した。その数、三〇〇〇人にのぼったという。虐殺をまぬがれ草沢にひそんだ兵士たちには、一か月以内に自首すれば罪に問わないとした。それに応じた者もいれば、そのまま隠れひそんで、不穏分子となった者もいた。こうして徐州には、唐朝と武寧軍節度使を憎む種がまかれ、これが大きな動乱をひきおこすことにつながっていく。

冷遇される徐州の兵士

ところで、宣宗が亡くなり懿宗が即位したころ、雲南にあった南詔《なんしょう》が唐朝の支配を離れ、独立した。のみならず、南詔は、安南都護府（交州〔ベトナム・ハノイ〕）に侵攻し、二度にわたってこの地を占領する事態となっていた。この情勢を重く見た唐朝は、南詔に対する防衛力を強化するため、各地の兵を南方におくりこんだ。徐州でも二〇〇〇人の兵士を募って応援におもむかせた。このとき、王式の粛清から逃れた銀刀都などの残党も、これに応じたようである。この二〇〇〇人のうちの八〇〇人は、途中の桂州《けいしゅう》（広西壮《チワン》族自治区桂林《けいりん》）で守備にあたることとなった。

桂州すなわち現在の桂林は、漓江《りこう》沿いにある町である。その周辺はカルスト地形で、林立する奇岩の風景は、いまなお多くの人びとを引きつける中国屈指の観光地となっている。漓江は南へ流れ、やがて珠江《しゅこう》にそそぐ。一方、この漓江は桂林の北の分水嶺《ぶんすいれい》付近で、秦の始皇帝時代に開鑿《かいさく》された霊渠《れいきょ》という運河によって湘水《しょうすい》とつながっている。湘水は北へ流れ長沙《ちょうさ》をへて洞庭湖《どうていこ》に流れこみ、その先で長江にそそぐ。つまり、桂州は今の湖南《こなん》と広西《こうせい》をつなぐ交通の要衝だったのである。

この地の守備隊として駐屯していた徐州の兵士たちは、はじめは三年で交代という約束だった。ところがその任期は守られず、ずるずると引きのばされ、ついに六年もこの地に駐屯することになったばかりか、さらに一年延長という話になった。交代には、多くの費用がかかるというのが、その理由だった。

もともと徐州の正規の兵士で派遣されてきた者も、かつて軍を追われたが辺境防衛の任をつとめあげれば、ふたたび郷里の徐州へもどって、もとの安楽な軍人生活をおくることができると思っていた兵士たちも、この仕打ちに怒りを爆発させた。彼らは糧料判官（軍糧調達係長）だった龐勛《ほうくん》をリーダーにまつりあげ、故郷の徐州へもどることにした（八六八年）。

龐勛の運命

龐勛たちは、故郷の徐州へむかって北上を開始した。途中、草沢に隠れひそんでいた銀刀都の生きのこりたちが、龐勛に合流していく。ただ、龐勛たちの目的は、事を荒立てずに徐州にもどることだった。しかし、唐朝はこれを「反乱」とみなしたため、両者は衝突するにいたった。

はじめ、龐勛側が徐州など主要都市を陥落させることに成功すると、周辺の淮西や山東、浙江から群盗がつぎつぎとあつまってきた。また農民たちも、父は子をはげまし、妻は夫をはげまし、鋤《すき》の先を削って鋭くしたものを手にもって参加したという。はじめは兵士の軍乱であったが、こうして亡命者や農民などを広範囲にまきこむ動乱へと変化したのだった。

それまでの唐朝の苛酷な支配に苦しんできた江淮地域の民衆たちのエネルギーの爆発と、この地におかれていた藩鎮の軍備力の脆弱《ぜいじゃく》ぶりは、龐勛の側にとって、有利にことが展開する後押しとなった。しかし、龐勛には残念ながら、その先を見通す才はなかったようである。彼は、この有利な立場をもって、唐朝に節度使の地位をもとめたのだ。この時点で、龐勛は民衆側の立場から離れてしまった。

唐朝は龐勛の要求を聞きいれず、禁軍の大将軍を討伐にさしむけた。各地の藩鎮からも出兵させ、さらに現在の山西省北部で遊牧しながら騎馬戦力を保持していた沙陀《さだ》族を動員した。一方、龐勛は軍備を増強するため、富商たちからは財貨をとりあげ、農民からは強制的に徴兵する始末だった。こうなってはもはや民衆からの支持を得られない。こうして龐勛がおこした「反乱」は一年と四か月の後、鎮圧されてしまった（八六九年）。しかし、その残党らは河南道の各地に潜伏して群盗となり、その中から唐朝を壊滅状態においやる黄巣《こうそう》の大乱が生まれていくのである。

2　「黄巣の乱」

僖宗と田令孜

懿宗が四一歳で崩御すると、宦官の首脳部は彼の五番目の子で、わずか一二歳の李儇《りげん》（立太子のとき、儇《けん》と改名）を立てた。これが一八代目の僖宗《きそう》（在位八七三〜八八八年）である。僖宗の御代は一四年半におよんだが、その時代の三分の二は唐全土を混乱におとしいれた動乱の時代で、彼は二度も長安から逃げだすことになる。そして、僖宗と行動をともにしたのが宦官の田令孜《でんれいし》である。

田令孜は四川の出身で、懿宗の時代から内廷に出仕していた。僖宗は、幼いころから田令孜をことのほか気にいり、一緒に寝るような仲だった。そこで僖宗は即位すると、田令孜を神策軍の護軍中尉にとりたてた。子供だった僖宗は、田令孜を父とよんで政治をまかせっきりにし、自分は闘鵝《とうが》や競馬《けいば》などの遊びに専念する始末。そして、お気にいりの宮中の楽人や踊り子には、つぎつぎと巨万の褒美をあたえた。そのため、ついに府庫が空っぽになってしまった。そこで田令孜は僖宗をそそのかし、長安の東西両市の商人たちの財物をまき上げ、内庫を満たすありさまだった。

王仙芝と黄巣

朝廷がこのような状態だった当時、四川に南詔が攻めこみ、成都にせまる勢いを見せていた。また、山東や河南では毎年にように干ばつがつづき、夏や秋の収穫もままならず、民衆の生活は困窮をきわめていた。中央の官僚は、租税を免除して政府の倉庫をひらき対処すべし、との意見を上奏した。しかし、懿宗以来、朝廷では奢侈と軍費とで出費は増え、そのため、租税のとりたては厳しくせざるをえなかった。

このような状況のもと、山東と河南では、あちこちで民衆が立ちあがった。これを鎮圧すべき官軍は平和ぼけしており、各地で敗北をかさねた。やがて、僖宗が即位してから二年とたたずして、唐を根幹からゆるがす大乱が山東でおこった。闇《やみ》の塩商人であった王仙芝《おうせんし》が立ちあがり（八七四年）、ついで黄巣がこれに参加したのである（八七五年）。

黄巣は、今の山東省の西南部、唐朝の行政区画でいうと曹州冤句県《そうえんく》（山東省荷沢《かたく》市西南）の人である。その家は、富裕な塩商人である一方、黄巣自身は塩の闇商売にも手を染めていたという。また、黄巣自身は学問の素養があり、都へおもむいて何度か科挙をうけたが、ことごとく失敗したという。この不満がやがて「反乱」につながっていったのだ。

塩商と塩賊

唐朝を滅亡においこむきっかけをつくった塩賊、黄巣が、実は富裕な塩商人の出身だったというのは、いったいどういうことなのだろうか。

そもそも唐朝から塩をあつかうことをゆるされた商人は、塩籍に登録され、傜役《ようえき》（一五二頁）を免除されるほか、各地で課せられる税も免除され、自由に移動ができ、莫大な利益をあげることができた。とくに、唐代の江淮の沿岸は塩の一大生産地だったので、この地域の富裕な農民や富商、地主といった人びとは、唐朝の許可を得て公認の塩商人となっていた。これを、当時の史料では「土塩商」とよんでいる。彼らは江淮塩をあつかい、他の地方からやってきた商人に売りわたすこともしていた。

黄巣

塩商人は、塩産地におかれた役所で代金を払って塩をうけとる。この代金は、塩の原価と唐朝のさだめた税額の合計である。あとは、塩商人が自由に販売でき、それが商人のもうけになる。塩を現金で買える民衆は問題ないが、そうでない人びとは穀物などで代納し、あるいは借財して買うことになる。塩商人は穀物を転売してさらに利益をあげ、また借財を返せない農民からは土地をとりあげ、大土地所有者となっていく。一方、没落した農民たちは、社会の不穏分子となっていった。

塩の生産地は数多くあり、塩場を管理する役人たちは成績をあげるため、たくさんの商人をあつめる必要があった。そこで塩商に売りわたす塩の量を水増しし、あるいは塩の購入代金に現金だけでなく、珍奇な現物でおさめることもみとめるようになった。こうなると、唐朝としては、表向きの収入額は多いのに、実際に納税される額は少なくなる。専売収入の減少という実に困ったことがおきるようになる。

その結果、唐朝は、塩の流通管理を強めざるをえない。また、各地の藩鎮も進奉のための財を捻出しようと、自領内をとおる塩商人たちに税をかけるようになるし、また塩を管理する役所も、塩商人へ苛酷な誅求をおこなうようになっていく。こうして、没落する塩商人もあらわれはじめた。当然、塩商人たちは、さらなる利益をもとめ、あるいは唐朝の収奪からみずからの財産を守るために私塩をあつかうようになっていく。その入手は、先に見たような横流しされた塩のほか、あとで述べるように、強奪したものもあった。こうした者たちは、唐朝から「賊」とよばれる。

唐朝は専売収入を守るため、私塩をあつかう「賊」たちを、徹底的にとりしまらなければならない。一方、賊徒は、それに対して武装して抵抗した。黄巣は任俠《にんきょう》を好み、「亡命の徒（当時の社会にいれられない人びと）」の面倒を見ていたというが、これは闇の塩をあつかうための備えであったのだ。闇の塩をあつかう商人たちは、ネットワークをつくりあげて、たがいに情報を共有しあった。これが中国社会特有の秘密結社の淵源になっていったという。王仙芝や黄巣は、こういった人びとの仲間だったわけである。

江賊

こうした「賊」の活動が目立ちはじめ、ついに中央政府に報告されるようになるのは、「黄巣の乱」より前の、武宗の時代のことである。

当時、長江流域にあった池州《ちしゅう》（安徽省西南。宣歙観察使管内）の長官だった杜牧《とぼく》が、江淮の地を賊徒がおそい、多大な損害が出ていることを報告している。この賊徒は「江賊《こうぞく》」とよばれ、二つのグループがあった。一つは大運河沿いの諸州（濠・亳・徐・泗・汴・宋州）を根拠地とし、長江下流域を襲撃していたグループで、もう一つは淮水上流の諸州（許・蔡・申・光州）を根城とし、長江中流域を襲っていたグループである。

江賊たちは、二〇人から三〇人、多いときは一〇〇人をこえる人数で徒党を組み、二、三隻の船に分乗して長江の中・下流域へやって来て、旅商人を殺して財物をうばい、あるいは長江沿いの農村などでひらかれていた非公式な定期市（草市《そうし》）を襲って財物をうばった。その財物をもって茶葉の生産地である山に入り、うばった財物を茶と交換して故郷へもちかえって売り払ったという。杜牧の報告では、江賊の活動は、文宗の時代から見られたと述べている。

唐代では、民衆の間にも喫茶の風習は広まっており、有名な陸羽《りくう》の『茶経《ちゃきょう》』は「安史の乱」のころに書かれたという。また、「茶」という字が、いわゆる「お茶」を意味するものに定着するのも唐代である。そういった民衆の風習をも背景にして、唐朝は茶に税を課していた。そのため、茶を非公式ルートで売りさばくと大きな利益があったのだ。

江淮地域における、このような「賊徒」の活動は、宣宗の治世になるとさらに活発となり、茶のみならず塩までも手にいれ販売したという。江淮を襲撃した「賊徒」の根拠地は、まさしく王仙芝や黄巣の出身地に近い。また、これらの地域は、唐後半期にあっては平盧や淮西といった、唐朝にまつろわぬ藩鎮の支配する空間でもあった。そういった反側の気風も、王仙芝や黄巣といった者たちを生みだした要因なのかもしれない。

流賊

さて、話を王仙芝・黄巣の乱にもどそう。王仙芝は、はじめ三〇〇〇人ほどで立ちあがり、黄巣が数千人をひきいてこれに合流した。そして、河南道の一五州をつぎつぎと荒らしまくると、たちまち数万の集団にふくれあがった。彼らは官軍と戦いながら、南の江淮へすすんでいった。この「反乱」の討伐を命ぜられた節度使たちは「反乱軍をうちやぶっても、恩賞に与るどころか、ときには罰せられることもある。だから賊徒の勢力を温存しておくにかぎる。彼らが天子になったあかつきには、功臣に列せられるだろうから」と、日和見を決めこむ者もいた。

やがて王仙芝と黄巣はケンカ別れをし、王仙芝は河南を、黄巣は山東を荒らした。その後、王仙芝が官軍にやぶれ、その首が斬られると、その残党は黄巣に合流した。黄巣軍はつねに官軍に勝利をおさめたわけではなく、あちこちで敗北も喫していた。そこで、長江を南へわたり、浙江へむかった。ここは官軍が手薄であったが、各地で自警団が抵抗をしめしたため、

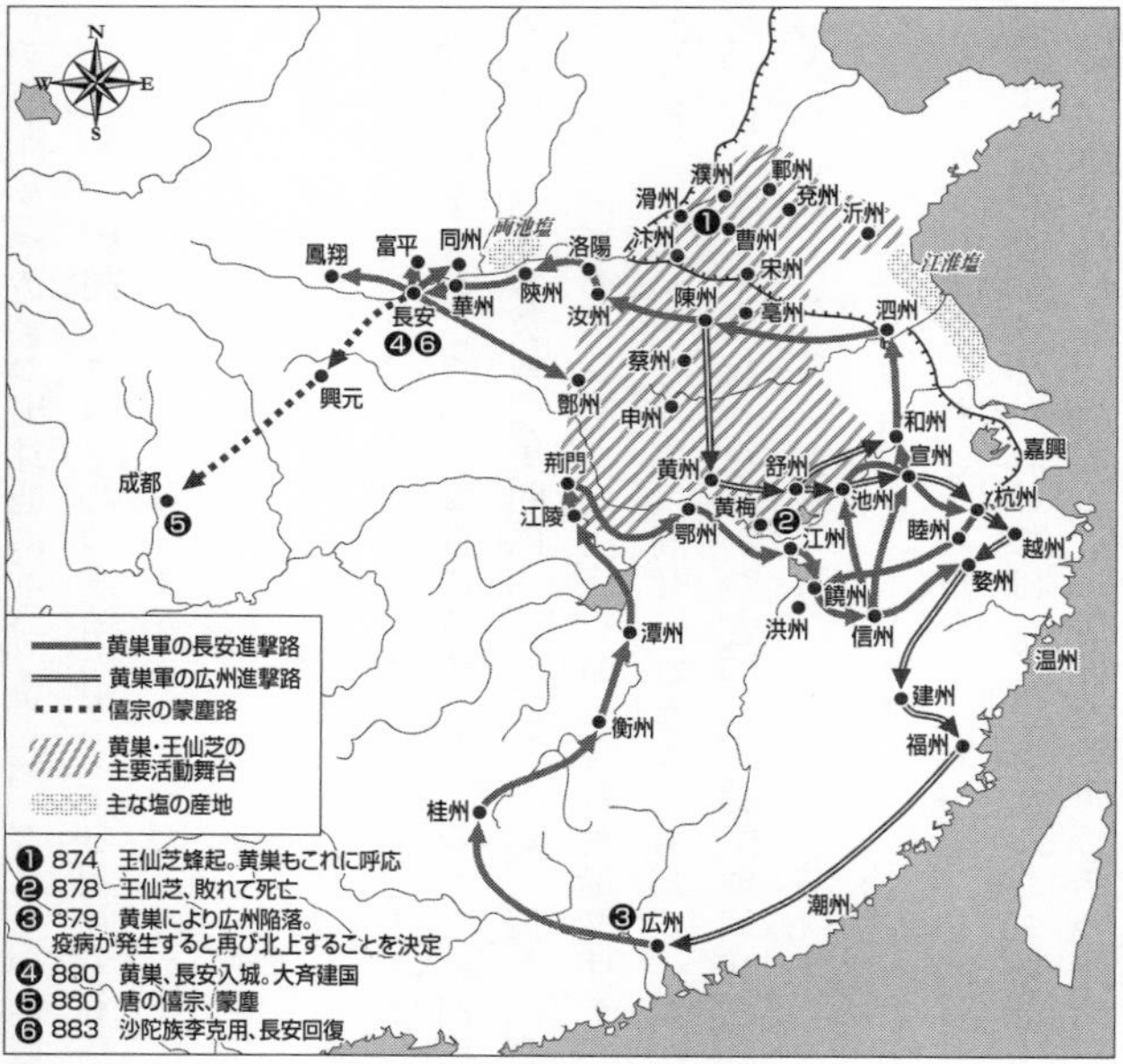

6-2　黄巣の乱

黄巣は山をこえて福建へすすみ、さらに広州を攻め、陥落させた（八七九年）。漢文史料では詳しい情報は得られないが、イスラーム史料によれば、このとき、広州在住の中国人のほか、一二万あるいは二〇万におよぶイスラーム教徒、キリスト教徒、ユダヤ教徒、ゾロアスター教徒が殺害されたという（6-2）。

当時の広州は、南海交易の最大の窓口であり、すでに玄宗の時代に、海外交易を監督する市《し》舶《はく》司《し》がおかれていた。広州城にはアラブ系やイラン系のムスリム商人のほか、インド系、マレー系の商人がおり、交易に従事していた。先に述べたように殺害された外国人の人数と宗派がはっきりとわかるのは、唐朝が宗教・信仰を同じくする外国人居留者をそれぞれにわけて住まわせていたからだと、イスラームの記録者は伝えている。

また、この黄巣による広州攻撃は、この地域の桑畑も破壊した。その結果、絹織物の生産量が激減して南海交易が一時中断したという。おそらくそればかりでなく、黄巣による外国商人の虐殺も大きく影響しているのだろう。このことから、「黄巣の乱」も中国国内で完結した事件とみなすのではなく、この時期の東西交流やユーラシア世界を視野にいれた中で理解することがもとめられる。

さて、王仙芝が立ちあがり、黄巣が広州を陥落させるまでの四年余りのこの動乱の特徴は、北中国から南中国まで大移動し、とにかく各地を破壊しながら、大きな目標もなく拠点をもうけることもなかったことである。それは、河南と山東の境で発生した熱帯低気圧が、各地をあてもなく転戦しつつしだいに巨大な台風に成長していくようなものだった。その成長というのは、言うまでもなく、唐朝に対し不満をもつ流亡農民らが参加し、黄巣軍の勢力が雪だるま式にふくらんでいくものだった。こうした黄巣の動きを、内藤湖南は「流賊の元祖」とよんだ。

黄巣、北上す

ところで、黄巣は唐朝に広州節度使の地位をもとめたが、拒否された。このため、黄巣は、王都長安の奪取を宣言し、はっきりと唐朝との対決の姿勢をしめしていく。

こうしたおり、広州にいた黄巣の軍中で疫病が流行《はや》り、三割から四割もの兵士が亡くなった。これをきっかけに、黄巣は長安へむかって進軍をはじめた。広州から一気に北上して長江の中流域をこえたところで唐朝軍にやぶれたため、長江をくだって浙江を流動した。このとき、唐朝の藩鎮連合軍は、長江の北側に防衛ラインを布《し》いていたが、その総大将が功績を独占しようとし、黄巣軍の平定は間近いと上奏して布陣を解いてしまった。黄巣は、この機を見逃さず、ただちに長江を北へわたった。いよいよ、唐朝との決戦である。このとき、黄巣は率土《そつど》大将軍と名のっている。率土とは地上のすべてという意味だ。黄巣は今までのような略奪はおこなわず、軍の秩序をととのえ北進し、ついに洛陽を落とした。

この情報が朝廷に伝わると、一九歳になった僖宗は、おそろしくて泣くばかり。宰相たちは、ただちに神策軍を出軍させ、潼関《どうかん》を守るべきだと進言した。

ところが、当時の神策軍の兵士たちは、みな長安の富裕な家の子弟たちが宦官に賄賂を贈って軍籍を買った連中だった。彼らは皇帝からの賜与をうけ、華麗な軍装で馬を疾走させることだけが目的で神策軍に身をおいているにすぎない。出征すると聞いた彼らは、親子ともに泣きだしてしまい、あげくのはて病坊《びょうぼう》（官営の療養所）の人や貧しい者を金銭で雇って身代わりにする始末。このような武器もあつかったことがない者たちが、長安防衛のため潼関におくられても、役に立つはずがない。黄巣は潼関を突破し、あっというまに長安にせまった。

田令孜は、敗北の責任が自分におよぶのを恐れ、他の者に罪をきせ、神策軍五〇〇人とともに僖宗を奉じて長安を脱出した。田令孜は、前から蜀へ逃亡することを計画しており、実の兄を西川節度使としていた。こうして僖宗は成都へおちのびるのだが、その途中で詔を出し、各地の藩鎮に出兵して長安を回復せよと命じた。

長安入城、血の川が流れる

一方、黄巣は黄金でつくった輿に乗り、着飾った護衛兵と多くの騎兵をしたがえ、行列をしたてて平和裏に長安へ入城した。そして、大明宮正門の上の丹鳳楼《たんほうろう》にのぼり、赦書をくだして国号を大斉《だいせい》とし、金統《きんとう》と改元した（八八〇年）。

「斉」は黄巣の故郷曹州をふくむ山東の古い名。元号を「金統」としたのは、唐朝は土徳の王朝で、五行思想（五行相生説）では土徳から金徳が生まれることにちなんだものという。ちなみに、黄巣が兵をおこす前に「金色のガマが争って怒った目となり、曹州をひっくりかえし天下はそむく」というわらべ歌が流行ったが、これも同じ文脈で説明できる。

また、このときの唐の元号は「廣明《こうめい》」といったが、これはまさしく黄巣が天下をとることを予言したものだという者があらわれた。というのは、この元号は「唐」の字から「𠁁」と「口」をとりさって、黄巣の「黄」をいれた「廣」と、「明」すなわち日月をあらわし、「黄家日月なり（黄巣の天下は日月《太陽とつき》のように明るくなる、あるいは黄巣は聖人である）」を意味する瑞祥だというのだ。まったくのこじつけだが、混乱した社会には真実のようにうつったのかもしれない。

実際、長安占拠はスムーズにおこなわれた。朝廷では三品以上の高官は排除されたものの、四品以下の官僚はもとの職にとどめおかれた。また、黄巣の兵士たちは、破産した農民や群盗の出身者が多く、そのため貧しい者を見るとほどこしをしたという。その一方、官吏を憎むことはひどく、手あたりしだい殺害した。もっとも一般民衆もまきこまれ、街のいたるところで人が殺されたが、黄巣はこれをとめることはできなかった。

こうした中、唐朝側の藩鎮軍が黄巣軍をやぶり、いったんは長安をうばいかえすことに成功する。しかし、藩鎮軍の兵士は長安城内で略奪をおこない、それに乗じて城内の無頼の少年たちも盗みをはたらくなど無法状態となった。一方、黄巣は隙をついて藩鎮軍をやぶり、長安をふたたび占拠するにいたった。このとき、先に官軍をむかえいれたという理由で、八万人もの長安の住民を殺戮《さつりく》した。そのため、多くの血が川のように流れ、長安の街を洗い流すかのようであったため、これを「洗城」といった、と史料は伝える。

しかし、黄巣軍と藩鎮軍のたび重なる交戦によって、黄巣軍の勢いは、しだいにうしなわれていった。このような中、長安の東方で守備していた黄巣軍の大将だった朱温《しゅおん》（のち朱全忠《ぜんちゅう》）が唐朝へ降伏した。しかし、その唐朝にとっても藩鎮軍の攻勢や黄巣軍の一部の部将の降伏だけでは、黄巣をうちやぶり、長安を回復するには力が足りなかった。そこで白羽の矢がたったのが、沙陀族の李克用《りこくよう》だった。

沙陀族

沙陀族は、もともと天山北麓の草原で遊牧していたテュルク系の種族といわれる。はじめは西突厥の支配下にあったが、高宗のとき、唐が西突厥をほろぼすと（第2章）、沙陀族はときには唐朝に、ときにはチベット帝国につくようになる。「安史の乱」のときには唐朝軍として参戦したが、のち徳宗の時代にはチベット帝国にしたがい、ウイグル帝国との北庭争奪戦に参加している（第4章）。このとき、チベット帝国によって新疆の故地から東の甘州《かんしゅう》（甘粛省張掖《ちょうえき》市）にうつされた。

沙陀族の首領は、もともと「沙陀」姓の一族であった。しかし憲宗の時代、沙陀族はチベットの支配をきらって唐朝へ帰順しようとし、そのとき、チベット軍の追撃をうけ、沙陀姓の首領が亡くなる。かわって沙陀の首領となったのが「朱邪《しゅや》」姓の者で、その人物が李克用の祖父である。唐朝に帰順した沙陀族は、はじめオルドスにおかれ、やがて代北《だいほく》（山西省北部）へ移動した。

現在、山西省の省都である太原から北へすすむと、代県という小さな都市がある。唐代の代州《だいしゅう》である。代州の北側には山がつらなり、ここに雁門関《がんもんかん》がある。これをこえると大同盆地となり、草原世界につながっていく。ここを代州の北、すなわち代北とよび、唐の時代には雲州《うんしゅう》（山西省大同市）や朔州《さくしゅう》（山西省朔州市）がおかれていた。この一帯は、農耕世界と遊牧世界が交錯するいわゆる農牧境界地帯である。農耕地もあり、遊牧が可能な草原も広がっていた（二五四頁）。

大同盆地に移住した沙陀族は、ここで遊牧生活をおくりつつ、騎馬戦力をたくわえていくことになる。唐朝はこの沙陀の騎馬戦力に着目し、たびたびこれを利用した。「龐勛の乱」のときにも沙陀族が起用され、李克用の父である朱邪赤心《せきしん》が鎮圧に功績をあげた。それによって朱邪赤心は、唐朝から皇室の姓である李姓と国昌《こくしょう》の名を賜り、これ以降、沙陀族の首領は李姓を名のるようになる。しかし、この唐朝の優遇が沙陀を増長させたのかもしれない。沙陀はしだいに、唐朝のコントロールから離れていく素振りを見せるのである。

ちょうどそのころ、黄巣が挙兵して中国全土が大混乱におちいっていた。当時、李国昌の子の李克用は雲州の東方にある蔚州《うつしゅう》（河北省蔚県）を守備していたが、まさにこの機に乗じ、唐から自立しようとして雲州を占拠する挙に出たのである。唐朝は河南の黄巣のほか、代北の沙陀にも対応しなければならなくなった。

そこで唐朝は幽州節度使に詔をくだし、代北に移動していた鮮卑系の吐谷渾とともに李克用を討伐させた。このときの李克用側も、一枚岩ではなかったようだ。沙陀族内部で分裂があったほか、代北にいたソグド系突厥（六州胡。徳宗のとき、吐蕃の圧迫をさけ、オルドスから代北へ移動していた）も唐朝側についたため、李克用は敗北し、モンゴリア南部にいたモンゴル系遊牧集団の韃靼《タタル》へ亡命することとなる。ちょうど、黄巣が長安をめざし、河南を通過しているころのことだった。

李克用、ゆるされる

黄巣が長安を占拠すると、各地の節度使や有力者たちは、唐朝に協力して長安をとりもどそうとした。代北に派遣されていた監軍使の陳景思《ちんけいし》もその一人だった。彼は沙陀やソグド系突厥、吐谷渾を糾合して長安の奪取を計画した。しかし、なお兵力が足りず兵を募ったところ、さまざまな遊牧系の諸集団がはせ参じ、三万もの軍団にふくれあがった。しかし、これら雑多な軍団を統率できる人物はいなかったので、韃靼に亡命していた李克用をよびもどしたのだった。これに応じて、唐朝も李克用の罪をゆるすことにした。李克用には、それらを統率できるカリスマ性があったからだ。こうして代北の遊牧諸集団は、李克用のもとに一つにまとまり、長安回復の軍をおこすのだった。

片目が小さく、「独眼竜」と号していた李克用は、自軍の軍装を黒色でまとめあげていた。そのため李克用の

李克用

軍隊は、「鴉軍《あぐん》（カラス部隊）」とよばれて恐れられていた。李克用軍は一気に関中に入り、黄巣軍をけちらして長安をうばいかえすことに成功。この功績で、李克用は河東節度使を授けられた。

黄巣が長安を占拠したのは、ほぼ三〇か月。最後は宮殿に火を放って逃れ、あらかじめ準備していた逃亡ルートをつたって、南山（秦嶺山脈）へ逃げこんだ。これを追う官軍は、黄巣軍が道にばらまいためずらしい宝を奪いあったため、その隙をついて黄巣は逃げ切ることができた。黄巣は河南の南部へおちのび、この地の蔡州に拠《よ》っていた秦宗権《しんそうけん》を降して、ここに腰をおちつけた。長安を放棄して逃げさった黄巣だったが、その勢力はまだ十分な強さを

もっていた。

ところで、蔡州の東にある汴州には、もと黄巣の部将で唐に降伏した朱全忠がいた。しかし、彼やそのほかの節度使たちでは黄巣の勢いに太刀打ちできなかった。そこで、長安を回復したあと、太原にもどっていた李克用にふたたび救援をもとめた。黄巣が汴州にせまったとき、かけつけた李克用がこれをさんざんにうちやぶり、こうして黄巣軍は、ほとんど壊滅状態となった。

一方、黄巣をうちやぶった李克用は、兵士も馬もともに疲れ、食糧も尽きたため、汴州へひきかえした。これをむかえた朱全忠は李克用を城内へいれ、酒宴をもうけて丁重にねぎらった。このとき、李克用は二九歳。酒に酔い、言葉づかいや態度がすこぶる悪かったようで、これが年上だった朱全忠の気分を害した、と史書は伝える。あるいは、黄巣をうちやぶった李克用の功績を朱全忠が妬《ねた》んだのかもしれない。朱全忠は、酔いつぶれた李克用を暗殺しようとしたのである。とつぜんの出来事に、李克用の一行はたちまちに血祭りにあげられた。李克用は親衛隊に守られ、からくも汴州城を脱出することができたが、反撃することはせず、本拠地の太原にもどることとなった。

動乱の終焉

李克用にけちらされた黄巣は、山東の泰山《たいざん》の近くの狼虎谷《ろうここく》というところまで逃げたところで、ついにどうにもならなくなり、死をえらんだ。みずから首を斬ったが、胴から首が離れないので、甥がその首を斬ったという。その甥も首を斬られ、黄巣の首とともども信宗の蒙塵先の成都に献じられた（八八四年）。

このとき、黄巣によって拉致されていた唐朝の後宮の女性たちも、成都にとどけられた。信宗は「汝らは名家の娘で、これまでずっと唐の国恩をうけてきた者たちなのに、どうして賊にしたがったのだ」と問いつめた。するとその中の一人が「陛下たちは、国家に一〇〇万もの軍がいたのにもかかわらず、宗廟を守ることもできず、都をすてて四川へおちのびたではありませんか。今、陛下はその責任を女子になすりつけ、大臣や将軍たちをゆるすのは、どういうことでしょう」とこたえた。これを聞いた信宗は、さすがに何も言い返すことができなかったという。この女性たちは全員、成都の市で処刑されることになった。人びとは彼女たちをなぐさめようと、争って酒をあたえた。多くの者たちは悲しみとおそろしさのあまり、意識をうしなうほどに飲んで酔ったが、信宗に物申した女子だけは飲まず泣かず、粛然としたまま刑をうけたという。

3　唐の滅亡

信宗、都へ帰る

都落ちしていた信宗は、四年ぶりに長安へもどることができた（八八五年）。しかし、戦乱で荒れた都は、イバラがおいしげり、キツネやウサギが走りまわるありさまであった。心を痛めた信宗は、天下に大赦の令を出し、光啓《こうけい》という新しい元号に改め、唐朝の再建をめざそうとした。

ところが、一〇年におよぶ「黄巣の乱」は、都の姿を変えただけではなかった。各地の藩鎮では、軍将が節度使を殺し、朝廷からの任命を待たずに勝手に節度使を名のり、自立するようになっていたのである。「黄巣の乱」がおきる前のような、唐朝が藩鎮をコントロールする体制は崩れてしまった。その結果、唐朝の威令がおよぶのは、わずかに関中と甘粛の東部、四川、広東の数十州だけになってしまった。また租税をあつめることができたのは、都とその周辺の数州にすぎなかった。

二度目の蒙塵

このとき、外朝の官僚と内朝の宦官あわせて一万余人の官員がおり、さらに田令孜が四川で募り、神策軍にあらたに組みこんだ五万四〇〇〇人もの兵士がいた。宦官の権力基盤である神策軍兵士への給与がとどこおっては、彼らの離反をまねきかねない。おのれの権勢を、より強める必要があった田令孜にとって、神策軍の兵士へ給与を支払いつづけることは、切実な問題だった。そこで彼が目をつけたのが、河東の塩だった。

河東、すなわち今の山西省の西南には、唐の時代、蒲州《ほしゅう》（山西省永済市《えいさいし》）がおかれ、その下に解県《かい》と安邑県《あんゆう》があった。両県には塩池（唐代の名称は両池《りょうち》。のちの解池《かいち》）があり、古来、塩の産地として有名である。本来、塩の専売は度支使や塩鉄使の仕事だったが、唐末になると、地方の節度使たちがそれを牛耳るようになっていた。両池の塩の専売を独占していたのは、河中《かちゅう》節度使（会府は河中府〔蒲州〕）の王重栄《おうちょうえい》だった。彼は、もともと河中節度使の軍将だったが、黄巣の乱の最中に節度使にのぼりつめた人物で、李克用とともに長安を黄巣からとりもどした功績もあった。

田令孜は河東塩の専売の権限を中央にとりもどすように僖宗に上奏し、みずから両池権《りょうちかく》塩使《えんし》となって、塩利を手にいれようとした。しかし、王重栄がそれにしたがうはずがない。田令孜は王重栄を他の藩鎮に移動させようとしたため、両者は対立するようになり、そこで

（上）唐の大暦年間創建の両池の池神廟　山西省運城市塩湖区、現在の建物は明・万暦三八（1610）年の重修
（下）池神廟から見た両池（解池）

王重栄は李克用に助けをもとめることとした。

李克用も、唐朝にうらみをいだいていた。それは、彼こそが黄巣に最期のとどめを刺した最大の功績者でありながら、朱全忠に暗殺されかけたうえに、その功績を朱全忠にうばわれていたからである。また河中節度使の王重栄が討たれれば、その北にいる自分が次の標的とされることも、李克用は感じていた。

田令孜が実力行使にうったえ、鳳翔《ほうしょう》節度使の李昌符《りしょうふ》と邠寧《ひんねい》節度使（会府は邠州〔陝西省彬《ひん》州市〕）の朱玫《しゅばい》に王重栄の討伐を命じた。これに対し、王重栄の救援要請をうけた李克用は、軍をひきいて関中へ攻めこんだ。さすが、沙陀の軍勢は強く、鳳翔軍と邠寧軍をうちやぶって長安へせまった。あわてふためいた田令孜は僖宗を奉じて、ふたたび都を脱出して長安の西の鳳翔へむかった。さらに、いやがる僖宗を拉致する形で、南の興元府《こうげんふ》にまで逃げおちた。僖宗の長安滞在は、わずか一一か月という短さだった。

当然、田令孜の罪を問う声は、あちこちでまきおこる。そのため彼は責任のがれをはかり、枢密使だった宦官の楊復恭《ようふくきょう》を左神策軍護軍中尉とし、自分は兄が節度使をつとめる西川の監軍使となって、さっさと蜀へ逃げる始末だった。ちなみに、その後の田令孜は、彼のことを父とあおいでいた王建《おうけん》という武将に殺される運命をたどった。王建については、のちに語ることにしよう。

僖宗時代の終焉

李克用と戦っていた李昌符と朱玫は、田令孜が僖宗をつれて都を逃げだしたことを聞くと、混乱した。このまま田令孜と組んで李克用と戦うのか、あるいは李克用と手をむすぶべきか。まよったあげく、朱玫は粛宗の玄孫にあたる李熅《りうん》を皇帝にたて、長安に入城した。一時、天下の諸藩鎮の半分ほどがこれを支持したという。しかし朱玫と李昌符は、どちらがイニシアティブをとるかで仲たがいをし、別々の道を歩むことになる。

新皇帝を立てた朱玫は、李克用との関係修復を有利にすすめようとした。しかし、李克用はこれをみとめず、朱玫を討とうと兵を発する。興元にいた楊復恭も、朱玫の首をとった者に褒美をあたえるという檄を関中に飛ばした。そのため、朱玫は部下の王行瑜《おうこうゆ》にうらぎられて斬られた。李熅は河中節度使の王重栄のもとへ逃れたが、そこでとらえられ殺された。

こうして僖宗は都へもどろうとしたが、こんどは鳳翔にいた李昌符が僖宗をひきとめ、自分の手元にむかえいれてしまった。僖宗を擁して、有利な立場を築こうとしたのだろう。しかし李昌符が鳳翔の街中で神策軍の部将とケンカをしたのをきっかけに、鳳翔軍と神策軍の衝突に発展。その戦いにやぶれた李昌符は、鳳翔の西にある隴州《ろうしゅう》（陝西省隴県）へ逃げる羽目になり、そこで殺された。これに功績のあった神策軍の軍将だった李茂貞《りもてい》が鳳翔節度使になった。

鳳翔にいた僖宗は、やがて病を得て長安にもどったが、帰京後、わずか二週間で病が重くなり、崩御（八八八年）。享年二七の若さだった。

昭宗と楊復恭

僖宗が崩御すると、宦官の楊復恭が、僖宗の弟で、懿宗の七番目の子の李傑《りけつ》（即位時に敏《びん》と改名。のちに曄《よう》と改名）を皇帝として立てた。当時、二二歳だった。これを昭宗《しょうそう》（在位八八八～九〇四年）という。昭宗は、兄の時代に唐朝の威令が行きとどかなくなったことを嘆き、昔のように強い唐王朝を回復させようという意思をもっていた。また、宦官を非常に憎んでいた。

昭宗にとって、楊復恭は自分を皇帝に擁立してくれた恩人ではある。その一方、楊復恭は宿衛の兵士を統べ、朝政に口を出し、多くの仮子《かし》を節度使や刺史《しし》とし、宦官の子をやしなって監軍として各地におくりこむという絶大な権力をふるう、やっかいな者でもあった。

昭宗は、楊復恭の力を弱めるため、彼を鳳翔の監軍使に任じ、長安からおいだそうとした。ところが、それが気にくわない楊復恭はさっさと引退し、長安に住みつづけた。このときに楊復恭が養子にあてた手紙には、昭宗の仕打ちに対し「門生（生徒）にすぎない天子が、定《てい》策《さく》の国老（皇帝を擁立した国家の重臣。すなわち宦官のこと）を引退させおった」と不遜な言葉を書きのこしている。絶大な権勢をほこった唐末の宦官の自信がかいまみえる言葉である。

だがその彼も、謀反の嫌疑をかけられ、長安から脱出し興元府へおちのび、さらに鳳翔節度使の李茂貞に攻撃されたため、各地をにげまどう羽目となる。だが結局は捕まり、ついに長安で処刑されてしまった。しかし、宦官そのものの勢力は温存されたままで、この後も唐朝がほろびるまで、因縁の対決はつづいていくのだった。

李茂貞と李克用の対立

うちに宦官の害をかかえていた唐朝には、外にも油断ならぬ相手が多くいた。その中で、長安周辺の小藩鎮である鳳翔の李茂貞、朱玫を斬った功績で邠寧節度使となった王行瑜、そして長安の東にある鎮国《ちんこく》軍節度使（会府は華州〔陝西省渭南市華州区〕）の韓建《かんけん》の三人はたがいにつるみ、中央の重職をもとめたり、神策外鎮軍の支配権を要求したりと、うるさい存在だった。韓建は蜀に拠った王建と同じ許州の人で、はじめ秦宗権の軍にいたが、のちに蜀へおもむき、田令孜によって神策軍の軍将にとりたてられ、その後、華州刺史になった者だった。

たまたま、解池の塩の権益をにぎっていた河中節度使の王重盈《おうちょうえい》（王重栄の兄）が亡くなると、その子と王重盈の兄の子が、跡目をめぐって争いをおこした。前者は李茂貞らをたより、後者は李克用に援助をたのんだことから、両勢力の対立が鮮明になっていった。

このどさくさにまぎれ、李茂貞と王行瑜、韓建は精兵数千人をひきいて長安へおもむき、日ごろ気にくわなかった宰相や宦官を殺し、あげくのはてには昭宗を暗殺してクーデタをおこそうとしていた。ところが、李克用が太原で兵をあげたという情報を聞くや、クーデタを中止し、李克用の南下にそなえた。

李克用が都にせまると、長安は大混乱におちいった。このとき、北衙禁軍は左三軍（神策、龍武、羽林）と右三軍とよばれ、それぞれ王行瑜と李茂貞が牛耳っていた。両軍は、それぞれに昭宗を奉じて蒙塵させようと長安城内で争い、あげくのはて、宮門に火をつけるありさまだった。両者に拉致されることを恐れた昭宗は、神策の兵士を護衛とし、長安の南の終南山にむかって逃げた。数十万にのぼる民衆たちが昭宗とともに逃げたが、熱中症のため三分の一が亡くなり、夜になると盗賊に襲われ、鳴き声が谷中にひびきわたったという。

関中へ進軍した李克用は昭宗をむかえて長安へ帰還させる一方、王行瑜を攻め、これをおいつめた。根拠地の邠州から逃げだした王行瑜は、ついに部下に殺され、首を献じられた。この機をとらえ、李克用は李茂貞討伐を願い出るが、沙陀の勢力拡大をきらった朝廷は、これをゆるさなかった。こうして李克用は太原へもどり、かたや李茂貞は、またもとのとおり傲慢《ごうまん》で横暴となるのだった。

禁軍再建失敗

長安へもどった昭宗は、神策軍のほかにあらたに禁軍をおき、諸王にこの禁軍をひきいさせることにした。しかし、このことは李茂貞を刺激してしまった。自分が討伐されるのではないかと疑った李茂貞は、長安に兵をすすめたのである。昭宗は、ふたたび長安を脱し、太原の李克用のもとへおちのびようとしたが、途中、華州の韓建のもとにとどまることとなった。

長安に入城した李茂貞軍は、黄巣の乱よりのち、再建されつつあった長安の宮殿と街をふたたび破壊した。一方、昭宗をむかえいれた韓建は、新禁軍の指揮権を諸王からとりあげたうえ、新禁軍も解散させてしまう。さらに諸王たちが韓建を暗殺し、昭宗とともに河中へ移ろうとしているという無実の罪をでっちあげ、彼らをことごとく殺してしまった。こうして、唐朝の権威の象徴ともいうべき長安を破壊し、皇帝を守るべき親衛軍を一掃することに成功した李茂貞・韓建の二人だったが、いかんせん、天下に号令をかけるほどの実力がともなっていなかった。

朱温から朱全忠へ

ところで、黄巣から唐へ帰順した朱全忠は、黄巣の乱の鎮圧後、朝廷の政争にかかわらず、もっぱら自己の勢力をじっくりとやしなっていた。

朱全忠、もとの名は朱温、宋州碭山《そうしゅうとうざん》（安徽省《あんき》）の人である。その家柄は低い身分だったと伝えられるが、朱温の父は儒家の経典である五経につうじ、それを講じて生業にしていたという。その意味では、朱温はまったくの無頼の徒ではなく、ある程度、知識をもっていたのだろう。ただ、早くに父を亡くしたため、生活は困窮し、それが朱温の性格形成にも大きな影響をあたえたようだ。

朱温の生まれた宋州は、大運河沿いにあり、かつての「江賊」の拠点と一致する。朱温は宣宗の治世に生まれており（八五二年）、龐勛の乱がおきたときは一七歳になっているから、これに参加した可能性はある。

王仙芝と黄巣があいついで兵をおこしたとき、二三か二四歳だった朱温もこれに参加し、黄巣が長安を占領すると、その東にある同州の防禦使となった。しかし、黄巣の劣勢を見て、唐朝へ帰順。このとき、三二歳になっていた朱温は「全忠」という名を賜り、宣武《せんぶ》軍節度使に任じられた。

朱全忠、勢力を確立す

のちに唐朝を簒奪し、後梁をたて、いわゆる「五代十国時代」の幕をあけることとなる朱全忠だが、はじめから大きな力をもっていたわけではない。唐朝に与《くみ》し、宣武軍節度使に任じられて赴任したときの手勢は、多くても五〇〇人ほどだった。一方、宣武軍の牙軍はたびたび節度使を追放する驕兵《きょうへい》として有名であり、また周囲には強力な諸藩鎮があった。

こうした状況の中から朱全忠は、自分自身の軍をつくりあげていかねばならなかった。もとの宣武軍兵士や黄巣の残党なども組みこんだが、山東や河南で「募兵」の名のもとに拉致した民衆を、半ば強制的に自軍に引きこんだものが、もっとも多かった。彼らは顔に入れ墨をいれられ、逃亡できないようにされたという。これらを訓練し、あらたな朱全忠軍が整備されていったのである。

朱全忠

汴州の朱全忠の西側には、蔡州を拠点とする秦宗権がいた。秦宗権は、黄巣の残党を収容して朱全忠の一〇倍もの勢力をもち、唐朝にたてつく姿勢を見せ、一時は皇帝を名のるほどだった。しかし、朱全忠のたび重なる攻撃に秦宗権は敗北をかさね、ついには朱全忠の捕虜となってしまった。秦宗権は、ただちに都へおくられ処刑された（八八九年）。

李克用が唐の皇室を奉じ朝廷を守るために、唐朝と関中の諸藩鎮との争いごとにかかわらざるをえない状況を利用し、朱全忠は、中央政界の動きから距離をおき、着実に勢力をたくわえ、ついに河南道全域（おおよそ現在の河南省と山東省）をほぼ掌握することに成功する（八九七年）。

一般に、朱全忠は、汴州をおさえたことにより、その勢力基盤を強化したと説かれる。大運河沿いにある汴州は、南から北へ運ばれる物資の流通拠点として発達し、ここをおさえた節度使は、その経済力をバックに大きな勢力を築きあげることができた、というのだ。

しかし、唐末のころの大運河は決壊しており、汴州と長江との間は、使用不能な状態だったようである。また、長江の下流域には、揚州に拠点をおいた楊行密《ようこうみつ》が勢力圏をつくりあげており、また杭州を拠点とした銭鏐《せんりゅう》が長江以南をおさえていたため、江淮から物資が汴州に運ばれることはなかった。とすれば、朱全忠の勢力伸長の理由は、別の角度から説明しなければならないだろう。

一つには、黄巣の乱によって荒廃していた洛陽の再建にともない、その周辺の農業生産力が回復し、経済も安定し、それをいち早く、朱全忠がおさえたという見方がある。また、山東方面からの物資の輸送はおさえており、のちに河中節度使を手中におさめ、ここの塩利をおさえたことも、朱全忠が勢力基盤を強化できた理由といえるだろう。こうして朱全忠は河南道をおさえ、河北の諸藩鎮を服属させ、李克用の河北・河南方面の進出を封じこめることに成功する。

昭宗幽閉

いよいよ朱全忠は、次の段階へ駒をすすめようとしていた。洛陽の宮殿を修復し、昭宗をむかえいれる準備をはじめたのだ。

この情報を聞いた李茂貞と韓建は、昭宗に詔を出させて李克用との争いを停止させた。そして李克用に和を請い、ともに長安の修復をはかった。こうして昭宗は長安へもどることとなった(八九八年)。

当時の宰相の一人は、山東門閥出身の崔胤《さいいん》という人物だった。彼は、宦官嫌いの昭宗と組んで、宦官の勢力削減を考えていた。そのため宦官たちは、昭宗と崔胤を警戒していた。

ところで、華州から都へもどった昭宗は、ふさぎ込むことが多くなり、深酒し、喜怒哀楽の感情がはげしくなった。ある日のこと、昭宗が宮城の北にひろがる禁苑で狩をした際、酒盛りをし、酔って宮城にもどってきた。すると昭宗は、いきなり宦官の小者や侍女を殺し、そのまま酔いつぶれて寝てしまった。翌日、宮殿の門がひらかないので、宦官の首領が見に行ったところ、この惨劇を目の当たりにした。昭宗と対立していた宦官たちは、これをきっかけに昭宗を幽閉し、皇太子の李裕《りゆう》を縝《しん》と改名して皇位におしあげた。そして昭宗のお気にいりだった者どもを皆殺しにしてしまった。

昭宗、鳳翔へ

このクーデタは成功するかに見えたが、崔胤が神策軍の将校と手を組み、昭宗を幽閉先から救い出し、クーデタは未遂におわった。この事件のあとも、宦官が禁軍の指揮権をにぎりつづけたが、崔胤は、宦官がにぎっていた利権の一つをうばいとることに成功する。

かつて宦官の楊復恭は、酒をつくるための麴《こうじ》の販売権を度支からうばい、その費用を神策軍の維持費にあてていた。崔胤は、酒麴の製造を民間にゆるし、税だけをおさめさせ、神策軍がすでにつくっていた酒麴の値段を下げて売らせたので、神策軍の収入はなくなってしまったのだ。

この政策をきっかけに、宮廷内での崔胤と宦官との対立がはげしくなっていく。崔胤が軍国の政務を一切合切とりしきるようになると、宦官たちは崔胤の塩鉄使の職を解かせて対抗する。ついに、両者は、朝廷の外の勢力と組んで優位にたとうとする始末。崔胤は朱全忠に、宦官たちは李茂貞と手をむすんだのだ。当時、朱全忠は、河中節度使の塩利を手にいれ、また太原の李克用を攻撃してたたきのめしており、その勢いは北中国の東部をほぼおさえるほどに成長していた。

その朱全忠は洛陽へ昭宗をむかえようとする一方、李茂貞は鳳翔へ昭宗をむかえようとしていた。崔胤はこのことを知ると、朱全忠を長安へひきいれ、李茂貞より先に昭宗の身をおさえようとした。しかし、これを知った宦官たちは、いち早く昭宗を強引につれだし、李茂貞のもとへ逃れた。こうして「都に天子無く、行在《こうざい》に宰相無し」という状況が生まれた（九〇一年）。

昭宗暗殺

崔胤は、なんとか昭宗をうばいかえそうとし朱全忠に泣きついた。朱全忠も、天子を奉じることの重要さはわかっていた。そこで、まず李克用を再度たたいてその勢力を太原に封じこめると、鳳翔を攻撃することに専念した。朱全忠の攻撃はすさまじく、しだいにおいつめられた李茂貞は、宦官の主要メンバーを誅殺して朱全忠と和解することを昭宗に上奏。昭宗は、ただちに宦官の首領たち二〇人余りを殺し、その首を朱全忠のもとへおくりとどけた。なおこのとき、鳳翔では七二人の宦官が殺されたという。こうして昭宗は長安にもどることができた。

かなりの宦官の命が鳳翔でうばわれたが、朱全忠と宰相の崔胤は、なお宦官追撃の手をやすめず、長安において宦官数百人を殺害した。処刑をまぬかれたのは、身分の低い宦官三〇人だけであったという。また、地方の藩鎮に監軍として赴任していた宦官も何人かは生きのこることはできた。こうして、唐後半の宮廷政治を牛耳った勢力の一つ、宦官が壊滅状態においやられたのだった。

関中までもその勢力下にいれた朱全忠の次のねらいは、当然、唐の皇帝に取ってかわることだった。崔胤はこれを察し、あらたな禁軍を組織したのだが、朱全忠のほうが上手であった。麾下の軍士をこの禁軍におくりこんだのである。その結果、崔胤の計画はすべて朱全忠の知るところとなった。朱全忠は、これ以上崔胤を利用する価値はないと判断し、彼が反逆をくわだてているとひそかに上奏。麾下の兵士を動員して崔胤の邸宅を囲み、その側近ともども殺してしまった。

皇帝を長安においておけば、第二、第三の李茂貞や崔胤があらわれるかもしれない。こう判断した朱全忠は、ただちに洛陽への遷都を請い、無理やりに昭宗と百官を洛陽においやった。このとき、長安の宮室と民間の廬舎《ろしゃ》を毀《こわ》してその材をとり、渭水に浮かべ、黄河の流れにのせて運んだので、長安は廃墟《はいきょ》となったという。

こうなっては、もはや唐朝の命運は決まったも同然だった。洛陽の宮殿を修復し、ここに昭宗をむかえた朱全忠は、いよいよ暗殺を決行する。ある夜のこと、皇后の宮殿にいた昭宗を、朱全忠の息のかかった者たちが襲撃した。昭宗は酔って寝ていたが、たちどころに跳ねおき、単衣のまま宮殿中をにげまわったあげく、ついに殺されてしまった（九〇四年）。享年三八だった。

禅譲

朱全忠は、昭宗の九番目の子の李祚《りそ》を皇太子に立て、柷《しゅく》と名を改め、皇帝に即位させた。唐朝のラスト・エンペラー、昭宣帝《しょうせんてい》（在位九〇四〜九〇七年）である。ときに一三歳だった。朱全忠の計画は、ぬかりないものだった。邪魔になりそうな昭宗の子たちを酒宴にまねき、酔わせたうえで首を絞め、池に投げこんで殺してしまった。

また宰相をはじめ要職にあった者たちを山東方面の地方官に左遷した。彼ら三〇人余りが任地へおもむく途中、滑州の白馬駅にいたる。このとき、朱全忠は彼らに勅令をもって自害を賜ったうえで殺し、その死体を黄河に投げこんだ。これは、進士に合格しなかった李振《りしん》という者が深く科挙官僚をうらんでおり、朱全忠にむかって「この連中はつねに自分たちを清流だといっております。これらを黄河に投げこみ、濁流にしてしまうのがよいでしょう」といったからだと伝えられる。この事件は、南北朝時代以来、王朝政治に深くかかわってきた

「門閥貴族」の終焉をしめす、シンボリックな出来事として語られる。

また朱全忠自身も、書生がきらいだったようである。あるとき、朱全忠が幕僚と客人たちとともに大きな柳の木の下にすわり、独り言のように「この柳の木は車轂《しゃこく》（車輪の一部品）とするのがよい」とつぶやいた。朱全忠の側近たちは、誰もこれにこたえなかったが、数人の書生が「そのとおりです」と応じた。すると、朱全忠は急に顔色を変え、声をはりあげ「書生という連中は、へつらうことばかりいって人を愚弄《ぐろう》する。おまえたちもその類《たぐい》だ。車轂にするには、楡《にれ》の木が適しているのだ」といい、「そのとおり」といった書生らは皆殺しにされたという。

昭宣帝が即位してから二年と半年ほど後、ついに朱全忠は皇帝の位を禅譲された。昭宣帝は位を梁に「禅《ゆず》」ったのだった。このあと、儀礼にのっとり、朱全忠は帝位につき、国号を大梁とし、元号を開平《かいへい》とした（九〇七年）。「梁」を国号とする中国王朝は、ほかにもあるので、「後梁《こうりょう》」（九〇七〜九二三年）とよぶ。これをもって、二九〇年つづいた唐朝は、名実ともにほろんだのだ。

退位した昭宣帝は済陰《さいいん》王となり、曹州へうつされた。そして、後梁建国の翌年の二月二一日、毒を賜り亡くなる。享年一七。哀皇帝と諡された。哀帝とよばれる、唐のラスト・エンペラーの最期である。

終章　世界史の中の「唐宋変革」

1　「五代十国時代」の見方

唐のその後の世界

唐がほろんだあと、北中国では朱全忠の建てた後梁、今の山西省に拠った李克用の沙陀軍閥、河北の諸軍閥、関中に生きながらえた李茂貞の岐《き》の諸勢力があった。南中国では、呉、呉越、荊南《けいなん》（南平）、楚《そ》、南漢《なんかん》、閩《びん》、前蜀《ぜんしょく》が分立した。いわゆる「五代十国《ごだいじっこく》」とよばれる時代のはじまりである。

「五代」は、北中国に興亡した五つの「正統」王朝をさす。すなわち、後梁、後唐《こうとう》、後晋《こうしん》、後漢《こうかん》、後周《こうしゅう》である。「十国」は、南中国に分立した右記の七国に、呉に取ってかわった南唐、四川の後蜀、そして北中国で後漢がほろんだあと、その一族が建てた北漢《ほくかん》の三つを加えたものをいう。

ただ「五代十国」といういいかたは、北宋の欧陽脩《おうようしゅう》が『五代史記』（いわゆる『新五代史』）で整理して記述したもので、実際には、「十国」にカウントされない王国や、後晋と後漢の間の、ほんの一時期、北中国を統治した「遼（契丹国）」もあることに、注意しなければならない。

後梁から後唐へ

「黄巣の乱」の後、中原の覇者となるべく争った李克用と朱全忠だったが、唐がほろぶまでは、朱全忠の作戦が功を奏し、李克用を太原に押しこめることに成功したことは、すでに述べたとおりである。

しかし、ただ手をこまねいて待っている李克用ではなかった。朱全忠が昭宗を強引に長安からつれだして洛陽に遷都し、あげくのはて昭宗を暗殺すると、李克用は内心あせりを感じたのだろう。彼は、契丹族の中で頭角をあらわしつつあった耶律阿保機《やりつあぼき》と盟約（雲州の会盟）をむすび、ともに朱全忠を攻撃しようとしたのである。ただ、この盟約は実行されず、李克用に朱全忠をたおす機会はなくなった。そして、李克用は唐朝の滅亡の報を聞くと病にたおれ、翌年の正月に亡くなってしまった。享年五三だった。

李克用は、亡くなるまで、あくまでも唐の臣下の立場を崩さなかった。一九八九年に山西省代県で李克用の墓が発掘され、墓誌が出土しているが、その誌題は「唐の故河東節度観察処置等使・開府儀同三司・守太師・兼中書令の晋王の墓誌銘并《なら》びに序」とあり、また李克用の亡くなった年は、「天祐《てんゆう》五季《ねん》」（九〇八年）と唐朝の元号が記されている。このとき、朱全忠はすでに「開平」をつかっていたが、それをみとめなかったのだ。李克用のあとをついだ息子の李存勗《りそんきょく》も、唐の正朔《せいさく》を奉じ、「天祐」の元号をつかいつづけた。

一方、朱全忠はというと、その後継ぎをめぐって実子の朱友珪《しゅゆうけい》に暗殺されてしまう。その後の後梁の勢いは陰りを見せはじめた。この機会をとらえ、李存勗は河北の地をおさえ、魏州で皇帝の位につき、国号を「唐」と称した。廟号をとって荘宗《そうそう》という。唐朝の復興をかかげたのである。これを史上、「後唐」（九二三〜九三六年）という。ついで後梁をほろぼし、後唐は北中国をおさえたが、オルドスにはのちの西夏を建国するタングートがおり、南中国にも独立した政権が割拠する状態だった。

沙陀王朝

後唐という王朝は、朱邪《しゅや》氏族（すでに「李」姓を賜っているが便宜上、こうよんでおく）を中核とした沙陀部族に、代北にいたソグド系突厥、テュルク系やモンゴル系の遊牧諸部族、漢人などがあつまった連合体だった。荘宗が亡くなると、李克用の養子だった李嗣源《りしげん》（後唐の明宗《めいそう》。在位九二六〜九三三年）があとをつぎ、諸制度の改革をおこない、それを成功させた。

しかし、その死後には後継ぎが争われ、その中から、沙陀軍団のソグド系武人である石敬瑭《せきけいとう》が台頭し、後晋を建てることとなる（九三六〜九四六年）。石敬瑭は、契丹の耶律堯骨《やりつぎょうこつ》（太宗）の助けをかりて建国したので、その見返りとして、契丹に領土をわかちあたえた。これが「燕雲十六州《えんうんじゅうろくしゅう》」（現在の北京市・河北省北部・山西省北部）といわれるものだ。

だが、石敬瑭が亡くなると、そのあとをついだ後晋の皇帝は契丹との友好関係をうらぎったため、その怒りを買い、契丹にほろぼされてしまう。契丹は直接、中原を統治することを試みるが、時期はまだ尚早だったようで、うまくいかない。このとき、太原に節度使としていた沙陀部族出身の劉知遠《りゅうちえん》が立ちあがり、後漢（九四七〜九五〇年）を建国した。

一方、契丹の中国支配は、民衆の抵抗にあって失敗し、耶律堯骨は、契丹国へもどる途中、亡くなってしまう。かわって劉知遠が開封に入城するが、間もなく彼は病死し、その子があとをつぐ。しかし、後漢の王権は不安定だったため、将軍の郭威《かくい》が軍におされて後周（九五一〜九六〇年）を建てる。このとき、劉知遠の一族が太原に拠り、「漢」を維持した。これを「北漢」とよび、北宋の時代までつづくことになる。

後周では郭威の死後、彼の養子だった柴栄《さいえい》があとをついだ。彼が世宗《せいそう》であり、「三武一宗の法難」と総称される仏教弾圧の「一宗」にあたる人物だ。彼が病死すると、禁軍は趙匡《ちょうきょう》胤《いん》を推したて、ここに宋朝が生まれることとなる（九六〇年）。

この「五代」諸王朝のうち、後梁とその他の四王朝とには、大きなちがいがある。それは、後唐・後晋・後漢・後周の建国者が、すべて沙陀の出身、あるいは沙陀軍団に所属していた、つまり沙陀化していた武人だったということである。こうしてみると、一〇世紀に北中国で興亡した王朝は、後梁をのぞき、沙陀部族連合体の出身者が建てた王朝であり、その意味において「沙陀王朝」ということができる。とすれば、唐末の朱全忠と李克用の対決は、その後の時代をふくめて見てみると、最終的には、沙陀に軍配があがったとみなすことができるだろう。

南中国の歴史的展開

後梁の南にあった呉は、廬《ろ》州（安徽省合肥《ごうひ》）の人である楊行密《ようこうみつ》が建てた。彼は「群盗」から身をおこし、実力でこの地の刺史にのしあがった人物である。江淮の塩の集積地であった揚州をおさえ、また朱全忠の侵攻も防ぎ、江淮から江西方面に支配を確立した。彼は、唐から呉王に封じられ（九〇二年）、唐滅亡の前年に亡くなったが、呉王国はその後も存続した。

やがてこの国で実権をにぎっていた徐知誥《じょちこう》が南唐（九三七〜九七五年）を建てるにいたる。

長江の南側の杭州を拠点としたのが、この地の出身で、塩賊だった銭鏐《せんりゅう》である。彼は、もとは董昌《とうしょう》の武将だったが、董昌が大越羅平《だいえつらへい》国を建て皇帝を名のると、唐の昭宗はこれをゆるさず、銭鏐に討伐の命をくだした。これをうけて彼は董昌を捕縛し、この地に拠った。これがのちに呉越国（九〇七〜九七八年）となる。

四川に拠った王建は、河南の陳州項城《ちんしゅうこうじょう》（河南省沈丘《しんきゅう》県）あるいは許州舞陽《きょしゅうぶよう》（河南省南部）の人という。若いころは無頼の徒で、私塩の販売にも手を染めており、のちに忠武軍節度使の軍籍に名をつらねた。黄巣が長安をおとし、僖宗が蜀へ蒙塵すると、王建はその護衛部隊として蜀へおもむき、その地で田令孜の養子となった。その後、田令孜が失脚すると、王建も四川の壁州《へき》（四川省通江《つうこう》県）に左遷される。しかしこれをきっかけにこの地を拠点とし、やがて成都の西川節度使と、彼のもとに身を寄せていたかつての仮父の田令孜をうちとり、かわって王建が西川節度使となった。また東川節度使の地もあわせ唐がほろぶと、王建は独立して皇帝を名のり、国号を大蜀とした。これが「十国」の一つ、前蜀（九〇七〜九二五年）である。

前蜀は王建の死後、後唐の荘宗にほろぼされた。荘宗は、河北の邢州《けい》（河北省邢台《けいだい》市）出身の武人である孟知祥《もうちしょう》を派遣し、この地の統治にあたらせた。しかし、後唐が内紛によってほろびると、それに乗じて独立した。これを後蜀という（九三四～九六五年）。

楚《そ》（九〇七～九五一年）を建国した馬殷《ばいん》も許州の人で、もともとは「木工」だったという。木材の伐採か、あるいは大工だったのだろう。唐末に蔡州で秦宗権が立ちあがったとき、馬殷はこれに従軍し、のちにその部将だった孫儒《そんじゅ》の指揮下に入った。孫儒が戦死したあと、湖南に入り、潭州《たんしゅう》（湖南省長沙《ちょうさ》市）の刺史となり、ついで武安《ぶあん》軍節度使（もとの湖南観察使）となって、この地に割拠することになる。

福建に拠って閩《びん》（九〇九～九四五年）を建てた王審知《おうしんち》は、光州《こう》（河南省潢川《こうせん》県）の人である。光州は、唐では淮南道に属すが、河南道の蔡州の南に隣接する。彼は農民の出身で、唐末の動乱に際し、兄の王潮《おうちょう》とともに軍に身を投じたが、河南地方の争乱をさけ、江西をへて福建に入り、この地を支配するにいたったのである。

南漢（九一七～九七一年）を建てた劉隠《りゅういん》も、本籍は河南である。祖父が河南から福建に移住して南海交易で財を成す。父の代に広州へうつり、商業に従事していた。劉隠の容貌は漢人とは異なっており、非漢人であったことは定説のようである。のち宋代のことになるが、広州の外国人居留地（蕃坊）に劉姓の者が確認できることなどから、アラブ系のムスリム商人という説がある。また、広東の「蛮獠《ばんりょう》」であったともいう。しかし、もし、その祖先が河南の人であるならば、この両説は成立しにくい。あるいは、玄宗の時代に、河南の地に六州胡（ソグド系突厥）が移住させられており、その血をひいたがゆえに容貌が漢人と異なったのかもしれない。ちなみに、劉隠の次女の劉華《りゅうか》は、閩の王審知の子の王延鈞《えんきん》に嫁いでいる。また、南漢二代目の劉巖《りゅうがん》（のち龑《げん》と改名）は、楚の馬殷の娘を娶り、皇后としている。二〇〇三年、広州で劉隠と劉巖の墓陵が見つかり、劉巖の墓陵（康陵）からは哀冊《あいさく》（墓誌）も出土した。

荊南（九〇七～九六三年）は、朱全忠の武将だった高季昌《こうきしょう》（のちに季興《きこう》）を祖とする。後梁滅亡後は後唐から南平《なんへい》王に封じられ、北宋初期までつづいた。

遊牧勢力と河南勢力

このように、唐がほろんだ直後に誕生したいくつかの国を見てみると、非常に興味深い事実がうかびあがってくる。後梁、前蜀、楚、閩、南漢の王家の出自が、河南出身の農民やアウトロー、私塩の密売人などであったことである。その中に許州や光州の出身者がいるが、これらの地が唐後半期に活動した「江賊」の拠点だったことは、すでに第6章で述べた。また、呉や呉越の創建者も、地域はちがうが、群盗や塩賊の出身で、唐末に江淮で「動乱」をおこした者たちと、生業がおおむね同じである。

唐末の大規模な動乱をひきおこしたエネルギーは、河南から江淮にかけての民衆や藩鎮兵士たちの唐朝への不満であった。それは、経済的搾取による民衆や兵士たちの不満のほかに、もう一つ気になるのは、先述のように、玄宗の時代、この地に六州胡（ソグド系突厥）が移住させられたことである。彼らは、のちにふたたびオルドスの故地にもどされているが、宮崎市定は、河南に残留した者たちもいたと推測している。そのような視点から、史料を読みなおすと、たしかに汴州の朱全忠に属した将校の中に、康などソグド姓をもつ者をみいだすことができる。

ただ、河南の地に移住させられてから唐末まで、一〇〇年以上は経過しており、六州胡が本来もっていた騎馬戦闘能力をどこまで維持していたかは定かではない。この点、宮崎市定は、こういった者たちが、現地社会になじめず疎外されてアウトローな存在となり、社会が不安定な状況になるとまっさきに暴れだすのだという。

唐末の河南から江淮に、このような不満分子が存在し、その一方が「黄巣」となって反唐朝的動きをしめし、かたやもう一方は、「黄巣」と対峙するという形であらわれ、南中国の各地に勢力圏をつくりあげることに成功する。

このような観点から見なおすと、「五代十国」というのは、北中国を支配した沙陀王朝と、南中国の各地に割拠した、唐末に河南や江淮、浙江の民衆や軍人たちから生まれた王権、という二極構造になっているという見方もできるかもしれない。これは、唐末におこった「李克用の乱」、「黄巣の乱」とパラレルな現象であり、両者が「五代十国」という分裂した姿になっていくものであった。そして、この両者がふたたびむすびつくのは、北宋のときを待たねばならない。

2　東ユーラシア世界の中の唐朝

ふたたび唐朝のとらえかた

唐は一般には中国歴代王朝の一つとしてみなされ、また多くの専門家もそのような視点から唐の歴史を研究している。序章で述べたように、このような視点に立ったとき、唐の歴史はおおよそ、安史の乱の前後で大きく変化する。前半の歴史は魏晋南北朝時代からつづく貴族制の展開や「胡漢」融合のプロセスとして説明される。後半の歴史は宋代以降への連続性が重視され、唐後半期に生まれたさまざまなシステムの展開が語られる。「唐宋変革」とよばれるこの視角は、いまだ中国史研究の命題として生きつづけている。

しかし、唐は、単に中国史の枠内におさまりきれるものではない。たとえば、唐をゆるがした「安史の乱」と「黄巣の乱」を比較してみよう。一見すると「安史の乱」は、当時おこ

った ユーラシア全域における人的移動と深くかかわっており、その意味において「国際的」事件だったといえる。かたや「黄巣の乱」は、河南から発生した国内の動乱としてとらえられがちである。

ところが「黄巣の乱」も、中国国内で完結するものでは、もはやなくなっていた。実際、黄巣が広州を陥落させたとき、それまでつづいていたイスラーム世界との海上交易がとまってしまった。残念ながら、当時の交易がどのくらいの規模でおこなわれていたのか不明だが、広州城内に一二万人にのぼるイスラーム世界の人びとが居住していたことを考えると、相当に大規模におこなわれていたと想像できる。

つまり唐朝は、当時のユーラシア全域の中にどう位置づけられるのかという視点こそが、今後、ますます必要となるのだ。

契丹国の建国

一〇世紀初頭の中国という空間が、前節で述べたような情勢だったとき、東ユーラシアという、より広域な世界においても、大きな変動がおこっていた。

唐のほろんだ九〇七年は、唐朝の元号でいうと、天祐四年となる。この年の正月一三日、契丹族の耶律阿保機が、声高らかに建国の宣言をおこなった。唐のほろぶ三月二七日に先立つ、わずか二か月前のことだった。

本書で登場した唐代の契丹族は、まだ複数のグループにわかれており、ときには唐朝の支配に組みこまれ、ときにはモンゴリアの遊牧政権に従属する脆弱な勢力だったといっても過言ではない。その契丹が統一と独立にむかってすすんでいく条件が、しだいにととのったのである。それは、「安史の乱」のダメージから、唐朝が外へ伸長する力を弱めたことと、九世紀半ばにウイグル帝国が崩壊したあと、モンゴリアにそれに取ってかわる遊牧政権が生まれなかったことにあった。このため、モンゴリア、マンチュリアには大きな政治的空白が生まれ、これに乗じ、契丹族はまとまっていく。そして、九世紀のおわりまでには、カガンを輩出する遥輦《ようれん》（契丹語でヨェオェルル）氏を中心とする契丹部族連合体をつくりあげたのだった。

ところが、一〇世紀はじめには、遥輦氏とは別系統の迭刺《てつらつ》（契丹語でデラガ）部族の出身だった耶律阿保機が、この契丹部族連合体の中で頭角をあらわしてきた。そして、彼は実力をもって契丹のカガンとなり、契丹国を打ち建てた。このとき、まだ存続していた唐朝からの独立だったことは間違いない。その後、耶律阿保機は、それまで三年任期制だった契丹カガンの制度を改め、みずから終身のカガンとなることを宣言し、あらたに中国風の「皇帝」として即位し、国号を漢語で「大契丹」と称したのである（九一六年）。

唐から生まれた中央ユーラシア型国家

この契丹国は、従来の我が国の東洋史の学界において、女真族の建てた金やモンゴルの元、そして満洲族の清とともに「中国征服王朝」とよばれ、中国歴代王朝の一つに数えられてきた。しかし、近年では、契丹国をはじめとするこれらの王朝を中国史の枠組みから解きはなち、時期区分でいう第二期にユーラシア各地で生まれ、モンゴル帝国にいたって完成したという「中央ユーラシア型国家」としてとらえなおすほうがいいのではないかとされている。

中央ユーラシア型国家というのは、森安孝夫が提唱したもので、人口の少ない騎馬遊牧民などが、強力な騎馬軍事力と交易による経済力、そして文書行政などのノウハウをとりこんで、草原世界に立脚しつつ、人口の多い農耕民・都市民が居住する農耕世界を安定的に支配するシステムを確立した国家をいう。このタイプの王朝は、従来「征服王朝」としてとらえられてきた契丹国、金、元、清にとどまらず、広くユーラシア各地に誕生した西夏王国、西ウイグル王国、カラハン朝、ガズナ朝、セルジューク朝などもそうであるという。そして森安孝夫は、中央ユーラシア型国家の雛型《ひながた》は、渤海国や安禄山勢力そしてウイグル帝国にあったという。安禄山勢力とは、安禄山とその麾下の政治・軍事集団をさすが、その残存勢力が、唐に対し、一五〇年にわたって半独立を維持しつづけた河朔三鎮であった。

本書ですでに述べたように、河朔三鎮は憲宗時代の一時期、唐朝に帰順したが、おおむね唐朝から半独立の状態で割拠しつづけた藩鎮であった。そのため従来の研究には、河朔三鎮を唐から宋へ変革する中に位置づけようとするものもあった。しかし、河朔三鎮は直接、唐朝をたおし、次代の新勢力を構築することがなかったため、唐宋変革の中に整合的にあてはめることができてこなかったといえる。

では、河朔三鎮は歴史上、意味のない存在だったのかといえば、そうではない。河朔三鎮の歴代節度使は、その多くが奚や契丹、ウイグル、ソグド系突厥の人びとだった。中には漢人もいたが、遊牧文化に染まっていたことは間違いない。また、その麾下の軍団には、尚武の気風に満ちあふれた、さまざまなエスニック集団出身の武人たちがいた。節度使は、この武人集団を維持することが最重要な課題であり、そのためには彼らへの給与を保障しつづけなければならない。それには管轄領域内から租税を徴収し、なおかつ管内の農民も保護するという円滑な行政をおこなう必要がある。河朔三鎮では、こういったノウハウをどのように構築したのだろうか。

それは、長安での科挙の試験に合格したけれども、官職につけない「浪人生」を河朔三鎮がスカウトし、幕職官として利用したことによる。遊牧集団出自のリーダーとその部下の軍団のもとに、高度な漢字の読み書きと文書作成のノウハウをもった官僚候補生を配し、農耕世界の統治方法が模索されたのではないだろうか。唐朝がほろんだあと、河朔三鎮は後唐や契丹に吸収されていく。そのとき、沙陀系の後唐や契丹国は、この河朔三鎮のノウハウをとりこんだのだ。その結果、遊牧社会に拠点をおき、少数の遊牧系の支配者集団で大多数の農耕民を支配する王朝が生まれていく。

この意味において、二九〇年にわたり東ユーラシアの地に君臨した唐朝の歴史的存在意義の一つは、こうした中央ユーラシア型王朝を準備したことだったともいえるのである。

あとがき

「転機」というものは、いつ、どこからやってくるのか、わからない。中国切手を収集していた小学生が、中国武術にはまる中学生となり、やがて中国武術を極めるには中国に長期にわたって住む必要があるから、中国語を習得して特派員になろう、と考えたのは高校生のときだった。しかし、某外国語大学に入るほど英語は得意ではないことに気づいた高校三年のとき、好きな歴史と中国語を合わせて学べる（だろう）東洋史を研究しようと思い立った。

はじめは、地元の国立大学に進学しようと思っていたが、愛知大学の存在を「知って」しまった。戦前、上海にあった東亜同文書院の流れをくむ「中国学」のメッカ。あの『中日大辞典』編纂の地。入学し、のち北京語言学院（当時）に二度語学留学し、さらに一年間、天津の南開大学へ留学していたため、気づいたら五年かけて卒業していた。

当時、愛知大学には大学院がなかったので、外へ出ることとした。迷ったあげく、唐の塩

何弘敬の墓誌　何弘敬は何進滔の息子（写真筆者）

政と長安研究で名をはせていた妹尾達彦先生のいた筑波大学大学院へ進学した。はじめは、唐代の軍閥、本書の後半に登場する「藩鎮」の研究からスタートした。ある意味、オーソドックスな研究だった。大学院四年目、霞山会《かざんかい》の奨学金を得て北京大学へ留学し、当時、三四歳だった栄新江《えいしんこう》先生に師事した。ちなみに、霞山会の前身は東亜同文会といい、東亜同文書院の経営母体であった。

この留学の最大の目的は、修士論文であつかった藩鎮に関する史料のうち、ある墓誌を調査することにあった。それが、河朔三鎮の一つ、魏博節度使何《か》弘敬《こうけい》の墓誌である。この墓誌は非常に巨大なもので、当時、刊行されていた石刻史料集に収められた拓本の写真では、ほとんど文字が読めなかった。「石は河北省邯鄲《かんたん》市の叢台《そうたい》公園の碑刻館にある」という情報だけをたよりに邯鄲を訪れ、墓誌をさがしあてた。実物を見たときの感動は、「すごい！」に尽きた。当時はまだフィルムカメラの時代で、三六枚フィルムを何本も使って、細かく写真をとり、またその場でメモをした。

北京に帰り、現像した写真とメモをもとに石に刻まれた文字を紙におこし、毎週、栄新江先生とマンツーマンで少しずつ読んで文意を解釈した。研究の「転機」が訪れたのはそのときだった。栄新江先生から「この何弘敬はソグド人の血をひいているだろうから、その観点から研究するのはどうか」というアドバイスをいただいたのだ。これが中国におけるソグド人の活動を研究するきっかけだった。やがて、その成果は博士（文学）の学位請求論文に結実し、『ソグド人の東方活動と東ユーラシア世界の歴史的展開』として公刊した。最近では、遼寧省朝陽市（唐代の営州）で発見された唐代の墓誌を分析しながら、この地にいた契丹人と唐の支配形態を調べている。

このように、決して唐代史全般を研究しているわけではない私にとって、唐の二九〇年におよぶ歴史を叙述することは、重荷だった。思い返すと、はじまりは二〇一七年一一月一五日に、中公新書編集部の藤吉亮平さんからいただいた一通のメールである。その後、わざわざ大阪の関西大学の研究室まで訪ねてこられた藤吉さんは、「中公新書で中国通史（一人で企画）」という壮大なプラン（夢？　無謀？）をもってこられ話しているうちに、「執筆」ということになっていた。

おわび申し上げなければならないのは、二九〇年の唐の歴史を再調査している間に時間がかかり、いつのまにか藤吉さんは文芸編集部に異動になってしまった。あとをひきついだのが、編集長の田中正敏さんだった。東京丸の内ホテルの「ポム・ダダン」で食事をしながら、粛々と引継ぎの儀式がおこなわれたのが二〇一九年六月二一日だった。

一念発起。が、好事魔多《こうじまおお》し。ちょうど同じころ、恩師の妹尾達彦先生から別の仕事の誘いがやってきた。某社の企画で、契丹国（遼朝）の建国者耶律阿保機《やりつあぼき》の執筆を依頼されたのである。まったく専門外のことで、なんとか逃れようともがいていたが、ついにからめとられてしまった。そんなこんなで、ようやく第6章まで書き終わり、見通しのたった二〇二二年九月、田中さんに連絡したところ、一気に刊行までのスケジュールを提示され、新進気鋭の胡逸高さんに担当をバトンタッチ。今回は、オンラインでの引継ぎとなった。かくも長きにわたって、適当に放置し、適度に声をかけられ、まるで「羈縻《きび》」されているかのようにここまで来られたのは、三人の編集者たちのはげましや見守りのおかげです。とくに最終段階で、文章表現、図版の選定と作成にまで助言をいただいた胡逸高さん、ありがとうございます。

本書の執筆にあたっては、多くの仲間の協力をいただいた。丸橋充拓さん（島根大学）と山下将司さん（日本女子大学）には、原稿全体に目をとおしていただき、コメント・批評をいただいた。山根直生さん（福岡大学）には、出版前の黄巣《こうそう》に関する原稿を読ませていただいた。チベット史については岩尾一史さん（龍谷大学）、突厥は齊藤茂雄さん（帝京大学）と吉田豊先生（京都大学名誉教授）、仏教政治史は中田美絵さん（京都産業大学）、隋の蕭《しょう》皇后は村井恭子さん（神戸大学）、唐初政治史は会田大輔さん（明治大学）からそれぞれ専門的見地にたった助言をいただいた。また、「文献案内」にあげた先学の業績からも、当然ながら多くの学恩をこうむっている。あらためて感謝する次第です。ただ、本書の文責の最終的責任は、私にあることは申すまでもない。

大阪にある関西大学に着任できたのが二〇〇五年。私立大学にありがちなように講義のコマ数は少なくなく、学内外の雑務も多いが、研究環境は非常に恵まれている。二〇一六年から一七年の一年間、在外研究の機会をあたえられたので、パリへ行ってきた。中国は学部・大学院を通じ、三年以上留学しているから、アメリカのハーバード燕京《イエンチン》研究所にでも行ってきたら、という先輩同僚の言葉を拡大解釈し、戦前、京都、北京とならんで世界的中国学のメッカだったパリを選んだ。敬愛し、夢にまで出てきた（お会いしたことはなかった）宮崎市定博士とも縁の深い町だ。ソグド研究で知り合ったエチエンヌ・ドゥ・ラ・ヴェシエールさん（フランス社会科学高等研究院）にお願いし、フランス国立科学研究所（CNRS）の東アジア文明研究センター（CRCAO〔Centre de recherches sur les civilisations de l'orientale〕）に研究員として受け入れてもらった。

パリにおける中国史の研究環境は悪くない。石刻史料集など最近の大型本はバラバラに入っている程度だが、古典籍から新刊書（日本語のものは少ない）まで一通りそろっている。そのうえ、台湾中央研究院の漢籍電子文献資料庫は完全フリーアクセスできるし、ＣＮＫＩという中国大陸の雑誌論文データベースも使い放題。ここでの知見も、本書に一部反映されている。キャンパスにおける研究環境と在外研究の機会をあたえていただいた関西大学に感謝申し上げます。

最後に、本書の執筆の間、家事分担を免除してくれはしなかったものの、何かと配慮し協力してくれた家族と、そして大学・大学院・留学とかなり自由な人生を許し見守ってくれた父母にお礼をいいたい。ありがとうございます。

二〇二三年二月一五日　千里山にて

森部　豊

＊本書はＪＳＰＳ科研費 20K01010 の助成を受けたものである。

文献案内

▽以下、本書執筆に際して参考にした文献と本書の内容に深くかかわる文献をあげ、読者のための文献案内としたい。中国語で書かれた専門書などについては、ここにあげた文献からたどることができる。また、本書は政治史の流れを中心に、唐の諸制度や当該時期のエスニック集団についてやや詳しく叙述したが、当時の人びとの暮らしや文化史などはほとんど叙述できなかった。それらに関連する文献もあげ、参考に供することとする。なお、文献は、基本的に日本語で書かれたもの、再版・再刊された最新のものを掲載する。

一　通史

荒川正晴「中華世界の再編とユーラシア東部」荒川正晴（編）『岩波講座世界歴史6　中華世界の再編とユーラシア東部　4～8世紀』岩波書店、二〇二二年、三―七七頁

▽岩波講座世界歴史は、第一回が一九七〇年代、第二回が一九九〇年代、そして二〇二〇年代に第三回が企画・出版された。各回の唐の歴史をあつかった巻の「総論」は、それぞれの時代の研究背景や執筆者の問題意識を反映して叙述されている。

池田温・他（編）『世界歴史大系　中国史2――三国～唐』山川出版社、一九九六年

▽隋唐部分の執筆は、愛宕元と金子修一。政治史・制度・社会経済・文化などバランスよくまとめている。

石田幹之助・田中克己『大唐の春』文藝春秋、一九六七年

▽唐代の社会風俗に関する叙述が特色。本書のもとになった『長安の春』（後掲）もあわせて読みたい。

岡崎文夫『隋唐帝国五代史』平凡社、一九九五年

▽一九五〇年代に東北大学でおこなった講義ノートをベースに編集したもの。唐後半期の叙述が詳しい。

氣賀澤保規『絢爛たる世界帝国（隋唐時代）』講談社、二〇二〇年

▽二〇世紀の隋唐史研究の集大成というべき概説書。全一一章のうち政治史を中心とした通史は三章、他は庶民の暮らし、女性、商工業、軍制、円仁から見た唐代社会、周辺諸国、文化に関する章をたてている。

妹尾達彦「中華の分裂と再生」『岩波講座世界歴史9　中華の分裂と再生　3－13世紀』岩波書店、一九九九年、三―八二頁

▽二〇世紀の中国史（中華帝国史前期）研究を総括し、次世代への展望をしめした啓蒙的通史。

外山軍治『中国文明の歴史5　隋唐世界帝国』中央公論新社、二〇〇〇年

▽初版は一九六七年。内容には古いところもあるが、著者の平易な文章は読みやすい。また、著者独自の見解も披露される。

布目潮渢・栗原益男『隋唐帝国』講談社、一九九七年

▽一九七〇年代までの隋唐史研究の水準を反映させた読みごたえのある概説書。

古松崇志『草原の制覇　大モンゴルまで』岩波書店、二〇二〇年

▽左記に紹介する丸橋『江南の発展』および渡辺『中華の成立』とともに、岩波新書シリーズで出版された。狭義の「中国」という空間にとらわれず、草原世界、海域世界をふくめ、また時間的にも一〇〇〇年をこえるロングスパンで叙述された、まったく新しいスタイルの中国通史。

丸橋充拓『江南の発展　南宋まで』岩波書店、二〇二〇年

宮崎市定『大唐帝国――中国の中世』中央公論社、一九八八年

▽題名から唐の通史のように見えるが、実際には唐の記述は全体の五分の一にすぎない。しかし、その平易にしてかつ著者の独自の見解が随所に見られる。

森安孝夫『シルクロードと唐帝国』講談社、二〇一六年
▽唐の歴史というよりも、本書で提示した「東ユーラシア史」の概説に近い。著者の研究成果が随所にとりこまれた、やや高度な内容の概説書。
山田信夫『唐とペルシア』平凡社、一九七一年
渡辺信一郎『中華の成立 唐代まで』岩波書店、二〇二〇年

二 政治・制度（儀礼）

内田智雄（編）／補・梅原郁『訳注続歴代刑法志（補）』創文社、一九七一年
▽『旧唐書』巻五〇・『新唐書』巻五六「刑法志」を収録。
金子修一『古代中国と皇帝祭祀』汲古書院、二〇〇一年
――『中国古代皇帝祭祀の研究』岩波書店、二〇〇六年
――『大唐元陵儀注新釈』汲古書院、二〇一三年
▽代宗の葬送儀礼に関する史料の訳注。
栗原益男『唐宋変革期の国家と社会』汲古書院、二〇一四年
▽一九五〇年代から八〇年代に執筆された律令制崩壊にともなう新軍制の誕生、藩鎮の権力構造、唐末五代の政治社会に関する重厚な論考を収める。
石暁軍『隋唐外務官僚の研究――鴻臚寺官僚・遣外使節を中心に』東方書店、二〇一九年
千田豊『唐代の皇太子制度』京都大学学術出版会、二〇二一年
谷川道雄『谷川道雄中国史論集』下巻、汲古書院、二〇一七年
▽「唐代の藩鎮について――浙西の場合」「「安史の乱」の性格について」「龐勛の乱について」「武后朝末年より玄宗朝初年にいたる政争について――唐代貴族制研究への一視角」「河朔三鎮における節度使権力の性格」など唐代史に関する論考・書評・学界展望を収める。
陳寅恪／森部豊（訳）「陳寅恪『唐代政治史述論稿』「上篇 統治階級之氏族及其升降」訳注稿」（1）（2）『関西大学東西学術研究所紀要』五四・五五（二〇二一・二〇二二年）二八三―三〇三頁・二四五―二六五頁
▽陳寅恪の古典的著作で、唐代史研究に必読の文献である『唐代政治史述論稿』（重慶・商務印書館、一九四三年）の日本語訳。未完。関西大学のリポジトリで閲覧可能。陳寅恪『隋唐制度淵源略論稿』（上海古籍出版社、一九八二年）も必読の文献であるが、日本語訳はまだない。
築山治三郎『唐代政治制度の研究』創元社、一九六七年
辻正博『唐宋時代刑罰制度の研究』京都大学学術出版会、二〇一〇年
礪波護『唐代政治社会史研究』同朋舎、一九八六年
――『唐の行政機構と官僚』中央公論社、一九九八年
――『唐宋の変革と官僚制』中央公論新社、二〇一一年
中村裕一『唐代制勅研究』汲古書院、一九九一年
――『唐代官文書研究』中文出版社、一九九一年
仁井田陞『増訂 中国法制史研究』（全四巻）東京大学出版会、一九八〇年
▽「刑法」「土地法・取引法」「奴隷農奴法・家族村落法」「法と慣習・法と道徳」から成る。
新見まどか『唐帝国の滅亡と東部ユーラシア――藩鎮体制の通史的研究』思文閣出版、二〇二二年
▽唐後半期から五代はじめの政治史と藩鎮とを論じた最新の研究成果。本書の第4章から第6章に関係する。
布目潮渢『布目潮渢中国史論集』（上・下巻）汲古書院、二〇〇三・二〇〇四年
▽上巻に唐代史篇Ⅰ（政治史・律令制）、下巻に唐代史篇Ⅱ（官人制）を収める。
濱口重國『秦漢隋唐史の研究』（上・下巻）、東京大学出版会、一九六六年
▽上巻に「府兵制より新兵制へ」、下巻に「唐の玄宗朝に於ける

江淮上供米と地税との関係」をはじめ唐代史に関する論考を所収。

――『唐王朝の賤人制度』東洋史研究会、一九六六年

速水大『唐代勲官制度の研究』汲古書院、二〇一五年

日野開三郎『唐代藩鎮の支配体制』（日野開三郎東洋史学論集第一巻）三一書房、一九八〇年

――『唐末五代初自衛義軍考上篇』私家版、一九八四年

平田陽一郎『隋唐帝国形成期における軍事と外交』汲古書院、二〇二一年

▽「府兵制」を再考する諸論考を収める。

藤野月子『王昭君から文成公主へ――中国古代の国際結婚』九州大学出版会、二〇一二年

堀敏一『唐末五代変革期の政治と経済』汲古書院、二〇〇二年

▽前編に「藩鎮親衛軍の権力構造」「黄巣の叛乱」「朱全忠政権の性格」など唐後半期から五代にかけての政治史、後編に敦煌・トゥルファン文書に関する論考などを収める。

前嶋信次『東西文化交流の諸相』東西文化交流の諸相刊行会、一九七一年

▽「タラス戦考」（一二九―二〇〇頁）は七世紀から八世紀の中央アジアと唐の関係を知るのにも必読の論文。本書の第2章・第3章に関係する。

松本保宣『唐王朝の宮城と御前会議――唐代聴政制度の展開』晃洋書房、二〇〇六年

丸橋充拓「唐後半期の政治・経済」荒川正晴・冨谷至（編）『岩波講座世界歴史7 東アジアの展開 8～14世紀』岩波書店、二〇二二年、五一―七九頁

三田村泰助『宦官』中央公論社、一九六三年

▽宦官の通史ともいうべき古典。

山根清志『唐王朝の身分制支配と「百姓」』汲古書院、二〇二〇年

山本隆義『中国政治制度の研究』（第八章「唐代」）東洋史研究会、一九六八年

律令研究会（編）『譯註日本律令』五・六・七（唐律疏議譯註篇一・二・三）東京堂出版、一九七九・一九八四・一九八七年

三　社会経済（交通）

青山定雄『唐宋時代の交通と地誌地図の研究』吉川弘文館、一九六三年

荒川正晴『オアシス国家とキャラヴァン交易』山川出版社、二〇〇三年

――『ユーラシアの交通・交易と唐帝国』名古屋大学出版会、二〇一〇年

▽主にトゥルファン文書を利用し、西域における交通と交易の様相を復元した労作。

池田温『中国古代籍帳研究 概観・録文』東京大学出版会、一九七九年

――『敦煌文書の世界』名著刊行会、二〇〇三年

――『唐史論攷』汲古書院、二〇一四年

▽太宗・武則天時期に編纂された『氏族志』や敦煌のソグド人聚落に関する論考を含む。

岡本隆司『中国経済史』名古屋大学出版会、二〇一三年

▽特に第2章「魏晋南北朝～隋唐五代」の部分は必読である。

愛宕元『唐代地域社会史研究』同朋舎、一九九七年

加藤繁『支那経済史考證』上巻、東洋文庫、一九五二年

▽唐代の荘園、草市、「行」（商業ギルド）などに関する論考を収める。

鞠清遠／中島敏（訳注）『唐代財政史』国書出版、一九四四年

清木場東『唐代財政史研究（運輸編）』九州大学出版会、一九九六年

――『帝賜の構造 唐代財政史研究 支出編』中国書店、一九

九七年
佐伯富『中国塩政史の研究』法律文化社、一九八七年
▽第三章第五節「唐代の塩政」が唐代の塩政をまとめている。
佐藤武敏『中国古代絹織物史研究』下、風間書房、一九七八年
關尾史郎『西域文書からみた中国史』山川出版社、一九九八年
礪波護『隋唐都城財政史論考』法藏館、二〇一六年
土肥義和『燉煌文書の研究』汲古書院、二〇二〇年
日野開三郎『唐代租調庸の研究』私家版、「I色額篇」一九七四年、「II課輸篇上」一九七五年、「III課輸篇下」一九七七年
――『唐代両税法の研究 前篇』（日野開三郎東洋史学論集第三巻）三一書房、一九八一年
――『唐代両税法の研究 本篇』（日野開三郎東洋史学論集第四巻）三一書房、一九八二年
――『唐・五代の貨幣と金融』（日野開三郎東洋史学論集第五巻）三一書房、一九八二年
――『唐代先進地帯の荘園』私家版、一九八六年
――『唐代邸店の研究』（日野開三郎東洋史学論集第一七巻）三一書房、一九九二年
――『続 唐代邸店の研究』（日野開三郎東洋史学論集第一八巻）三一書房、一九九二年
堀敏一『均田制の研究』岩波書店、一九七五年
丸橋充拓『唐代北辺財政の研究』岩波書店、二〇〇六年
吉田豊『コータン出土8―9世紀のコータン語世俗文書に関する覚え書き』神戸市外国語大学外国学研究所、二〇〇六年
▽コータン語で書かれた世俗文書を利用し、唐の「羈縻支配」下のコータン国の税制を論じている。
渡辺信一郎『中国古代の財政と国家』汲古書院、二〇一〇年
▽漢から唐までの国家と財政に関する論考を収める。とくに「第三部 隋唐期の財政と帝国」は、唐代財政史にとどまらず、軍制、さらには唐朝の支配システムそのものを再考する必読の論考を収める。
渡辺信一郎『『旧唐書』食貨志訳注』汲古書院、二〇一八年

四 周辺諸国・エスニック集団（附 正史部分訳）

赤羽目匡由『渤海王国の政治と社会』吉川弘文館、二〇一一年
伊瀬仙太郎『中国西域経営史研究』巌南堂書店、一九五五年
稲葉穣『イスラームの東・中華の西』臨川書店、二〇二二年
▽唐代の中央アジアに関する最新の研究成果を取りこんだ一般向けの書籍。
岩尾一史・池田巧編『チベットの歴史と社会 上』臨川書店、二〇二一年
▽チベット帝国（吐蕃）に関する最新の概説をふくむ。
岩佐精一郎『岩佐精一郎遺稿』私家版、一九三六年
▽「河西節度使の起原に就いて」「突厥の復興に就いて」など論考を収める。
岩崎力『西夏建国史研究』汲古書院、二〇一八年
▽第一部第一章「隋唐時代のタングートについて」第二章「夏州定難軍節度使の建置と前後の政情」第三章「唐最晩期のタングートの動向」を収める。
石見清裕『唐代の国際関係』山川出版社、二〇〇九年
植田喜兵成智『新羅・唐関係と百済・高句麗遺民』山川出版社、二〇二二年
大原良道『王権の確立と授受――唐・古代チベット帝国（吐蕃）・南詔国を中心として』汲古書院、二〇〇三年
岡崎精郎『タングート古代史研究』東洋史研究会、一九七二年
▽第一篇第一章「唐代におけるタングートの発展」を収める。
金子修一『古代東アジア世界史論考―改訂増補 隋唐の国際秩序と東アジア』八木書店、二〇一九年
佐藤長『古代チベット史研究』（上・下巻）同朋舎、一九七七年
嶋崎昌『隋唐時代の東トゥルキスタン研究――高昌国史研究を中

心として』東京大学出版会、一九七七年
菅沼愛語『7世紀後半から8世紀の東部ユーラシアの国際情勢とその推移 唐・吐蕃・突厥の外交関係を中心に』渓水社、二〇一九年
内藤みどり『西突厥史の研究』早稲田大学出版部、一九八八年
西村陽子『唐代沙陀突厥史の研究』汲古書院、二〇一八年
日野開三郎『小高句麗国の研究』（日野開三郎東洋史学論集第八巻）三一書房、一九八四年
日野開三郎『北東アジア国際交流史の研究（上）』（日野開三郎東洋史学論集第九巻）三一書房、一九八四年
藤澤義美『西南中国民族史の研究』大安、一九六九年
▽南詔に関する論考を収める。
古畑徹『渤海国とは何か』吉川弘文館、二〇一八年
――『渤海国と東アジア』汲古書院、二〇二一年
護雅夫『古代遊牧帝国』中央公論社、一九七六年
▽一般向けに書かれた突厥通史。
森部豊『ソグド人の東方活動と東ユーラシア世界の展開』関西大学出版部、二〇一〇年
▽安史の乱、河朔三鎮の跋扈そして沙陀王朝の興起に、ソグド系突厥が大きく関与していたことを論じた。
――（編）『ソグド人と東ユーラシアの文化交渉』勉誠出版、二〇一四年
森安孝夫『東西ウイグルと中央ユーラシア』名古屋大学出版会、二〇一五年
――（編）『ソグドからウイグルへ』汲古書院、二〇一一年
山口瑞鳳『吐蕃王国成立史研究』岩波書店、一九八三年
山田信夫『北アジア遊牧民族史研究』東京大学出版会、一九八九年
エチエンヌ・ドゥ・ラ・ヴェシエール／影山悦子（訳）『ソグド商人の歴史』岩波書店、二〇一九年

附 正史部分訳

内田吟風・田村実造他訳注『騎馬民族史1――正史北狄伝』平凡社、一九七一年
▽『旧唐書』巻一九九下「北狄伝」のうち契丹・奚・室韋・靺鞨条、『新唐書』巻二一九「北狄伝」のうち契丹・奚・室韋・黒水靺鞨条を収録。
佐口透・山田信夫・護雅夫訳注『騎馬民族史2――正史北狄伝』平凡社、一九七二年
▽『旧唐書』巻一九四上下・『新唐書』巻二一五上下「突厥伝」、『旧唐書』巻一九五・『新唐書』巻二一七上下「迴紇（回鶻）伝」を収録
羽田明・佐藤長他訳注『騎馬民族史3――正史北狄伝』平凡社、一九七三年
▽『旧唐書』巻一九六上下・『新唐書』巻二一六上下「吐蕃伝」、『新唐書』巻二一八「沙陀伝」を収録。
井上秀雄他訳注『東アジア民族史2――正史東夷伝』平凡社、一九七六年
▽『旧唐書』巻一九九上「東夷伝」、『旧唐書』巻一九九下「北狄伝・渤海靺鞨」、『新唐書』巻二一九「北狄伝・渤海」、『新唐書』巻二二〇「東夷伝（流鬼は未訳出）」、『通典』巻一八五「辺防・東夷」などを収録。
小谷仲男・菅沼愛語「『新唐書』西域伝訳注」（一）（二）『京都女子大学大学院文学研究科研究紀要 史学編』九（二〇一〇年）八一―一二八頁／同一〇（二〇一一年）一二七―一九三頁

五 都市・風俗・女性・文学

石田幹之助『増訂 長安の春』平凡社、一九六七年
植木久行『唐詩歳時記』講談社、一九九五年
――『唐詩の風景』講談社、一九九九年
▽植木の二書は、唐詩を通じて唐代の社会風俗も紹介している。

大澤正昭『妻と娘の唐宋時代——史料に語らせよう』東方書店、二〇二一年
小川環樹『唐詩概説』岩波書店、二〇〇五年
高世瑜／小林一美・任明（訳）『大唐帝国の女性たち』岩波書店、一九九九年
▽日本語で読むことができる唐代女性史通史。石田『長安の春』、大澤『妻と娘の唐宋時代』もあわせて読んでみよう。
黄能馥他（編）古田真一（監修・翻訳）栗城延江（翻訳）『中国服飾史図鑑』第二巻、科学出版社東京株式会社、二〇一九年
▽唐代の服飾がカラーで紹介される。
佐藤武敏『長安』講談社、二〇〇四年
塩沢裕仁『千年帝都 洛陽』雄山閣、二〇〇九年
下定雅弘『白居易と柳宗元——混迷の世に生の讃歌を』岩波書店、二〇一五年
徐松／愛宕元（訳注）『唐両京城坊攷——長安と洛陽』平凡社、一九九四年
妹尾達彦『長安の都市計画』講談社、二〇〇一年
▽「長安」をタイトルに冠しているが、約三分の一は中国を含むアジア東部の歴史の新たな把握の仕方を提言するきわめて啓蒙的な書。
譚蟬雪／麻麗娟（訳）『中国中世の服飾』中国書店、二〇二二年
▽十六国時代から元までの服飾の変遷を通史的に叙述。壁画や文物のカラー図版を多用。
程千帆／松岡栄志・町田隆吉（訳）『唐代の科挙と文学』凱風社、一九八六年
原田淑人『唐代の服飾』東洋文庫、一九七〇年
室永芳三『大都長安』教育社、一九八二年
▽唐代長安を網羅的に紹介する。
冉万里（ランワンリ）『唐代金銀器紋様の考古学的研究』雄山閣、二〇〇七年

六　宗教（附 旅行記）

大西磨希子『唐代仏教美術史論攷——仏教文化の伝播と日唐交流』法蔵館、二〇一七年
曽布川寛・吉田豊編『ソグド人の美術と言語』臨川書店、二〇一一年
礪波護『隋唐の仏教と国家』中央公論社、一九九九年
——『隋唐仏教文物史論考』法蔵館、二〇一六年
肥田路美（編）『アジア仏教美術論集 東アジアII 隋・唐』中央公論美術出版、二〇一九年
藤善眞澄『隋唐時代の仏教と社会——弾圧の狭間にて』白帝社、二〇〇四年
▽隋から唐の仏教社会史あるいは仏教政治史の側面を、一般にむけて書いたもの。平易な記述で、仏教から切り取った時代相をよみがえらせている。
——『中国仏教史研究——隋唐仏教への視角』法蔵館、二〇一三年
森部豊「隋・唐帝国と「宗教」——東ユーラシアから問いかける」上島享・吉田一彦（編）『世界のなかの日本宗教』吉川弘文館、二〇二一年、一六九—二〇〇頁
▽本書で深くふれることのできなかった唐代のゾロアスター教、東方キリスト教（ネストリウス派）、マニ教に言及している。
吉川忠夫『六朝隋唐文史哲論集』（I人・家・学術／II宗教の諸相）法蔵館、二〇二〇年

附 旅行記

玄奘訳・弁機撰／水谷真成（訳）『大唐西域記』平凡社、一九七一年
慧立・彦悰／長澤和俊（訳）『玄奘三蔵——西域・インド紀行』講談社、一九九八年
▽玄奘の伝記『大唐大慈恩寺三蔵法師伝』一〇巻のうち、巻一か

ら巻五までの日本語訳。
義浄／宮林昭彦・加藤栄司（訳）『南海寄帰内法伝――七世紀インド仏教僧伽の日常生活』法藏館、二〇二二年
桑山正進（編）『慧超往五天竺国伝研究』臨川書店、一九九八年
円仁／足立喜六（訳注）・塩入良道（補注）『入唐求法巡礼行記』1・2、平凡社、一九七〇・一九八五年

七　本書の各章に関するもの

◎序章

池田温「唐朝処遇外族官制略考」唐代史研究会（編）『隋唐帝国と東アジア世界』一九七九年、二五一―二七八頁
宇野伸浩「モンゴル帝国の宮廷のケシクテンとチンギス・カンの中央の千戸」『桜文論叢』九六（二〇一八年）二四七―二六九頁
杉山正明『遊牧民から見た世界史 増補版』日本経済新聞出版社、二〇一一年
妹尾達彦『グローバル・ヒストリー』中央大学出版部、二〇一八年
高橋徹「「拓跋国家」批判」『山形県立山形南高等学校研究紀要』四九（二〇一〇年）一―一三頁
谷川道雄（編著）『戦後日本の中国史論争』（第1章「総論」）河合文化教育研究所、一九九三年
田余慶／田中一輝・王鏗（訳）『北魏道武帝の憂鬱――皇后・外戚・部族』京都大学学術出版会、二〇一八年
内藤湖南「概括的唐宋時代観」『内藤湖南全集』八、筑摩書房、一九六九年、一一一―一一九頁
古畑徹「東（部）ユーラシア史という考え方――近年の日本における古代東アジア史研究の新動向」同（編）『高句麗・渤海史の射程――古代東北アジア史研究の新動向』汲古書院、二〇二二年、二〇九―二二七頁
前田直典「東アジヤに於ける古代の終末」『元朝史の研究』東京大学出版会、一九七三年、二〇五―二二一頁
森部豊「中国「中古史」研究と「東ユーラシア世界」」『唐代史研究』二三（二〇二〇年）五―一三頁

◎第1章

池田温「律令官制の形成」『岩波講座世界歴史5 東アジア世界の形成II』岩波書店、一九七〇年、二七七―三二三頁
石見清裕『唐の北方問題と国際秩序』汲古書院、一九九八年
――（編著）『ソグド人墓誌研究』汲古書院、二〇一六年
桑山正進『西域記――玄奘三蔵の旅』小学館、一九九五年
呉兢／石見清裕（訳注）『貞観政要 全訳注』講談社、二〇二一年
齊藤茂雄「突厥有力者と李世民――唐太宗期の突厥羈縻支配について」『関西大学東西学術研究所紀要』四八（二〇一五）七七―九八頁
佐久間秀範・近本謙介・本井牧子（編）『玄奘三蔵――新たなる玄奘像をもとめて』勉誠出版、二〇二一年
鈴木宏節「突厥阿史那思摩系譜考――突厥第一可汗国の可汗系譜と唐代オルドスの突厥集団」『東洋学報』八七―一（二〇〇五年）三七―六八頁
谷川道雄『唐の太宗』人物往来社、一九六七年
辻正博「隋唐国制の特質」荒川正晴（編）『岩波講座世界歴史06 中華世界の再編とユーラシア東部 四～八世紀』岩波書店、二〇二二年、一四九―一七九頁
内藤乾吉「唐の三省」『中国法制史考證』有斐閣、一九六三年、一―二五頁
礪波護『唐の行政機構と官僚』中央公論社、一九九八年
仁井田陞『唐令拾遺』（初出一九三三年）東京大学出版会、一九六四年
仁井田陞／池田温（編）『唐令拾遺補』東京大学出版会、一九九

七年
布目潮渢「隋唐帝国の成立」『岩波講座世界歴史5 東アジア世界の形成Ⅱ』岩波書店、一九七〇年、二四五―二七六頁
――『隋唐史研究』同朋舎、一九七九年
――『隋の煬帝と唐の太宗――暴君と明君、その虚実を探る』清水書院、二〇一八年
福島恵『東部ユーラシアのソグド人』汲古書院、二〇一七年
堀井裕之「唐朝政権の形成と太宗の氏族政策――金劉若虚撰「裴氏相公家譜之碑」所引の唐裴滔撰『裴氏家譜』を手掛かりに」『史林』九五―四（二〇一二年）一―三二頁
前嶋信次『玄奘三蔵――史実西遊記』岩波書店、一九五二年
山下将司「唐初における『貞観氏族志』の編纂と「八柱国家」の誕生」『史学雑誌』一一一―二（二〇〇二年）一―三二頁
――「玄武門の変と李世民配下の山東集団」『東洋学報』八五―二（二〇〇三年）一七三―二〇三頁
――「新出土史料より見た北朝末・唐初間ソグド人の存在形態―固原出土史氏墓誌を中心に―」『唐代史研究』七（二〇〇四年）六〇―七七頁
――「隋・唐初の河西ソグド人軍団――天理図書館蔵『文館詞林』「安修仁墓碑銘」残巻をめぐって」『東方学』一一〇（二〇〇五年）六五―七八頁
――「唐の太原挙兵と山西ソグド軍府――「唐・曹怡墓誌」を手がかりに」『東洋学報』九三―四（二〇一二年）三九七―四二五頁
吉田豊「ソグド人とトルコ人の関係についてのソグド語資料2件」『西南アジア研究』六七（二〇〇七年）四八―五六頁

◎第2章

鎌田茂雄「武周王朝における華厳思想の形成」『中国華厳思想史の研究』東京大学出版会、一九六五年、一〇七―一四九頁
氣賀澤保規『則天武后』講談社、二〇一六年
▽「則天武后」に関する最新の伝記。著者は「武則天」の呼び方を、近代以降の造語として退けている。
古勝隆一「武則天「升仙太子碑」立碑の背景」『中国中古の学術と社会』法藏館、二〇二一年、三三七―三六一頁
妹尾達彦「武則天の洛陽、玄宗の長安」松原朗（編）『杜甫と玄宗皇帝の時代』勉誠出版、二〇一八年、三〇―四四頁
田中淡「隋朝建築家の設計と考証」『中国建築史の研究』弘文堂、一九八九年、一八一―二九二頁
▽大興城設計の宇文愷をはじめとする隋の宮廷デザイナーに関する論考。
外山軍治『則天武后』中央公論社、一九六六年
▽「則天武后」の伝記。出版年は古いが、初唐の政治史の流れもわかりやすく、読みやすい。
中田美絵「長安・洛陽における仏典翻訳と中央アジア出身者」森部豊・橋寺知子（編）『アジアにおける文化システムの展開と交流』関西大学出版部、二〇一二年、九三―一二七頁
西田祐子『唐帝国の統治体制と「羈縻」――『新唐書』の再検討を手掛かりに』山川出版社、二〇二二年
▽唐朝の羈縻支配が一元的なものでなかったことを、『新唐書』に史料批判をくわえ、明らかにした画期的論考。
羽田亨「波斯国酋長阿羅憾丘銘」『羽田博士史学論文集』下巻言語・宗教篇、東洋史研究会、一九五七年、三八五―三九五頁
林俊雄「掠奪・農耕・交易から観た遊牧国家の発展――突厥の場合」『東洋史研究』四四―一（一九八五年）一一〇―一三六頁
古畑徹『渤海国とは何か』吉川弘文館、二〇一八年
――『渤海国と東アジア』汲古書院、二〇二一年
前嶋信次「タラス戦考」『東西文化交流の諸相』東西文化交流の諸相刊行会、一九七一年、一二九―二〇〇頁
宮崎市定『雍正帝』中央公論社、一九九六年

麥谷邦夫「唐代封禅議小考」小南一郎編『中国文明の形成』朋友書店、二〇〇五年、三一一―三四〇頁

森部豊「唐代前半期における羈縻州・蕃兵・軍制に関する覚書――営州を事例として」宮宅潔編『多民族社会の軍事統治――出土史料が語る中国古代』京都大学出版会、二〇一八年、三一一―三二六頁

――「唐朝の羈縻政策に関する一考察――唐前半期の営州都督府隷下「羈縻府州」を事例として」『東洋史研究』八〇―二（二〇二一年）一―四四頁

◎第3章

川本芳昭「崔知遠と阿倍仲麻呂――古代朝鮮・日本における「中国化」との関連から見た」『九州大学東洋史論集』三一（二〇〇三年）一八一―二〇四頁

菊池英夫「節度使制確立以前における「軍」制度の展開」『東洋学報』四四―二（一九六一年）二〇八―二四二頁

――「節度使制確立以前における「軍」制度の展開（続編）」『東洋学報』四五―一（一九六二年）三三―六八頁

――「府兵制度の展開」『岩波講座世界歴史5 東アジア世界の形成Ⅱ』岩波書店、一九七〇年、四〇七―四三九頁

氣賀澤保規『府兵制の研究』同朋舎、一九九九年

高明士／高瀬奈津子（訳）「賓貢科の成立と発展――東アジアの人士に開かれていた中国王朝仕官法の探求」『アジア・アフリカ文化研究所研究年報（東洋大学）』三六（二〇〇一年）三七―五〇頁

齊藤茂雄「突厥第二可汗国の内部対立――古チベット語文書（Pt.1283）にみえるブグチョル（'Bug-čhor）を手がかりに」『史学雑誌』一二二―九（二〇一三年）三六―六二頁

司馬光／田中謙二（編訳）『資治通鑑』筑摩書房、二〇一九年

鈴木宏節「三十姓突厥の出現――突厥第二可汗国をめぐる北アジア情勢」『史学雑誌』一一五―一〇（二〇〇六年）一―三六頁

――「唐代漠南における突厥可汗国の復興と展開」『東洋史研究』七〇―一（二〇一一年）三五―六六頁

妹尾達彦「長安七五一年――ユーラシアの変貌」『750年 普遍世界の鼎立』山川出版社、二〇二〇年、一八二―二二八頁

玉井是博「唐代防丁考」『支那社会経済史研究』岩波書店、一九四二年、二三一―二四四頁

外山軍治「唐代の漕運」『史林』二二―二（一九三七年）二六四―三〇四頁

林謙一郎「南詔王権の確立・変質と唐・吐蕃関係――和親（公主降嫁）の意味するもの」『唐代史研究』一二（二〇〇九年）五七―八七頁

林美希『唐代前期北衙禁軍研究』汲古書院、二〇二〇年

プーリィブランク「安禄山の叛乱の政治的背景（上）」『東洋学報』三五―二（一九五二年）一八六―二〇五頁

――「安禄山の叛乱の政治的背景（下）」『東洋学報』三五―三・四（一九五三年）三三二―三五七頁

星斌夫『大運河――中国の漕運』近藤出版社、一九七一年

堀敏一「均田制と租庸調制の展開」『岩波講座世界歴史5 東アジア世界の形成Ⅱ』岩波書店、一九七〇年、三六五―四〇六頁

村山吉廣『楊貴妃――大唐帝国の栄華と滅亡』講談社、二〇一九年

森公章『阿倍仲麻呂』吉川弘文館、二〇一九年

森部豊「蕃将たちの活躍――高仙芝・哥舒翰・安禄山・安思順・李光弼」松原朗（編）『杜甫と玄宗皇帝の時代』勉誠出版、二〇一八年、一三五―一四六頁

◎第4章

稲葉穣「安史の乱時に入唐したアラブ兵について」『国際文化研究』五（二〇〇一年）一六―三三頁

小野川秀美「河曲六州胡の沿革」『東亜人文学報』一―四（一九四二年）一九三―二二六頁
小畑龍雄「神策軍の成立」『東洋史研究』一八―二（一九五九年）一五一―一七二頁
――「神策軍の発展」『田村博士頌寿東洋史論叢』田村博士退官記念事業会、一九六八年、二〇五―二二〇頁
金井之忠「唐の塩法」『文化』五―五（一九三八年）九―四五頁
古賀登『両税法成立史の研究』雄山閣、二〇一二年
齋藤勝「唐・回鶻絹馬交易再考」『史学雑誌』一〇八―一〇（一九九九年）三三―五八頁
曽根正人『空海―日本密教を改革した遍歴行者』山川出版社、二〇一二年
中田美絵「不空の長安仏教界台頭とソグド人」『東洋学報』八九―三（二〇〇七年）二九三―三二五頁
藤善眞澄『安禄山』中央公論新社、二〇〇〇年
――『安禄山と楊貴妃――安史の乱始末記』清水書院、二〇一七年
船越泰次『唐代両税法研究』汲古書院、一九九六年
プーリィブランク「安禄山の出自について」『史学雑誌』六一―四（一九五二年）三三〇―三四五頁
前嶋信次「安史の乱時代の一二の胡語」『東西文化交流の諸相』東西文化交流の諸相刊行会、一九七一年、二〇一―二二二頁
森部豊「安禄山女婿李献誠考」『東西学術研究所創立六十周年記念論文集』関西大学出版部、二〇一一年、二四三―二六七頁
――「増補：7～8世紀の北アジア世界と安史の乱」森安孝夫編『ソグドからウイグルへ』汲古書院、二〇一一年、一七五―二〇五頁
――「「安史の乱」三論」森部豊・橋寺知子編『アジアにおける文化システムの展開と交流』関西大学出版部、二〇一二年、一―三四頁
――『安禄山』山川出版社、二〇一三年
横山裕男「唐の官僚制と宦官――中世的側近政治の終焉序説」中国中世史研究会（編）『中国中世史研究――六朝隋唐の社会と文化』東海大学出版会、一九七〇年、四一七―四四二頁
李宇一「中唐期における左・右神策軍に関する一考察」『関西大学東西学術研究所紀要』五一（二〇一八年）三七三―四〇一頁
歴史学研究会（編）『世界史史料3　東アジア・内陸アジア・東南アジアⅠ――10世紀まで』岩波書店、二〇〇九年（とくに「両税法」の項目）

◎第5章

稲葉一郎「『順宗実録』考」『中国史学史の研究』京都大学学術出版会、二〇〇六年、三六八―四一五頁
大形徹『不老不死――仙人の誕生と神仙術』志学社、二〇二一年
小野勝年『入唐求法巡礼行記の研究』（全四巻）法蔵館、一九八九年
戸崎哲彦『柳宗元　アジアのルソー』山川出版社、二〇一八年
Angela Schottenhammer. "Yang Liangyao's Mission of 785 to the Caliph of Baghdad: Evidence of an EarlynSino-Arabic Power Alliance?", *Bulletin de l'Ecole française d'Extreme-Orient*, 101, pp.177-241, 2015
村井恭子「九世紀ウイグル可汗国崩壊時期における唐の北辺政策」『東洋学報』九〇―一（二〇〇八年）三三―六七頁
村上哲見『科挙の話――試験制度と文人官僚』講談社、二〇〇〇年
室永芳三「唐長安の左右街功徳使と左右街功徳巡院」『長崎大学教育学部社会科学論叢』三〇（一九八一年）一―九頁
横山裕男「「甘露の変」始末――唐代政治史の一齣」『長野大学紀要』五（一九七五年）八九―九九頁
吉田豊・古川攝一（編）『中国江南マニ教絵画研究』臨川書店、

二〇一五年
エドウィン・O・ライシャワー／田村完誓訳『円仁 唐代中国への旅』講談社、一九九九年
李宇一「唐代「神策外鎮」再考」『史泉』一三三（二〇二一年）一―三九頁
渡辺孝「牛李の党争研究の現状と展望――牛李党争研究序説」『史境』二九（一九九四年）六九―一〇七頁

◎第6章

赤木崇敏「ソグド人と敦煌」森部豊（編）『ソグド人と東ユーラシアの文化交渉』勉誠出版、二〇一四年、一一九―一三九頁
久保田和男「五代宋初の首都問題」『宋代開封の研究』汲古書院、二〇〇七年、二三―五八頁
佐竹靖彦「朱温集団の特性と後梁王朝の形成」『中国近世社会文化史論文集』台北・中央研究院歴史語言研究所、一九九二年、四八一―五三〇頁
谷川道雄・森正夫（編）『中国民衆叛乱史1 秦～唐』平凡社、一九七八年
内藤湖南『中国近世史』岩波書店、二〇一五年
布目潮渢・中村喬編訳『中国の茶書』平凡社、一九七六年
布目潮渢『茶経 全訳注』講談社、二〇一二年
白玉冬「8世紀の室韋の移住から見た九姓タタルと三十姓タタルの関係」『内陸アジア史研究』二六（二〇一一年）八五―一〇七頁
――「沙陀後唐・九姓タタル関係考」『東洋学報』九七―三（二〇一五年）一―二五頁
日野開三郎『唐末混乱史考』（日野開三郎東洋史学論集第一九巻）三一書房、一九九六年
松井秀一「唐代後半期の江淮について―江賊及び康全泰・裘甫の叛乱を中心として」『史学雑誌』六六―二（一九五七年）一―二九頁
家島彦一（訳注）『中国とインドの諸情報1――第一の書』平凡社、二〇〇七年
――（訳注）『中国とインドの諸情報2――第二の書』平凡社、二〇〇七年
山根直生「唐朝の破壊者、新時代の建設者？」『アジア人物史3 ユーラシア東西ふたつの帝国』集英社、二〇二三年（近刊）
横山裕男「唐代の塩商」『史林』四三―四（一九六〇年）一―一八頁

◎終章

日野開三郎『五代史の基調』（日野開三郎東洋史学論集第二巻）三一書房、一九八〇年
藤田豊八「南漢劉氏の祖先につきて」『東洋学報』六―二（一九一六年）二四七―二五七頁
宮崎市定「唐末五代――『宋と元』（「民族の試練」「冬来たりなば」）」『宮崎市定全集』九、岩波書店、一九九二年、二九五―三四一頁
森部豊「契丹国の建国と東ユーラシア史の新展開」『アジア人物史3 ユーラシア東西ふたつの帝国』集英社、二〇二三年（近刊）
森部豊・石見清裕「唐末沙陀「李克用墓誌」訳注・考察」『内陸アジア言語の研究』一八（二〇〇三年）一七―五二頁

図版出典

＊書名略記については「文献案内」参照

唐歴代皇帝系図　愛宕元・冨谷至『中国の歴史 上──古代・中世』（昭和堂、二〇〇五年）二五二頁をもとに作成
唐全図　森安孝夫二〇一六年、一八四─一八五頁をもとに作成
十節度使軍事力比較　森部豊二〇一三年、三七頁をもとに作成

第1章
高祖（李淵）　台北・國立故宮博物院蔵
1-1　北周・隋・唐の婚姻系図　愛宕元・冨谷至『中国の歴史 上──古代・中世』（昭和堂、二〇〇五年）二四九頁をもとに作成
1-2　隋末群雄図　布目潮渢・栗原益男一九九七年、六六頁をもとに作成
1-3　唐の律令官制　厳耕望「論唐代尚書省之職権与地位」『唐史研究叢稿』（新亜研究所出版、一九六九年）五九頁をもとに作成
1-4　長安の宮城・皇城　妹尾達彦二〇〇一年、一二三頁をもとに作成
太宗（李世民）　台北・國立故宮博物院蔵
昭陵六駿のひとつ「青騅」　二〇〇五年筆者撮影

第2章
2-1　武則天一族の系図　氣賀澤保規二〇一六年、一一頁をもとに筆者加筆
洛陽の龍門石窟　二〇〇九年筆者撮影
2-2　高宗・武則天時期の改元　筆者作成
2-3　長安城　池田温・他（編）一九九六年、五〇九頁をもとに筆者加筆
2-4　洛陽城　池田温・他（編）一九九六、五一一頁をもとに筆者加筆
2-5　洛陽・宮城・皇城　妹尾達彦二〇二〇、二〇一頁をもとに作成

第3章
3-1　唐代前期の給田規定額　筆者作成
3-2　官人永業田の規定　筆者作成
玄宗と楊貴妃のラブロマンスの舞台となった華清池（華清宮）　二〇〇六年筆者撮影

第4章
安禄山　public domain
4-1　安史の乱　朴漢済（編著）吉田光男（訳）『中国歴史地図』（平凡社、二〇〇九年、七九頁）をもとに作成
ソグド系突厥の魏博節度使何進滔の徳政碑　二〇〇八年筆者撮影
庭州故城　二〇〇六年筆者撮影

第5章
憲宗　『集古像賛』（国立公文書館蔵デジタルアーカイブ）
5-1　藩鎮の上供・不上供図　朴漢済（編著）吉田光男（訳）『中国歴史地図』（平凡社、二〇〇九年、八一頁）をもとに作成
5-2　唐、ウイグル、チベット三国会盟　森安孝夫二〇一六年、三六五頁をもとに作成
5-3　農・牧境界地帯　森部豊二〇一三年、九五頁を転載
大明宮の正門、丹鳳門　二〇一〇年筆者撮影

5-4　大明宮　妹尾達彦二〇〇一年、一七七頁をもとに作成
武宗『集古像賛』（国立公文書館蔵デジタルアーカイブ）
五台山、南禅寺大殿　二〇一〇年筆者撮影

第6章
6-1　唐末反乱図　氣賀澤保規二〇二〇年、一三九頁をもとに作成
黄巣『残唐五代史演義伝』（関西大学図書館蔵）
6-2　黄巣の乱　朴漢済（編著）吉田光男（訳）『中国歴史地図』（平凡社、二〇〇九年、八二頁）をもとに作成
李克用『残唐五代史演義伝』（関西大学図書館蔵）
池神廟と両池（解池）二〇一〇年筆者撮影
朱全忠『残唐五代史演義伝』（関西大学図書館蔵）

あとがき
何弘敬の墓誌　二〇〇五年筆者撮影

885 僖宗、長安へ帰還。田令孜、李克用と対立し、僖宗を奉じて興元府へ逃げる。田令孜、事実上失脚し、楊復恭、左神策軍護軍中尉となる
888 僖宗、長安に帰京。間もなく病死。弟の昭宗即位
895 李茂貞、長安に進軍・占領。昭宗、逃れて華州にいたる
898 昭宗、長安へ帰還。宦官、昭宗を幽閉。宰相の崔胤、昭宗を救出。このころから、崔胤は朱全忠と手を組み、宦官たちは李茂貞と手をむすんで対立激化
901 宦官、昭宗を拉致し、鳳翔の李茂貞のもとへ逃げる
903 朱全忠、李茂貞をやぶり、昭宗、長安へもどる
904 昭宗、洛陽に移される。昭宗暗殺され、朱全忠は昭宣帝を立てる
907 昭宣帝、朱全忠に禅譲。唐朝、ほろぶ
908 昭宣帝、済陰王となり、曹州へ移され、毒殺。哀帝と諡される

828	敬宗、下級宦官に暗殺される。枢密使の王守澄ら、**文宗擁立**。文宗の時期、「牛李の党争」が激烈化
835	李訓ら、宦官抹殺をはかるが、失敗（**甘露の変**）
840	文宗病死し、**武宗即位**。李徳裕、宰相に復帰。**ウイグル帝国ほろぶ**
841	江南のマニ教寺院の閉鎖（**会昌の廃仏**のはじまり）
842	チベット帝国のツェンポのダルマ暗殺。**チベット帝国、崩壊**
844	昭義節度使が自立をはかるも失敗
845	仏教弾圧のほか、キリスト教、イスラーム教、ゾロアスター教も排撃
846	武宗崩御し、**宣宗即位**。李徳裕とその一派、中央政界から追放。「牛李の党争」終息
851	敦煌、唐朝へもどり、張議潮に沙州帰義軍節度使をあたえる
855	この年から南中国の藩鎮で軍乱多発
858	**康全泰**、宣歙観察使を追う
859	宣宗中毒死し、**懿宗即位**。浙江で**裘甫**が蜂起
860	裘甫捕縛され、長安で処刑。武寧軍節度使が軍乱で追われる。唐朝、王式を武寧軍に送り牙軍を粛清
868	桂州で守備の任についていた徐州の軍隊が、**龐勛**を中心に蜂起し、北帰す。唐朝と衝突。徐州界隈で戦闘状態
869	龐勛を鎮圧
873	懿宗崩御し、**僖宗**即位
874	王仙芝、蜂起
875	**黄巣**、**蜂起**し、王仙芝に合流
878	沙陀の**李克用**、雲州を占拠
879	黄巣、広州を攻め落とし、中国人のほか、12万あるいは20万におよぶ外国商人を殺害。南海交易、一時中断。黄巣、唐朝と全面対決の姿勢に転じ、北上
880	李克用敗北し、韃靼へ亡命。**黄巣**、**長安入城**。国号を大斉とし、金統と改元
882	朱温、唐へ帰順。**全忠**の名を賜る
883	李克用、黄巣討伐に参加し、長安を取りもどす。黄巣、長安から脱出し、蔡州に拠る。李克用、汴州で黄巣をやぶる。その帰途、朱全忠に暗殺されかかる
884	**黄巣自殺し、乱終結**

764 **劉晏**、転運使となり、漕運改革実施。**僕固懐恩**の「乱」（～765）
779 代宗崩御し、**徳宗**即位
780 **両税法**施行
781 成徳節度使の李宝臣死去。後継者の承認をめぐり、唐朝と対立し、反乱。淮西節度使の李希烈、反す。この年、「大秦景教流行中国碑」建立
783 唐、チベット帝国と盟約をむすび「国境線」をさだめる（**建中の会盟**）。藩鎮討伐の軍費を確保するため、間架（家屋税）と除陌銭（取引税）を課す。涇原の兵士、反乱し、**朱泚**を立てる。徳宗、長安脱出
784 徳宗、みずからを罰する詔をくだし、間架と除陌銭を廃止。朱泚、殺され、徳宗、長安へもどる
786 敦煌（沙州）、チベット帝国に占領され、河西回廊も掌握される
787 宰相の李泌、ウイグル、南詔、天竺、アッバース朝とむすびチベット帝国を封じこめるプランを建言
792 ウイグル、チベット帝国、北庭争奪戦（789～）。トゥルファンをふくむ天山東部地域からタリム盆地の北辺はウイグル勢力圏、タリム盆地の南辺から河西回廊はチベットの勢力圏となる
794 雲南、ふたたび唐に帰属、南詔王として冊立
796 **神策護軍中尉**をおき、宦官をその職に任命
805 徳宗崩御し、**順宗**即位。王叔文を中心とし、政治改革はじまる（**永貞革新**）が、146日で失敗。**憲宗**即位。対藩鎮強硬策はじまる
807 李吉甫、『元和国計簿』献上
812 魏博節度使、河朔の旧事を放棄し唐朝に帰順する
814 淮西節度使討伐（～817に鎮圧）
819 平盧節度使を解体、三分割にす
820 憲宗、宦官に暗殺される。宦官、**穆宗**擁立。成徳節度使の王承宗死去。魏博節度使の田弘正を成徳節度使に任命
821 幽州節度使劉総、節度使を放棄するも、幽州・成徳相次いで軍乱、ふたたび自立。魏博も兵乱がおき自立。唐、チベットと講和条約を締結（**長慶の会盟**）。このとき、チベット・ウイグル間でも講和条約締結
824 穆宗崩御し、**敬宗**即位

唐　関連年表

689	武皇太后、**周王朝の暦**を採用。**則天文字**を制定
690	武皇太后、皇帝に即位。国号は周
691	突厥第二帝国のイルテリシュ・カガン死去し、弟の默啜、**カプガン・カガン**として即位。全国に大雲寺をおく
692	唐朝軍がチベット帝国軍をやぶり、安西四鎮を復活。安西都護府を亀茲におく
696	契丹人の松漠都督李尽忠、反旗をひるがえし、営州陥落
698	廬陵王（中宗）皇太子に復帰。**大祚栄**、独立して振（震）国王を名のる。**渤海国誕生**
700	周暦をもとにもどす
705	宰相の**張柬之**、右羽林将軍の李多祚ら、クーデタ。**張易之・昌宗兄弟**を暗殺。中宗復辟し、国号を唐にもどす。武則天死去
706	中宗、長安へもどる
707	**李重俊**らクーデタをおこし、武三思父子を暗殺するも、失敗
710	**韋后**と娘の**安楽公主**、中宗を毒殺。**李隆基**と**太平公主**、クーデタをおこし、睿宗を復位
712	**玄宗**即位
713	太平公主、クーデタを計画するが失敗し、死を賜る
717	突厥のカプガン・カガン、戦死。**ビルゲ・カガン**があとをつぐ
721	六胡州で反乱
723	**宇文融**の括戸政策、頂点となる
725	泰山で封禅の儀式をおこなう。**彍騎制**成立
734	**李林甫**、宰相となる
737	境界域防衛のため**長征健児**の制を導入
742	**安禄山**、**平盧節度使**となる。突厥カガン、ウイグル、バスミル、カルルク連合軍にやぶれ敗走。**突厥第二帝国、事実上ほろぶ**
744	安禄山、范陽節度使兼任。ウイグルのクトルクボイラが**キョル・ビルゲ・カガン**として即位。**ウイグル帝国誕生**
749	折衝府の府兵、都への上番停止
751	タラス河畔で、唐朝とアッバース朝の軍が衝突、唐側敗北
755	安禄山、唐朝に対する独立運動をおこす
756	**粛宗**、霊武で即位
758	**第五琦**、**塩鉄使**に任じられ、塩の専売開始
762	玄宗、粛宗、相次いで崩御し、**代宗**即位
763	安史の乱終結。チベット帝国軍、長安を占拠

648 太宗、高句麗遠征す（第3回）。契丹の窟哥が帰順、松漠都督府をおく。**西突厥**の**阿史那賀魯**、帰順。亀茲王国をほろぼし、この地に安西都護府を移動
649 太宗崩御し、**高宗**即位。チベット帝国のソンツェン・ガムポ死去
651 永徽律令、公布。阿史那賀魯、再独立運動おこす。唐の西域支配くずれる
653 長孫無忌、永徽律に注釈をつけ、『律疏』を完成。『五経正義』完成
655 武氏、皇后になる。高句麗遠征
657 西突厥の阿史那賀魯の再独立運動を鎮圧
658 安西都護府を西州から亀茲へ移し、亀茲・于闐・疏勒・焉耆に**安西四鎮**をおく
660 **百済**をほろぼす。高宗、「風眩」の発作をおこす
661 パミール以西のソグディアナからトハリスタン、さらにスィースターンに西域十六都督府をおく
663 燕然都護府をモンゴリア北部にうつし**瀚海都護府**と改称。モンゴリア南部に**雲中都護府**をおき突厥遺民を統治。吐谷渾、チベット帝国にほろぼされる
664 雲中都護府を**単于都護府**と改称
666 高宗、**泰山**で**封禅**の儀式をおこなう
668 **高句麗**をほろぼす。平壌に**安東都護府**をおく
669 瀚海都護府を**安北都護府**と改称
670 チベットの西域侵攻により、安西都護府、西州へ撤退。安西四鎮、廃止
674 皇帝を天皇、皇后を天后と改称
676 朝鮮半島支配失敗し、安東都護府、遼東城へ撤退
679 単于都護府の阿史徳氏族、独立運動をおこすも失敗。オルドスに**六胡州**をおく。スイアーブに砕葉城を築く
682 **阿史那骨咄禄**、独立し、**突厥第二帝国建国**。イルテリシュ・カガンと称す
683 高宗、洛陽で崩御し、**中宗**即位す
684 中宗廃位、廬陵王とし、房州へ幽閉。**睿宗**即位。武皇太后、洛陽を神都とす。李敬業、武皇太后に反旗をひるがえすが失敗
688 明堂完成

唐　関連年表

太字はおもな人名・事件

年	項目
566	**李淵**、北周の都の長安で誕生（565説あり）
613	楊玄感の乱がおこる。隋末の群雄割拠の時代はじまる
617	李淵、太原で挙兵。大興城に入城し、隋の恭帝擁立
618	煬帝、江都で暗殺。李淵、**唐を建国**。元号を武徳とし、長安を都とす。薛挙とその子の薛仁杲の討伐
621	王世充と竇建徳を平定
624	武徳律令を公布。東突厥、関中に侵攻。遷都が議論
626	**玄武門の変**おこる。**高祖**退位し、**太宗**即位。東突厥の頡利大カガン、長安の北まで侵入。便橋の盟約締結
628	梁師都を平定し、国内統一
630	**東突厥をほろぼす**。太宗、モンゴリアの遊牧系諸部族から**テングリ＝カガン**の称号をたてまつられる
633	突厥遺民をオルドス東部から山西省北部におく。またモンゴリア南部に定襄都督府と雲中都督府を設置
635	**吐谷渾**をうち、服属させる
637	貞観律令、公布
639	突厥王族による太宗暗殺未遂事件おこる。阿史那思摩をカガンとし、オルドスの突厥人・ソグド人をつれて黄河の北へもどさせる
640	**高昌国**をほろぼし、西州をおき、また**安西都護府**をおく。天山北麓の可汗浮図城に庭州をおく
641	文成公主、チベット帝国の**ソンツェン・ガムポ**、もしくは息子と結婚す
643	阿史那思摩、突厥遺民の統治失敗。オルドスへもどる
645	太宗、高句麗遠征す（第１回）。**玄奘**、帰朝す。その後、『大唐西域記』を編纂
646	**薛延陀**をほろぼす
647	太宗、高句麗遠征す（第２回）。燕然都護府をおく

索　引

索　引

地図作成　地図屋もりそん

森部　豊（もりべ・ゆたか）

1967年愛知県生まれ．専門は，唐・五代史，東ユーラシア史．筑波大学大学院歴史・人類学研究科博士課程単位取得退学．博士（文学）．筑波大学文部科学技官，関西大学文学部助教授・准教授を経て，同教授．
著書『ソグド人の東方活動と東ユーラシア世界の歴史的展開』（関西大学出版部，2010年）
『安禄山―「安史の乱」を起こしたソグド人』（山川出版社，2013年）
編著『アジアにおける文化システムの展開と交流』（関西大学出版部，2012年，共編）
『ソグド人と東ユーラシアの文化交渉』（勉誠出版，2014年）

唐《とう》―東《ひがし》ユーラシアの大帝国《だいていこく》
中公新書 *2742*

2023年3月25日初版
2023年5月30日4版

著　者　森部　豊
発行者　安部順一

本文印刷　暁印刷
カバー印刷　大熊整美堂
製　本　小泉製本

発行所　中央公論新社
〒100-8152
東京都千代田区大手町1-7-1
電話　販売　03-5299-1730
　　　編集　03-5299-1830
URL https://www.chuko.co.jp/

Published by CHUOKORON-SHINSHA, INC.
Printed in Japan　ISBN978-4-12-102742-9 C1222

中公新書刊行のことば

いまからちょうど五世紀まえ、グーテンベルクが近代印刷術を発明したとき、書物の大量生産は潜在的可能性を獲得し、いまからちょうど一世紀まえ、世界のおもな文明国で義務教育制度が採用されたとき、書物の大量需要の潜在性が形成された。この二つの潜在性がはげしく現実化したのが現代である。

いまや、書物によって視野を拡大し、変りゆく世界に豊かに対応しようとする強い要求を私たちは抑えることができない。この要求にこたえる義務を、今日の書物は背負っている。だが、その義務は、たんに専門的知識の通俗化をはかることによって果たされるものでもなく、通俗的好奇心にうったえて、いたずらに発行部数の巨大さを誇ることによって果たされるものでもない。現代を真摯に生きようとする読者に、真に知るに価いする知識だけを選びだして提供すること、これが中公新書の最大の目標である。

私たちは、知識として錯覚しているものによってしばしば動かされ、裏切られる。私たちは、作為によってあたえられた知識のうえに生きることがあまりに多く、ゆるぎない事実を通して思索することがあまりにすくない。中公新書が、その一貫した特色として自らに課すものは、この事実のみの持つ無条件の説得力を発揮させることである。現代にあらたな意味を投げかけるべく待機している過去の歴史的事実もまた、中公新書によって数多く発掘されるであろう。

中公新書は、現代を自らの眼で見つめようとする、逞しい知的な読者の活力となることを欲している。

一九六二年一一月

中公新書

世界史

1045 物語 イタリアの歴史 藤沢道郎
1771 物語 イタリアの歴史 II 藤沢道郎
2508 貨幣が語る ローマ帝国史 比佐 篤
2595 ビザンツ帝国 中谷功治
2663 物語 イスタンブールの歴史 宮下 遼
2152 物語 近現代ギリシャの歴史 村田奈々子
2440 バルカン―「ヨーロッパの火薬庫」の歴史 M・マゾワー 井上廣美訳
1635 物語 スペインの歴史 岩根圀和
1750 物語 スペインの歴史 人物篇 岩根圀和
1564 物語 カタルーニャの歴史(増補版) 田澤 耕
2582 百年戦争 佐藤 猛
2658 物語 パリの歴史 福井憲彦
1963 物語 フランス革命 安達正勝
2286 マリー・アントワネット 安達正勝
2466 ナポレオン時代 A・ホーン 大久保庸子訳
2529 ナポレオン四代 野村啓介
2318 2319 物語 イギリスの歴史(上下) 君塚直隆
2696 物語 スコットランドの歴史 中村隆文
2167 イギリス帝国の歴史 秋田 茂
1916 ヴィクトリア女王 君塚直隆
1215 物語 アイルランドの歴史 波多野裕造
1420 物語 ドイツの歴史 阿部謹也
2304 ビスマルク 飯田洋介
2490 ヴィルヘルム2世 竹中 亨
2583 鉄道のドイツ史 鴋澤 歩
2546 物語 オーストリアの歴史 山之内克子
2434 物語 オランダの歴史 桜田美津夫
2279 物語 ベルギーの歴史 松尾秀哉
1838 物語 チェコの歴史 薩摩秀登
2445 物語 ポーランドの歴史 渡辺克義
1131 物語 北欧の歴史 武田龍夫
2456 物語 フィンランドの歴史 石野裕子
1758 物語 バルト三国の歴史 志摩園子
1655 物語 ウクライナの歴史 黒川祐次
1042 物語 アメリカの歴史 猿谷 要
2209 アメリカ黒人の歴史 上杉 忍
2623 古代マヤ文明 鈴木真太郎
1437 物語 ラテン・アメリカの歴史 増田義郎
1935 物語 メキシコの歴史 大垣貴志郎
2545 物語 ナイジェリアの歴史 島田周平
2741 物語 オーストラリアの歴史(新版) 竹田いさみ 永野隆行
1644 ハワイの歴史と文化 矢口祐人
2561 キリスト教と死 指 昭博
2442 海賊の世界史 桃井治郎
518 刑吏の社会史 阿部謹也

中公新書

世界史

e1

2683 人類の起源　篠田謙一
1353 物語 中国の歴史　寺田隆信
2392 中国の論理　岡本隆司
2728 孫子—「兵法の真髄」を読む　渡邉義浩
7 宦《かん》官《がん》(改版)　三田村泰助
15 科《か》挙《きょ》　宮崎市定
12 史記　貝塚茂樹
2099 三国志　渡邉義浩
2669 古代中国の24時間　柿沼陽平
2303 殷—中国史最古の王朝　落合淳思
2396 周—理想化された古代王朝　佐藤信弥
2542 漢帝国—400年の興亡　渡邉義浩
2667 南北朝時代—五胡十六国から隋の統一まで　会田大輔
1812 西《せい》太《たい》后《こう》　加藤徹
2030 上海　榎本泰子

1144 台湾　伊藤潔
2581 台湾の歴史と文化　大東和重
925 物語 韓国史　金両基
1367 物語 フィリピンの歴史　鈴木静夫
1372 物語 ヴェトナムの歴史　小倉貞男
2208 物語 シンガポールの歴史　岩崎育夫
1913 物語 タイの歴史　柿崎一郎
2249 物語 ビルマの歴史　根本敬
1551 海の帝国　白石隆
2518 オスマン帝国　小笠原弘幸
2323 文明の誕生　小林登志子
2727 古代オリエント全史　小林登志子
2523 古代オリエントの神々　小林登志子
1818 シュメル—人類最古の文明　小林登志子
1977 シュメル神話の世界　岡田明子 小林登志子
2613 古代メソポタミア全史　小林登志子
2661 アケメネス朝ペルシア—史上初の世界帝国　阿部拓児

1594 物語 中東の歴史　牟田口義郎
2496 物語 アラビアの歴史　蔀勇造
1931 物語 イスラエルの歴史　高橋正男
2067 物語 エルサレムの歴史　笈川博一
2205 聖書考古学　長谷川修一
2647 高地文明　山本紀夫
2253 禁欲のヨーロッパ　佐藤彰一
2409 贖罪のヨーロッパ　佐藤彰一
2467 剣と清貧のヨーロッパ　佐藤彰一
2516 宣教のヨーロッパ　佐藤彰一
2567 歴史探究のヨーロッパ　佐藤彰一
2742 唐—東ユーラシアの大帝国　森部豊